ORTAOYUNCULAR YAYINLARI/14

Birinci Baskı / Şubat 2005
İkinci Baskı / Şubat 2005
Kapak foto / Gökhan Yılmaz
Dizgi ve Baskı / Nobel Matbaacılık
Tel / 0212-771 06 15

Kurtini Mevkii, General Şükrü Kanatlı Cad. Ömerli
Hadımköy-34870 İstanbul

ISBN: 975-7904-10-4

ORTAOYUNCULAR YAYINLARI
İstiklal cad. 140 Beyoğlu İSTANBUL
Tel / 2122511865 Fax / 2122444327
www.ortaoyuncular.com

FERHAN ŞENSOY

HACI KOMÜNİST

İspanyolca bir sözlük aldım, Halep Pasajı'nın girişindeki kitapçıdan, Ses Tiyatrosu'nun üstündeki Beyoğlu Pub'a çıktım, terasta bir masaya çöreklendim. Benden başka müşteri yok. Papyon takmaktan hiç hoşlanmayan, arasıra gömleğinin yakasını genişletmek isteyen bir el hareketini tik edinmiş kıdemli garson, barın girişinde, sürekli orada durmasından ötürü zemini aşınmış asal noktasında dikilmekte. Sözlüğü karıştırıyorum. Sıfırüç yılı kasımının son günleri, ikindi suları. Hava serin, ama güneşli. Arkamdan geliyor gün ışığı. Beyaz masa örtüsünde sigara içiyor gölgem. Yakın çekimlerimde, hatta bütün çekimlerimde yüzüme yansıtıcı tutulması gerekiyor, ışık alamıyorum, diye düşündüm, sanki bir filmde oynuyormuşum gibi.

Bu saatlerini seviyorum buranın, terasta en ölü anlar. Kitabını okursun, gazeteni okursun, defterine bir şeyler yazabilirsin. Tiyatroda otursam muhasebeci, muhtasar, geçici vergi, SSK biçiminde saldırıya geçer. Artık her gün vergi var. Bu kriz döneminde herkesin, hiç vermesi gerekmese de şiddetle vergi vererek programı desteklemesi isteniyor. Hepimiz verirsek, toplananı bir hortumlayan bulunur, biz yeniden vermeyi iş ediniriz. Ve böylece bu hikâye sürer gider.

Senaryonun zayıf tarafı, sonun baştan belli olması. Dostoyevski'nin Suç ve Ceza'sı gibi. Kaatil baştan belli, Mehmet Ali Raskolnikof! Sonuna dek niye okuyacakmışım ki ben o romanı? Bu durum, muhasebecinin hiç algılayamadığı;

-Niye ödeyecekmişim ki ben o vergiyi?

diyalektik sorusunu doğurur. Diyalektik bilmeyen muhasebeci son ödeme tarihini bildirir. Muhasebeciyi savuşturamadan, bırt gazetesinin İkitelli'den Beyoğlu'na gelme savaşımını göze alamayan muhabiri, telefonda kısa söyleşi yapmak ister, müdür hüzünle ödemeler listesini sunar. İkindi suları tiyatronun en orada bulunulmaması gereken zaman dilimidir.

İkindi sözcüğü bir çok dilde yoktur. Fransızı, ingilizi, almanı öğleden sonrayı bilir, akşamı bilir, ancak her ikisinin arası ikindi vaktine özgün bir isim vermez, akşama doğru gibi daha zamana yayılmış bir biçimde adlandırır günün bu özgün dilimini. İspanyolcada karşılığı var: **la tarde**. Biz bunu gençliğimizin ünlü **Moliendo Cafe** şarkısından biliyoruz; "**Cuando la tarde del la nuestra amor.**" Aşkımızın ikindisinde, demek. Cümle yapısı, kelimeleri fransızcaya çok yakın, bir yerinden az biraz arapça bulaşmış emevîler çok müslüman raksederken Endülüs'te. Belki, Lorca'nın şiir yazdığı dildeki ikindi kavramı da, günün bu esneyen dilimini bir ezan ve namazla perçinleyerek, güneşin ufuktan kaç mızrak boyu yükseltide bulunduğu an biçiminde belirleyerek adlandıran araplardan yadigâr. Arapçadan bir sürü sözcük sızmış ispanyolcaya, masaya **mesa** diyorlar, araplar gibi. Öbür gavurlar gibi elif yazıp mertek okumuyorlar, genelde yazıldığı gibi okunuyor denizleri fetheden bu dil. J'ler ve kimi G'ler, H okunuyor, Z'ler peltek S, bir de yumuşak N var, N'nin üstünde yan gelmiş sere serpe uzanmış bir yayvan S görünce, N'yi izleyen gizli bir Y sesi çıkarıyorsunuz. **Español** yazılıyor **espanyol** okunuyor. Sözlüğü kurcaladıkça basit cümleler kurar hale geldim.

Papyonsevmez garson yanaştı:

-Un copa de vino blanco!

dedim. Sanki bir kadeh beyaz şarabı türkçe istemişim gibi, ikinci sorusuna geçti papyonu sola meyletmiş kıdemli garson:

-Çankaya mı ağbi?

-Sen ispanyolca biliyor musun?

-Ne ispanyolcası ağbi, türkçeyi zar zor konuşuyoruz. Zaten türkçe artık bizim anlayamayacağımız bir hale geldi! Geçen gün açtım televizyonu, genç bir kız bir şeyler anlatıyor. Koptuk, diyo, uçtuk diyor, akamadık ağbi diyor, yırttık diyor, yıkıldık diyor... Ortada ne yırtılan, ne kopan bir şey var! Uçak yok, yıkılan bi şey yok! Akamayan ne? Çoluk çocuk afallamış bakıyoruz televizyona...

-Sus! kes! Bıktım sizin bu ailece televizyona bakmaktan oluşan sıkıntılarınızdan. Kapatın televizyonu, huzura erin. Kapatma düğmesi mi bozuk?

-Hayır, mevzuu o değil ağbicim...

diye aşağıdan alan mıymıntı bir sesle diyalog içine gereksiz söylev sıkıştırma çabasını yinelemek isterken, kararlı bir biçimde yüksek perdeden kestim sözünü. Kesmezseniz, ince ve dolambaçlı patikalardan beyninizin algılayamayacağı bir karışık yöntemle öyküyü babásının Sosyal Sigortalar Hastanesi'nde ilgisizlikten ve bakımsızlıktan ölüşüne, rahmetlinin SSK vergisinin yıllarca ödenmiş olmasına, SSK ödemenin anlamsızlığına bağlıyor; siz sinirle ikinci sigarayı yakıyorken onun söylevi anarşistleşerek devletin bütünlüğüne dil uzatır hale geliyor, giderek komünist bir söyleme ulaşıyor ve seçimlerde Türkiye Komünist Partisi'ne oy vermesine rağmen, partinin tutumunu beğenmediği konusuna geçiyor... Çok tehlikeli ve hemen tutuklanması gereken bir herif, bu papyonunu sıvazladığımın garsonu.

-Sus! Mevzuu o! İnsana siparişini unutturuyorsun! Ne istemiştim ben?

-Bir kadeh beyaz şarap istemiştiniz ağbi!

-İspanyolca istedim, sen nerden anladın?

-El hareketinizden ağbi... Ayrıca, siz bu saatte başka bir şey istemezsiniz.

-Çok akıllısın!

-Evet ama işte bu aklın bize bi faydası yok...

biçiminde dudağını büzerek, garsonlar sendikası hikâyesine giriş yapmak istiyorken gayet ispanyol el, kol hareketleriyle kestim sözünü.

-Çabuk, beyaz şarabı getir!

cümlesiyle yol ettim onu ve boynundan tamamen uzaklaştıramayarak enseye aldığı onu izleyen papyonunu. Anlatacağı bütün hikâyeleri biliyorum. Ondört yıldır tanışıyoruz. Her gün buraya geliyorum, sürekli görüşüyoruz. Aynı şeyleri o anlatarak, ben dinleyerek birlikte yaşlandık denilebilir. Tanıştığımızda ikimiz de gençtik.

Sözlüğü karıştırmaya koyuldum. Akdeniz'i kol gezerek Bizans'a ulaşmış ispanyolca sözcükler de var dilimizde; kaparo, banyo, kadastro, Fidel Castro! Bunlar bildiğimiz şeyler, ispanyolcasını öğrenmek gerekmiyor.

Gezintisel ikindi adımlarıyla, kendi ismini taşıyan gömlek ağırlıklı erkek giyim eşyası satan mağazanın sahibi Ferit girdi kapıdan, göbeğini devrirerek, bana Kadıköylü bir reverans selam çakarak, mütebessim kuruldu barın en köşesindeki her zamanki noktasına, içkisini söyledi, purosunu yaktı. Gene aynı eline aldı puroyu, aynı biçimde bir nefes çekip aynı yöne üfledi dumanı, sanki bir filmde devamlılığı varmış gibi.

İspanyolca kelime haznemi geliştirirken, Ferit'le Papyonsevmez arasında bir tartışma başladı. Garson papyonu tamamen sol tarafa devirmiş olarak

Ferit'in önündeki hesap pusulalı tabağa bakıyor, Ferit tabakla hiç ilgilenmeyerek:

-Hayır efendim, ben dün geceki hesabımı verdim.

diyerek purosundan sinirli ve kısa aralıklı dumanlar çekiyor, puroyu yüzüklü elinden yüzüksüz eline aktarıyorken, gayet inatçı komünist garson;

-Vermediniz Ferit bey.

demeyi yineliyor. Ferit de, hesabı ödediğini belirten özlü cümlesini bir kaç kez yineledikten sonra, her nedense birdenbire;

-Kaç para?

deyiverdi.

-Yüzdoksansekiz milyon!

diye ağzına tıkadı soruyu, epeydir bu anı bekleyen Papyonsevmez.

-O kadar olamaz ki! Senin dediğin nerden baksan yüzelli dolar!

diyerek ödemeyici tavrına geri döndü Ferit, puro dumanlayışları eski düzenli ahengine kavuştu.

Puronun ispanyolcası puro, birden fazla purodan söz ediyorsan sonuna S koyuyorsun. Tütün içmek yasaktır; **Prohiba Fumar**. Cezası 298 MİLYON 328 BİN 678 LİRA'nın ispanyolcası yok.

-Öğlende başladınız, gece sıfır ikide gittiniz Ferit bey.

cümlesiyle alevlendi tartışma.

-Ne öğleni yahu, saat iki buçukta geldim.

-İkindi yani..

-Öğlen deme... Öğlen başka, ikindi başka! Değil mi Ferhan'cığım?
diye bana seslenerek destek bekledi Ferit.

-Gayet tabii Ferit'ciğim. Öğlen **mediodia**, yani günün ortası, ikindi **la tarde**. Yani bambaşka bir zaman dilimi.

-Hay ağzını öpeyim Ferhan'cığım! Öğlen, diyor... Ondan sonra, Ferit sabahtan oturuyor içkiye, diye laf çıkaracaklar!
diyerek ferahlayan Ferit, daha sakin bir görüşmeye geçti Papyonsevmez'le.

-Kaç milyon dedin?

-Yüzdoksansekiz.

-Hassiktir! Ne içtim ki ben?

-Ne içmediniz ki Ferit Bey ? Gündüz üç şişe beyaz şarap, yemekte rakı, finalde kahveyle konyağa geçtiniz... Kahveyi kesip konyakla devam ettiniz, giderayak dört tane de yolluk konyak aldınız.

-Sen beni birisiyle karıştırıyorsun.
diye başını öbür tarafa çevirerek kapattı konuyu Ferit, purosunu tüttürmeye koyuldu, boyundan büyük bir puroyu içen küs bir çocuk gibi.

Güneş devrildi, hava serinledi. Beyaz masa örtüsündeki gölgem yok oldu. Akşama dönüyor ikindi. Şarabımın bittiğini gözümleyen Papyonsevmez elinde özel olarak soğutulmuş buzlu kadeh içindeki şarapla masaya yanaştı, boş kadehi aldı, masa ziyaretini uzatıcı sinir dingildeten el ağırlığıyla yenisini bıraktı. Her zaman ne okuduğumla, ne yazdığımla gerektiğinden fazla ilgilenen tavrıyla sözlüğü göz ucuyla inceledi. Sözlükten söz açarak konuyu Türkiye Komünist Partisi'ne bağlayacağını, benim de son seçimde TKP'ye oy vermem konusuna erişerek, TKP'nin gidişatı hakkındaki eleştirel görüşünü sunduktan sonra, Rusya'da komünizmin çöküşünün ana nedenleri konulu doktora tezi sunumuna geçeceğini hissettiğim için, o bir şey sormadan yanıtladım, sorulmaya hazırlanan soruyu:

-İspanyolca sözlük!

-İspanyolca mı öğreniyorsunuz?

-Evet. Küba'ya gidiyorum.

-Küba'ya mı gidiyorsunuz? Niye?

-Hacı komünist olucam!

Senaryoyu okudum. Bir durum komedisi. Ailesince ezilen bir dolmuş şoförü, patatesin kalorisi kaç türünden bir televizyon yarışmasında son soruyu bilemeyerek büyük para ödülünü kaybediyor, avuntu armağanı olarak ailece bir hafta hayalî Barbunya adasına tatile gidiyorlar. Şoför, adanın barbunyaca konuşan lideri Carlos'a ikiz gibi benziyor. İki rolü birden oynayacağım ve film Küba'da çekilecek. Filmin ismi: Şans Kapıyı Kırınca!

Şarabi'de buluştuk, şarap söyledik. Efendi, saygılı ve zeki bir genç. Heyecanla ona evet, dememi bekliyor. Kasımın ortası. Beyoğlu'nda ve Şişli'de sinagoglarda bombalar patlamış, çok sayıda ölü var. Beyoğlu ıpıssız ve hüzünlü. Sadece devriye gezen polisler var İstiklâl caddesinde. Şarabi çok sakin.

-Ne zaman gidilecek Küba'ya?

-Aralık başı.

-Ne kadar kalınacak?

-Dört hafta.

-Tiyatroyu kapatıyoruz yani?

-Evet ağbi.

Sönmüş puromu yaktım, dikledim şarabı. Beyoğlu'nda hiçbir fail yakalayamadıkları için üzgünce dolaşan polislere baktım. Bir mesaj derdinde olmayan senaryo mutlu sonla ve "Şanssız insan yoktur, siz istemeseniz de şans kapıyı kırar ve girer en iyisi siz kapıyı aralık bırakın" biçiminde sözlerimle bitiyor.

-O sözleri alaylı söylemek isterim. Çünkü şansız insan yoktur cümlesi bence şaçma. Babayı yoktur! Şanssızlar çoğunluktadır. Büyük ikramiyeyi bir kişi kazanıyor! Geri kalanların hepsi şanssız.

-Ben bir mesaj vermek derdinde değilim ağbi.

-Evet ama izleyici olarak ben bir mesaj almak derdindeyim. O kadar saat izleyeceğiz bu filmi. Bize de yazık!

-İyi bir komedi filmi yapmak ve bunu mutlu bitirmek istiyorum.

-İyi!

Dingildek ahşap masanın ayağının altına bir kaç kez katlanmış mukavva parçası soktu garson, daha fena dingildiyor aramızdaki masa. Büyük balon kadehte titreşiyor kırmızı şarap bir Ahmet Haşim şiiri gibi... Ağır ağır içiceksin bu şarapları, şişenin dibinden istiridye, istiridyenin içinden inci çıkmayacak. Tavana kadar, her nedense dikine dizilmiş şarap şişeleri bana bakıyor. Anlamsızca ve bomboş geçiyor tramvay İstiklâl caddesinden, vatmanın gözünde bomba korkusu. Duvarda ışıklı "Garanti bonus card" yazısı! Nedir garanti olan, vatmanın hayatı mı?

Bi fırt şarap içtim. Sonuç olarak o sözleri söyleyen ben değilim ki, onun yazdığı senaryodaki şoför Kuddusi isimli karakter. Söylenenin diyalektiğe aykırı olması benim karaktersizliğim olamaz, Kuddusi'nin salaklığı! Küba? Dört hafta. Komünizmin son kalesini içerden görmek. Başka ne zaman gidebilirim ki Küba'ya? Bu bir fırsat işte. Dört hafta tiyatroyu kapatmak biraz saçma. Film için, omuzuma ulaşmış saçlarımı kesmem gerek. Oynadığım oyundaki berber sevmez Kelâmi rolü için uzatılmış bir saç bu. Berber sevmezken tıraş mı olmuş yani Kelâmi?

Beyoğlu'nun bomboş hali, çok eskilere, çocukluğuma götürüyor beni. Caddeden siular, komançiler, mohikanlar, cep telefon çalıcılar, pandik atıcılar, türbanlılar, dönmeler geçmediği zaman, resim eski Beyoğlu! Ben geçiyorum ıpıssız İstiklâl caddesinden, elimde kocaman okul çantam, başımda annemin ördüğü yün bere, hiç bakmayarak Şarabi'ye. Ne bakıcakmışım, o zaman Şarabi değil ki burası, Sakarya Pastanesi. Çocuk ben, daha çerçeveden çıkamadan, ters yönden delikanlı ben giriyorum çerçeveye, parkalı, uzun saçlı, sakallı, başımda Che Guevara beresi, elimde T cetvel. Faili meçhul işleri sevmeyen polisler T cetvelime bakıyorlar mefailün failün.

Birden **Comandante Che Guevara** şarkısı çalmaya başlıyor Şarabi'nin diskdöndüreninde:

Aqui, se queda la clara
la entranable transparencia

de tu querida presencia

Comandante Che Guevara...

Bu ne senkron, ne celâl! Kaderimse giderim lan ben bu Küba'ya...

Çılgının biriydi arjantinli Ernesto oğlu Ernesto. Küba dağlarında savaşırken bindiği eşeğin adını da Ernesto koymuştu. Ölümle dalga geçen beş parasız doktor, Küba devriminin bayrağı oluyor, Bolivya'da ölüyor, orada da devrim olsun diye savaşırken.

-Şehirler düşebilir, dağlarda sürdürülür kavgalar!

diyor afili beresi tek yıldızlı genç adam, bizler Çakırcalı Mehmet Efe'den beri hiç düşünmemişken bu konuyu. Okudukça Guevara'yı Dev-Genç'te yaylaya çıkma ruhu giderek egemen... Akademi yıllarına gidip gelirken beynim, heyecanlı senarist Tayfun, televizyon dizilerimi izleyerek büyüdüğünü anlatıyor gülerek ve birdenbire Köşedönücü'den bir sahneyi ezber olarak oynamaya başlıyor. Müridim yani.

-Kim çekecek filmi?

-Ben çekicem ağbi!

-Daha önce hiç film çektin mi?

-Hayır, senaryolar yazdım.

Bir yönetmenin ilk filminde bulunmamak lazım, çok yıpratıcı bir durum. Ünlü oyuncular yönetmenlerin ilk filminde oynamak istemezler. Yönetmen için de bir eziyettir ilk filmi.

-Barbunyaca dediğin dil n'olucak?

-Onu da sizden rica edicem ağbi. Siz benim ustamsınız.

-Yeni bir dil mi uydurucaz yani?

-Bi zahmet ağbi...

-Yapma ya!

diyerek dikledim şarabı... Uydurulacak dil ispanyolcanın mıncıklanması olabilir. Çünkü filmde kübalı oyuncular da var, onlar ispanyolca konuşuyorlar. Hayalî Barbunya adası Karaibler'de düşünülmüş. Tüm Karaibler'in konuştuğu, ispanyol denizcilerin oralara Akdeniz'den kürek çekerek getirdiği bu dili, türkçe bir pencereden bakarak hafif soslamak gerekiyor... Sanırım ispanyolca dersleri almam lazım... Tesettürlü bir polis geçti İstiklâl caddesinden, kıçından cop sallanıyor... Olamaz... Bana öyle geliyor. Bir film gibi izliyorum tavana yükselen pencereden Beyoğlu'nu. Gerçek filmin içine gerçeküstü kareler karışıyor, bir montaj hatası sanki. Galatasaray Lisesi'nin yıllar önce ölmüş müdürü gelip tıklıyor Şarabi'nin pencere camını, gene mi şarap içiyorsun sen, dercesine işaret parmağını sallıyor, suçlarcasına. Hayır hocam, üzüm suyu, gördüğünüz gibi dükkanın ismi Üzümi! Polisler tek tük geçen adamlardan birini durdurup kimlik soruyorlar. Niye soruyorlar ki? Herifin kimliğinde "sinagog bombalayıcı" yazmıyor ya! Arkalı önlü, uzun uzun inceleyip, sinagog bombalanmasıyla ilgili yeterli ipucu bulamayan polis, iade ediyor kimliği. Adam uzaklaşırken sıkıntılı sıkıntılı sağa sola bakınıyor iki polis, biri geçse de kimliğini sorsak diye, fakat gelen geçen yok. Birden Galatasaray Lisesi'nden resim öğretmenim kızıl saçlı, kocaman kırmızı burunlu Pinokyo Kemal giriyor çerçeveye, elinde palet ve fırça. Değişik renklerle Şarabi'nin kapı camına ağır ağır "Üzümî" yazıyor i'nin üstüne kocaman bir inceltme işareti koyarak, dersteki gibi bir ciddiyet içinde. Polisler ona hiç ilişmiyorlar. Pinokyo Kemal özenle işini bitirip giderken, polislerden birinin alnına çiçek çiziyor. Polis çok bozuluyor, ama hiçbir şey yapmıyor ona. Ne yapabilir ki? Hadi, sıkıysa sor bakalım Pinokyo Kemal'e kimliğini! Nereye soruyor? Kemal hoca öleli çok yıllar oldu. Bir sessizlik var masada. Derin düşüncelere dalıp gittiğimi gören Tayfun, hiç konuşmuyor, sabırla bekliyor karşımda.

-Filmin yapımcısı kim?

-Öger Prodüksiyon. Vural Öger.

-Turizmci?

-Evet ağbi.

-Film de mi yapıyor?

-Başlıyor. Bu film Öger Prodüksiyon'un ilk filmi.

Yeni şarap getiriyor garson. Gülümseyerek gözümün içine bakıyor Tayfun. Hem istiyorum Küba'ya gitmeyi, hem gitmemek için sebepler aranıyorum. İstiklâl caddesindeki polisler can sıkıntısından birbirlerine kimlik sormaca oynuyorlar. N'apıyorsunuz be, manyak mısınız siz, desen, tatbikat yapıyoruz, diyecekler. Polislerden biri kameraya el sallıyor, duruyor çekim, baştan başlıyor, kameraya bakmayın, diye uyarıyorlar bütün polisleri.

-Kaç saat uçacağız?

-Avrupa'dan onbir saat!

-Onbir saat sigara içilmeyecek yani?

-Hayır ağbi, sigara içilen uçuş var!

-Tamam, o zaman.

dedim. Anlaşmış olduk Tayfun'la. Yeni şarap söyledik, polisler avare dolanırken suskun ve bir "dış-gece" çekiminin sürdüğü İstiklâl caddesinde.

3 / YAMUK CAMIN ÜNLÜLERİ

Ses Tiyatrosu / İç-Gün

Oyuncu arkadaşımız Kerem Yılmazer'in cenazesinden geliyorum. Sinagoglardaki bombalardan sonra, perşembe sabah Beyoğlu'nda İngiliz konsolosluğu önünde, beş dakika sonra da Levent'te HSBC bankası önünde, bomba dolu kamyonlar patladı. Gene dinsel sapık örgüt işi. Büyük hasar, otuzdan fazla ölü, yüzlerce yaralı var. İngiliz başkonsolosu da ölenler arasında. Kerem dublaja giderken Levent'teki patlamada ölmüş.

Rönesansını yaşamamış islamın terörü dünyayı sarıp sarmalamış durumda. Canlı bomba, bedenine bağlı bombanın ipini çekince doğrudan cennete gideceğinden emin. Sırat köprüsü zebani ön bürosunda kendisine:

-Peki lan, bu kadar masum insanı niye öldürdün?

gibi bir soru yöneltileceğini hiç aklından geçirmeden çekip besmeleyi paramparça uçuyor gökyüzüne. Cennete gidip de oradan cep telefonu mesajı gönderen olmadığı için, devrisi gün başka birinin kendini aynı biçimde kurban etmesine engel olacak caydırıcı bir durum da yok. Cep telefonuna mesaj gelmediğine göre, cennete gittiği kesin diye düşünülüyor, o kesimce.

-Din bir afyondur!

diyor Fidel Castro. Takılırsan, öyle uçarsın işte!

Perşembe ve cuma günleri tiyatroda oyunlar iptal oldu. Beyoğlu'nda bir sürü binanın, mağazaların camları tuzla buz olmuş, öbek öbek cam kırığı yığınları caddenin ortası. Kimi gayretkeş vatandaşlar, kırılmış da tamamı yere düşmemiş camlardan arta kalan parçaları kırıp caddenin ortasında öbeklenen cam kırığı yığınlarına doğru iteliyorlar ayaklarıyla, üstlerine ne vazifeyse? İçinde "Ferhangi Şeyler" oyunu afişi bulunan vitrinimizin camı kırılmamış, yobaza, yobazlığa karşı direnmeyi sürdürüyor oyun. Tiyatronun Balo sokağı tarafındaki pencere ve kapı camları paramparça. Polis Taksim ve Tünel ve Tarlabaşı'nda yolları kestiği için ben bile zor ulaştım tiyatroya, izleyicinin gelebilmesi söz konusu değil. Zaten izleyicinin de bombardıman altında çelik kasklarla, kalkanlarla kahramanca çarpışarak tiyatroya gelmek gibi bir sevdası yok. Polisler cam kırıklarına basmamaya özen göstererek devriye geziyorlar, birinci Beyoğlu meydan muharebesinden çıkmış İstiklâl caddesinde, maksat devriye olsun.

Fransa'dan Vanina aradı, okul arkadaşlarım Nicole, Jean-Vincent ve Patrick aradılar. İstanbuldaki bomba olayları Avrupa'da birinci haber. Arkadaşlarım bizi merak etmişler. Televizyonlardan izledikleri Beyoğlu'nun bombalanmış hali tam bir savaş alanı görüntüsü. Henüz kimsenin camı takılabilmiş değil, vitrin camları kırık dükkancılar iş yerlerinin önünde sabahlıyorlar, camcıyı bekliyorlar. Camcılar çok nazlı ve gayet küstah. Olaydan duydukları sapık sevinci kendilerine bile belli etmemeye uğraşıyorlar.

-Öyle her kalınlıkta, her ebatta cam zart diye bulunur muymuş!
diye küstahlaşıyorlar.

-Tamam, size yarın sıra gelir!
diyorlar. Bizim arka camlar da henüz takılamadı. Camcının listesinde onikinciymişiz. Tiyatro müdürü İrem, gözleri parlayarak bir müjde olarak verdi haberi.

Perşembe günü tiyatroda yapılması gereken film okuma provası da yapılamadı. Cuma akşamüstü ancak ulaşabildi camcı özlemi içindeki Beyoğlu'na, Şans Kapıyı Kırınca filmi ekibi. Tayfun Güneyer yönetiminde bir okuma provası yapıldı. Devlet Tiyatrosu'ndan İlkay Saran ve Rasim Öztekin tanıdığım oyuncular. Diğerleriyle yeni tanışıyoruz; Asuman Dabak, Necmi Yapıcı, Fethi Kantarcı ve Almanya'dan gelen kız Alev. Kimi rollerin oyuncuları henüz belli değil. Papaz Alfonso rolü için Zeki Alasya'nın adı geçiyor. Bir de provaya gelemeyen Ayça Tekindor var.

-Kim o?
diyorum.

-Televizyonda çok tutulan bir reklamda oynuyor!
deniliyor. Filmin Türkiye prodüksiyonunu üstlenen Bö-

cek Yapım'dan birileri var, provanın en renkli tipi filmin yapımcısı olan Öger Prodüksiyon'un temsilcisi Kübalog Hüseyin. Aslında büyük bir turizm şirketi olan Öger Tours'la yirmi yıldır Küba'ya turist götürüyormuş, oranın uzmanı.

Avucumun içi gibi bilirim Havana'yı!

diye sırıtıyor. Takım elbise, boyunbağı, orta boylu, kumral, mavi gözlü, güleryüzlü, yürürken ayakları içe basarken bedeni sağa sola yaylanan, sevimli, şeytan tüylü bir adam. Küba'da bizimle birlikte olacakmış. Film ekibine oraya gezmeye giden bir turist kafilesiymiş gibi davranıyor. Havana'dan Jamaika'ya günübirlik pır pır uçaklar varmış, Haiti burnumuzun dibiymiş. Kübalog Hüseyin turizm konusunu biliyor ve fakat film çekimi konusunda hiçbir deneyimi yok, onun da ilk filmi. Sinema oyunculuğunun sabah sıfıraltıda kalkıp, hızlı bir duştan sonra tıraş olup gece yarılarına dek sette dikilmek olduğunu bilmiyor.

-Arkadaşlar Küba'da 1960'ların İzmir'ini bulacaksınız, çocukluğunuzu bulacaksınız..

diyor. Herkes birbirine bakıyor, aramızda 1960'ların İzmir'ini görmüş olan yok. Benim o dönemden bildiğim Nevizâde'deki Demgâh meyhanesinin duvarında asılı olan siyah beyaz bir İzmir fotoğrafı; Kordon'da güzel taş yapılar, palmiyeler, eski bir amerikan arabası... Provanın sonuna patron Vural Öger de geliyor. Kibar ve şık bir adam. Çok eski günlerini bildiği Ses

Tiyatrosu'nun hâlâ yaşıyor olmasına inanamıyor, kadife koltukları okşuyor. Hepimize başarılar diliyor. Tayfun, Zeki Alasya ile benim konuşmamı, filmde oynaması için onu ikna etmemi rica ediyor.

O akşam arıyorum Zeki ağbiyi. Yıllardır Yeşilçam'da ağzı yanmış, parasal konuda endişeleri var. Öger Prodüksiyon'un Yeşilçam dışında yeni bir şirket olduğunu, ardında Vural Öger gibi bir patron bulunduğunu, parasal konularda sorun çıkmayacağını dile getiriyorum. Kadroyu soruyor.

-Ben varım, Rasim var, İlkay Saran var... Öbürleri de televizyon ünlüsüymüş ama daha isimlerini tam öğrenemedim, bugün tanıştık. Daha tanışamadıklarım da var, provaya gelemediler!

Zeki ağbi basıyor kahkahayı. Telefon görüşmesi sonunda Küba'da birlikte olmamız fikri onun da hoşuna gidiyor:

-Oğlum zaten seninle bir sürü projemiz var. İstanbul'da görüşemiyoruz. Havana'da oturur konuşuruz işte!

-Sen ne diyorsun ağbi, ben oyunu uçakta yazarım, Havana'da provaya gireriz, sette dikilip inek gibi bekleyeceğimiz çok günlerimiz olucak...

diyorum. Gene kahkaha atıyor.

-Tabii lan! Kameranın açısı değişip ışık ayarlanana kadar, biz birinci perdeyi şöyle bir kabaca geçeriz!

-Tayfun'a telefon edip Zeki ağbi müjdesini veriyorum. Çocuk gibi seviniyor:

-Allaaah, ben bu gece uyumam artık ağbi!

Camcının listesinde dördüncülüğe kadar yükseldiğimiz devrisi günkü okuma provası çok geç başlayan basın toplantısından ötürü yapılamıyor.

-Yol uzun, uçakta okuruz!
deniliyor.

-Uçakta bize bir okuma salonu açacaklarını sanmıyorum!
dememle kimse ilgilenmiyor. Güleryüzlü fotoğraflar çektiriyoruz ekip olarak. Basın toplantısından sonra Tayfun'u çekiyorum bir kenara;

-Asuman Dabak kim? Fethi Kantarcı kim? Dünkü provaya gelemeyen bu platin saçlı Ayça kim? Niye gelememiş? Necmi Yapıcı kim?

Tayfun bu arkadaşların değişik televizyon dizilerinde oynadıklarını ve başarılı olduklarını söylüyor. Pek televizyon izleyicisi değilim. Arasıra haberlere bakıyorum, kimi zaman bir film, denk düşerse bir belgesel, sonra çat kapatıyorum ve ardından fransız şarkıcı Jacques Dutronc'un dediği gibi; saatlerce televizyona bakıyorum, kapalıyken! Çok meşhur olan reklamların hiçbirini bilmiyorum. Reklam izlemiyorum. Reklam niye meşhur oluyor, onu da tam çakabilmiş değilim. Ali Atıf Bir Hoca'nın reklam eleştirisi yazmasına gıcık oluyorum. Ayrıca kendisinin bu ve her konuda biricik olması da sinir dağlayıcı. Ali Atıf İki Hoca, ya da bir sürü hoca olsa daha şenlikli olacak ortalık ve ben sinirimi yelpazelemek zorunda kalmayacağım. Herkes "hoca" olunca genel bir huzura ereceğim ve öğrenci olarak sıfırdan başlayacağım hayata. Reklamın, reklamı çeken şirketle, reklam yaptıran arasında bir toplantıdan başka ne eleştirisi olabilir? İsterse Ali Atıf Hoca o toplantıya bokyedibaşı olarak katılabilir. Dizileri ya da "Türkiye belâsını Arıyor ve Buluyor" , " Türkiye Anasının Örekesini Arıyor" ya da "Bakalım Bakalım Bu Gece Bizi Kaç Kişi Dikizliyor?" türünden programları izlemiyorum. Bu yüzden de yamuk camdan ünlü olan bu arkadaşların çoğunu tanımıyorum. Ayıp mı?

-Almanya'dan gelen Alev kim?

-Öger Tours'un Avrupa genel koordinatörü.

-Yok ya? Çok genç... Oyuncu mu? Alman televizyonunda bir dizide mi oynuyor?

-Hayır ağbi, bu onun ilk oyunculuk denemesi.

-Olsun, n'olucak Tayfun. Senin de ilk filmin zaten. Sana bir şey söyliyeyim mi; aslında ilk filmi çekmemek lazım, direk ikinci filmle başlamak gerek yönetmenliğe.
diyerek vuruyorum omzuna. Tayfun buna uzun uzun gülüyor, sanki gülünç bir şey söylemişim gibi.

Çıkıyoruz tiyatrodan, pis bakıyor ardımızdan duvarda asılı Kel Hasan Efendi. Biz Beyoğlu'nun gecesinde kaybolurken, duvara asılmış fotoğrafa zum yapıyor kameraman. Hasan Efendi'nin çok gereksiz yakın planı, sanki usta bu filmde oynuyormuş gibi.

4 / COMANDANTE Sinema / İç-Gece ~ Beyoğlu / Dış-Gece ~ Şarabi / İç-Gece

Beyoğlu'nda bir ara sokakta göz içi kadar bir sinema. Artık Beyoğlu'ndaki bütün apartmanların kalorifer daireleri sinema oldu. Yedi kat yerin altına iniyorsun, oturma odası kadar bir yer!

-Ne lan burası böyle?

-Cep sineması ağbi!

-Cepten kasıt çakmak cebi herhalde!

Hem kalorifer dairesinden bozma, hem kaloriferi yanmıyor. Makine dairesini sığdırabilmek için kalorifer kazanını sökmek zorunda kalmışlar besbelli. Küçük yer, insan nefesiyle ısınır işte, diye düşünülmüş olmalı. Ancak benden başka bir tek adam var, beklenti holünde nefes alıp veren. Sigara içiyoruz. Üçüncü şahıs makinist aynı zamanda büfeci, kahve istiyorum. Üçüncü şahıs, bulunduğumuz holü daha da daraltan büfenin arkasına duvara sürtünerek, zar zor geçiyor, kahve yapıp veriyor. Üçüncü bir izleyici gelmiyor.

-Oynayacak mı film?

-Ağbi, aslında iki kişisiniz... Ama çok istiyorsanız oynatiim...

-Çok istiyoruz, oynat!

diyorum. O adam ve ben sigaralarımızı söndürüp kararlıca giriyoruz küçücük sinema salonuna. Ben orta sıralara, adam en arka sıraya oturuyor ve başlıyor **Comandante** filmi. Fidel Castro üstüne bir belgesel.

-Çekimler sırasında Castro'nun kameraya stop demek hakkı vardı ama film boyunca hiç stop demedi, stopları hep ben dedim...

diye sırıtıyor kameraya, ünlü amerikalı yönetmen Oliver Stone. Onun tarafından çekilmiş film. Kendisi de filmin içinde Castro'ya sorular yöneten, arasıra onu sorularıyla sıkıştıran uyanık esprili amerikalı. Castro altında kalmıyor lafın:

-Sen Vietnam'da yaralandın mı?

diye soruyor ona. Bir an süngüsü düşüyor sayın amerikalının:

-Evet!

diyor süklüm püklüm. Onun üzerine Comandante:

-Madalya aldın mı bari? Yoksa boş yere mi yaralandın?

deyip basıyor kahkahayı, usta bir meddah gibi. Müthiş bir kişilik, şakacı bir filozof, etkileyici bir lider. Çocukluğumuzun sert fotoğrafı değil, yer yer ciddi, kimi zaman güleryüzlü bir adam. Belli ki konuşmayı seviyor, uzun uzun cümleler kuruyor. Onun anlatısı üstüne zaman zaman Küba devrîminin siyah beyaz belgesel film görüntüleri düşüyor... Ne kadar çok amerikan casusu var 1959'da Küba devrimini gerçekleştiren grubun içinde! Aslında Amerika destekliyor Fidel'in halk hareketini, para ve silah yardımında bulunuyor. Zaten Fidel o zaman komünist değil ki, kardeşi Raul komünist, Che Guevara komünist, başka arkadaşlar komünist, Fidel popülist, bir halk hareketinin önderi, başkaldıran Küba halkının sesi, kimi yoldaşlar CIA ajanı! Amerika da para koyduğu işe tabii ki kendi adamlarını yerleştiriyor. Şu an örneğin, hangi ülkede adamı yoktur Amerika'nın? Öyle bir ülke olduğunu sanmıyorum. CIA'nın duvarına asılı kocaman bir dünya haritası var, haritadaki tüm ülkelerin "masa"sı var. Kimininki büyük, kimininki yuvarlak, kimisininki minicik. Dünya haritasını monopoli oynadıkları bir oyuncak gibi görüyor amerikalılar. Para bizde, güç bizde, dünyada anadil ingilizce. İngiliz değiliz ama bu da bizim dilimiz işte! Shakespeare'inki zaten hiç anlaşılmaz bir ingilizce. Bizimkisi gayet **simple! Money is money!**

-Orospularımız güzeldir!

diye gülerek yanıtlıyor Stone'un, Küba'da ayyuka çıkan fuhuşla ilgili sorusunu.

Erkekler bir kadınla yatmak için belirli bir para ödemek düşüncesini kafasından atmadan ve o kadın cinsel organının bir erkeğinkiyle kavuşmasının parasız olması gerektiğini algılıyamadan fuhuşun dibi yok. Amerika'da fuhuş üst düzeyde! Beyoğlu'ndaki fuhuştan n'aber? Hangi milletten karı istesen anında bulursun Beyoğlu'nda... Dön geri bak, tarih fuhuştan ibaret...

Havana sokaklarında dolaşıyor, halkıyla kucaklaşıyor Comandante. Deli gibi alkışlıyor onu halkı, "Fidel Fidel" diye tempo tutuyorlar. Bunlar parayla tutulmuş figüranlar olamaz. Zaten adaya babanın balonunu delmeye gelmiş amerikalı, paralı figüran tutsa, onlar "Kahrolsun Fidel" diye bağırırlardı.

Babası niye ona Fidel ismini koymuş? Fidel, sadık demek. Neye sadık kalmasını bekliyormuş, yanında ırgatlar çalıştıran sınıf atlamış çiftlik çubuk sahibi babası? Kime sadık kalmış Fidel? Onüç yaşında babasının yanında çalışan ırgatları grev yapmak üzere dolduruşa getirmiş. Damardan komünist, fakat farkında değil. Çocuk işte. Güzel olan bir şey var adamda, bu çocuk tarafını hep koruyabilmiş olması. Ona yöneltilen genel eleştirilerden biri de romantikliği. Dünyanın diktatör dediği son komünist liderin romantik olması ne kadar güzel! Örneğin Fidel yüzelli yıl yaşarsa bu işi çözer. Ayrıca yaşayabilir, kendine bakıyor; puroyu kesti, karıyı kesti, kitap okuyor. Bana zaman zaman Ecevit'i anımsatıyor. Dilerim ki o da yüzelli yıl yaşar ve işi çözer, biz de kurtuluruz.

Havana Tıp Fakültesi'ni ziyaret ediyor Castro, bir bir elini sıkıyor öğrencilerin. Çikolata renkli bir kız öğrenciye nereli olduğunu soruyor.

-Amerikalıyım.

diye yanıt veriyor, çikolata renkli kız. Çikolata takıntımın nedeni, zenci dememek için, zenci demenin çok ayıp olduğunu öğrendim Amerika'da. Nesi ayıpsa? Zenci olmak ayıp değil ki, söylenmesi ayıp olsun! Esmer vatandaş, desen ırkçı oluyorsun, ayıptır söylemesi! Siyahlar denilecekmiş, formasına ikinci bir renk bulamamış yaratıcılığı sınırlı bir spor takımından söz eder gibi. Üstelik tam siyah değiller ki! Salak bu amerikalılar ve dünyayı yönetiyorlar, ne salakça bir durum. Sezen Cumhur Önal yıllar önce çözmüş olayı: çikolata renkli! Hem kulağa da çok tatlı geliyor, diabetik açıdan.

-Bana burada okuma şansı verdiğiniz için çok teşekkür ederim.

diye sürdürüyor sözünü çikolata renkli amerikalı zenci kız.

-Niçin buraya geldin?

-Çünkü Havana Tıp Fakültesi, dünyanın en iyi tıp okullarından biri.

-Peki, öğrenimin bitince burada mı kalacaksın, Amerika'ya mı döneceksin?

diye soruyor Comandante.

-Amerika'ya döneceğim!

diye yanıtlıyor amerikalı zenci, aynı zamanda çikolata renkli arap kız. Babacanca omzunu okşuyor kızın, gülümsüyor Comandante.

Üçüncü şahış hem büfeci hem makinist çocuğa teşekkür edip çıkıyorum yeraltı sinemasından. Galatasaray'a doğru yürüyorum eski bir anı defterini dolaşır gibi. Tamamen Beyoğlu'nda geçmiş hayatım, ne garip! Kasımın son günleri, hava soğuk. Havana soğuk değildir şimdi.

Güller uzatıyor mutsuz bir adamın IMF'ye çok borçlu hüzünlü eli. Borç onun borcu değil, adamın elindeki kimin hüznü? Küba'nın IMF'ye beş kuruş borcu yok. Tanışmıyorlar. Bizse akrabayız bu borçla, torunlarımız da ödeyecek. Üstelik bu kadar borçlanırken yaşadığımız bir ferahlık da yok. Enflasyon düşüyormuş, biz hiç hissetmiyoruz, ne acayip! Maddecilik ipek mendil gibi takılır oldu üst cebe! Artık kimse kimseye çiçek sunmuyor, çiçekçi bundan hüzünlü.

-Çiçek alacaktım fakat ne işine yarar, ikiyüz eli gıram kıyma aldım size!

yaklaşımı daha akılcıl, daha krizcil. Herkes varoluş derdinde. Bir şeyden kısmamız lazım, duygusu yaygınlaşmış durumda.

-Fakat neden kısabiliriz şekerim?

-Şekerden kısabilirsiniz şekerim! Ayrıca kimi ampulleri söndürün, gözünüz kör olsun! Ekmeği tamamen kesin, ekmek salak bir durum, biz milletçe sittin yıldır hayvan gibi ekmek yediğimiz için, böyle ebleh olduk! İşe gitmeyin! Yol parasını tamamen sıfırlamış olursunuz. Şu an ortada iş yok ki! Kriz var. Siz de salak gibi iş yerine gidip;

-N'olucak bu krizin sonu?

dellenmesi yapıp iş yerinde gereksiz çay, kahve muhabbetine son verin. Eğer iş yerine gitmiş bir gafletengiz konumdaysanız ve orda çok sıkılıyorsanız, hemen istifa edin, bu devlet size bakmak zorunda! Küba'da öyle!

Beyoğlu'nun kara sakallı şarap delisi yolumu kesiyor:

-Baba! Şarap içicem, param yok!

Her zamanki delikanlı sarhoş haliyle dikiliyor önüme.

-Senin artık şarap içicek halin yok ki! Ayakta duramıyorsun!

-Haklısın baba!

diyerek bana yol veriyor, başka birine tebelleş oluyor. Epeydir tanışıyoruz. Ben onu eserlerinden, tiyatrodan, televizyondan tanıyorum. O da benim şarapçı ve delikanlı bir serseri olduğumu biliyor. Kafasında lâcivertken kirden siyaha dönmüş bir beyzbol şapkası, ayağında taba rengi bir plastik terlik, siyah çoraplar, pis bir kot pantalon kıçında, yıllarla yakası genişlemiş siyah atletinin üstüne, önden fermuarlı siyah kazak giyiyor. Yazın açıyor fermuarı, kışın gırtlağına dek kapatıyor. Mevsime göre kıyafet değişmiyor. Sadece yazın, havaların çok sıcak olduğu dönemde, nereye zulalıyorsa, siyah kazağı devreden çıkarıyor. Sıkı bir zulası olmalı, çünkü evi falan yok. Gece bir saatten sonra, Balo sokakta tiyatronun arka duvarıyla, duvar dibine parketmiş arabanın arasında sızıyor. Adresi orası kara sakallı şarap delisinin.

Küba'ya giderayak bu filmi görmem iyi oldu. Küba'daki film başarılı olmasa bile, benim bir kaybım olmaz, ama Küba'dan mutlaka bir kitapla döneceğim, bu kesin. Yarın erkenden bir defter almam gerek. Üç gün sonra gidiyoruz. Belki Fidel ile tanışma şansımız da olacakmış, belki bizim filmin setine gelecekmiş, Vural Öger'in ve Kübalog Hüseyin'in Comandante ile yakın ilişkileri varmış. Bir kaç kez görüşmüşler, turizm konusuyla ilgili.

"Bence devrim kusursuzlaştırılmak isteyen bir yapıttır. Kısaca devrim bir sanat eseridir!" diyen adamla tanışacak olmanın büyülü duygusuyla, heyecanla karışık bir sevinç içinde yürüyorum İstiklâl caddesinde. Ayaklarım beni Şarabi'ye getiriyor. Dördü beş geçiyor Çiçek Pasajı giriş kapısı üstündeki Cite de Pera saati. Bu yıllardır böyle. Kimbilir kaç yılında durmuş? Ben Galatasaray Lisesi'ndeyken çalışıyor muydu? Hangi yılın ne gününün dördü beş geçesi? Şu an Beyoğlu'nda yerel saat yirmiüç onbeş. Giriyorum Şarabi'ye, oturuyorum bir masaya. Garson geliyor:

-Hoşgeldiniz, ne alırdınız?

Garsonun gözüne ürkütücü bakmaya uğraşarak yanıtlıyorum sorusunu:

-Baba! Şarap içicem, param yok!

Günün Milliyet gazetesinde, Ülkü Tamer son kitabım ile ilgili güzel bir yazı yazmış, sağolsun. Onun şiirleriyle büyüdüm. Delikanlılığımda onu ilk kez, bir tiyatro sahnesinde oyuncu olarak görmüştüm. Oyuncu olduğunu bilmiyordum, çok şaşırmıştım. Okuldan kaçıp Fatih'te Renk sinemasında sergilenen "Sokak Kızı İrma" oyununu izlemeye gitmiştim, bir çarşamba gecesi. Program dergisine bakılırsa, sahnede tef çalıp "Açmam açamam, çünkü derinde..." şarkısını söyleyen üç yargıçtan biri. Hangisi acaba şiirlerini ezberlediğim adam?

Bir sigara yakıp bir daha okumak istedim yazıyı. Birden uçakta olduğumuzu ve sigara yakamayacağımı anımsadım. Katladım gazeteyi, çantama koydum. Kasımın otuzu, pazar. İstanbul'dan onüçte kalkması gereken, bize sigara içmeyi saat onikiden itibaren yasaklayan, adını hiç duymadığımız Atlas Jet Hava Yolları, saat ondört suları havalanabildi. Frankfurt'a uçmaktayız film ekibi olarak, yirmiiki kişiyiz. Tayfun ve on kişilik teknik ekip on gün önce uçtular Küba'ya. Bir saat sonra Frankfurt'a ineceğiz. Gece orada kalınacak, sabah erkenden Havana'ya doğru uçacağız. Ekipte neşeyle heyecan birbiriyle arkadaş. Hepimizin yüzü gülüyor. Havalimanında başlanmış içkiye, topluca çakır keyifiz. Herkesin elinde ispanyolca sözlük, harıl harıl kendine en gerekli olacak sözleri öğrenmeye, "Seni seviyorum!" gibi hızır acil cümleler kurmaya uğraşıyor. Erkek takımı, Havana'ya iner inmez hayatının kadınına rastlayacağından emin. Kılık kıyafetimiz Küba'ya yönelik. Tamamen yazlık konumdayız. Orada ısının otuz, otuzbeş derece olacağını, bizi güzel bir yazın beklediğini belirtti Kübalog Hüseyin. Elimizde, Frankfurt transit serinliği için birer ceket, İstanbul'un kışından uzaklaşıyoruz. Bavullarımızı Frankfurt'tan Havana'ya havale edip el çantalarımızla gayet libero gireceğiz Almanya'ya. Yarın Havana uçağında sokacağız ceketleri el çantalarına, tropikal tatilimiz başlayacak! Uçağın diğer yolcuları Almanya'da yaşayan türkler ve gayet kışlık giyimliler. Onlar bu filmde oynamıyorlar.

Yanımda Rasim var, onun yanıbaşında İlkay Saran. Uçağın en önünde oturuyoruz. Business classs durumu yok, koltuklar daracık. Dört saattir sigara içilemiyor, Havana'ya uçarken çıkarırız acısını, diye düşünüyorum. Küba uçağında sigara içilebiliyormuş. Aferin Küba! Komünizmde böyle salak bir yasak olamaz zaten. Ne demek sigara içmek yasak? Tamamen, sigara içmeyen bir sınıfın sigara içen sınıf üstünde faşizan baskısı! Zaten sigara şartıyla anlaştık, Tayfun'la. Hele bir içilmesin, oynamam vallahi filmde. Fidel ile görüşür, ona sigara yasağının diyalektik saçmalığını anlatır, hızla geri dönerim. Fransız şarkıcı ve herşeyci Serge Gainsbourg muntazam sigara içen biri olarak, sürekli elinde dört ya da beş paket filtresiz gitanes'la gezer, sigara içme yasaklı televizyon programlarına, dört paket sigarasıyla çıkar ve aralıksız içerdi. Ömrünün son yıllarında, Fransa'da kapalı mekanlarda sigara yasağının ayyuka çıkması üzerine, sürekli gittiği kahvenin kapısına "SİGARA İÇMEYENLER GİREMEZ" yazdırttı. Gainsbourg öldü, ama kahvenin kapısındaki yazı hâlâ duruyor.

Sigaradan başka şeyler düşünmeye çabalıyorum, aklıma puro geliyor! Bilinçaltımı başka yerlere sürüklemek için hostesin kıçına bakıyorum. Güzel bir kıç değil, üstelik pipoya benziyor! İdeal bir oyuncu sözleşmesi şöyle başlamalı; madde 1: oyuncu her yerde sigara içebilir. Yapımcı firma küllük temin etmek ile yükümlüdür. Sözleşmeyi sağlam imzalıyacaksın, üfleyeceksin dumanı hostesin burnuna!

İlkay hanım, Rasim, Asuman, Necmi, Fethi, Ayça dışında, Kübalog Hüseyin, Böcek yapımdan yönetmen Ömer Faruk, asistan Çiğdem, asistan Defne, makyajcı Neriman, kostümcü Ebru, ekip sorumlusu konumunda Böcek yapımdan Güner, gene aynı kurumdan adını bilmediğimiz biri, sürekli video kayıtta bulunan bir kameraman ve tanımadığımız, neci olduğunu tam algılıyamadığımız kişiler de var. Bir kız var örneğin;

-Kim?
diye sordum.

-Tayfun'un arkadaşı!
denildi.

-Filmde oynuyor mu?

-Türkiye'deki çekimlerde bir şey oynayacak ama hangi rol bilemiyorum...

-Oyuncu mu?

-Evet. Televizyonda bir dizide oynuyor. Dizinin adını bilmiyorum.

-Kızın adı ne?

-Bilmiyorum.
biçiminde yorumlar yapıldı. Sanırım grubun içinde neci olduğunu pek bilemediklerimizin bir bölümü Kübacı!

Uçak tıkış tıkış. Öger Tours'un anlaşmalı bir uçuşuyla karşı karşıyayız. Gene de hepimizde Küba'ya gitmenin kıpırtılı, gizemli sevinci gözümleniyor. En mutlu olan, kendini bizi sürekli bilgilendirmekle görevli kabullenmiş Kübalog Hüseyin.

-Bu ne biçim uçak! Öger Tours'a yakıştıramadık! Vural Bey bize özel uçak kaldırabilirdi...
türünden şaka yollu serzenişlerimiz bile kaçırmıyor neşesini:

-Küba'da bütün bu sıkıntıları unutacaksınız arkadaşlar!
diyor, cennet vadeden bir papaz gibi. Küba cennet

demek ki!

Frankfurt'a kırk dakikamız kaldı. Açılır kapanır masamtrak şeyin üstüne defteri zor yerleştirmiş, günlüğümü yazmaktayım. Yanımda tuvalet kuyruğu oluştu. En öndeyim, tuvalet benim önümde. Tam tuvalet kapısının dibindeyim. Omuz başımda bir herif eğilmiş yazdığımı okumaya uğraşıyor. Almanya'da işçi herhalde, salak salak sırıtıyor.

-Ne okuyorsun lan? Özel bir şey yazıyorum. Günlüğüm bu benim. Kimse kimsenin günlüğünü okuyamaz. Kendim için yazıyorum ben bunları! Omuz başımdan kuyuya karpuz sallandıracakmış gibi eğilip günlüğümü okuyan herif dallamanın biridir, yazıyorum. Buyur oku, seni yazıyorum. Anladın mı hıyarağa? Sırıtma öyle, zaten kaç saattir sigara içmiyorum, nikotin krizim borsanınkinden çok daha yüksek bir tavan yaptı, Dow Jones endeksini zorlamaktayım, dan diye koyarım gözünün üstüne!
demek isteyen bir bakış atıyorum ona. Baktıklarımın tümünü anlamasa bile, yazdıklarımı okumasına bozulduğumu algılıyor, sırıtarak doğruluyor, karpuzu geri çekiyor kuyudan, öbür yana çeviriyor pişmiş kelle suratını.

Herkes çişini yapıyor, tuvalet kuyruğu son buluyor. Frankfurt'ta doğru alçalmaya başlıyor uçak. Yanmamış bir sigara koyuyorum iki dudağımın arasına, kemerleri bağlıyoruz. Hostes gelip ağzımdaki sigarayı gösterip, olumsuz el işaretleri yapıyor.

-İçmiyoruz! Yakmadık ki! Dudak alıştırmaları yapıyoruz!

Rasim daha önce bu teknik ekiple bir filmde çalışmış;

-Elleri çok ağırdır, dört haftada hayatta bitmez bu iş. Korkarım üç, dört ay Küba'dayız!
diyor.

-Bakarsın dönmeyiz!
diyorum. Bir an düşünüyor Rasim:

-Evet, o da bir fikir!

6 / İSPANYOLLAR DA CENNETE Mİ GİDERLER?

Uçak / İç-Gün

Meğer ne kadar çok, adını bilmediğimiz uçak şirketi varmış. Condor Hava Yolları'nın Thomas Cook uçağındayız. Ve sigara içmek yasak! Tayfun'u öldürmeyi düşünüyorum! Sigara içilebilen bir uçuş koşuluyla anlaşmıştık. Kasım ayında serbestmiş, bu ay kaldırılmışmış! Bu salak aralık ayının ilk gününü yaşıyor olmamız çok saçma. Dün binseydik bu uçağa püfür püfür içiyorduk sigaramızı.

-Niçin bugün, dün değil? Ayrıca yeni dünyada henüz bugün olmadı! Düne doğru uçmaktayız!
diye kükrüyorum. Sigarayı bırakmış olmanın sersem huzuru içindeki Rasim beni sakinleştirmeye uğraşıyor. Hiç sakinleşecek gibi değilim:

-Zaten bir saat geç kalkıldı. Bir saat de uçağa binişte bekledik. Onbir saat uçuş, bir saat iniş, çıkış... Ondört saat boyunca sigara içmemek ne demek? Sigarayı bırakmak! Ya da bıraktırılma ön çalışmaları. Sigarayı bırakmama niçin ve ne hakla bir havayolu şirketi karar veriyor? Hepiniz mi doktorsunuz be kafirler? Ciğer benim, yürek benim, kâhyam mıdır el benim?
biçiminde rap makamı sinirli bir şarkıya dönüşüyor kükremem.

Atlas okyanusu üstünde uçmaktayız. Sabah onu çeyrek geçe, yani kırkbeş dakika gecikmeyle kalktı uçak Frankfurt'tan. Biraz sorunlu oldu Avrupa'dan ayrılışımız. Bu uçuşla Frankfurt'tan ekibe katılan, Öger Tours Avrupa genel koordinatörü, kızım rolüyle sanat hayatına atılış yapacak olan Alev'in pasaportunu kaybettiği anlaşıldı. Onunla birlikte havalimanına gelmiş olan Vural Öger, cep telefonundan orayı aradı, burayı aradı, kimi alman bakanları aradı. Kıza Almanya'dan çıkabilmesi için alelacele bir belge hazırlanıp verildi. Şu an uçakta, Küba'ya girip giremeyeceği konusu tartışılıyor. Uçuş süremiz olan onbir saat boyunca Vural bey, Küba Turizm bakanı, Ulaştırma bakanı ile irtibat kurarak pasaportsuz Küba'ya girişini sağlamaya uğraşacakmış...

Uçakta yemek servisi yapıldı bitti. Saat, alman saatiyle oniki otuz. Pek dandik olan yemek orasından burasından didiklendi, önümüzdeki mendil kadar masayı işgal eden tepsi bir an önce iade edildi. Kahvelerimizi de içtik, sigarasız. Daha en az dokuz saat içilemeyecek. İçki de içmiyorum. Herkes şaraplar, konyaklar deviriyor, fakir diyet mönü! Rasim, İlkay hanım, Böcek Yapım'dan Ömer Faruk, Alev ve onunla Küba'ya gelen kız arkadaşı business'da oturuyoruz, diğerleri arka tarafta. Asuman'ın bileti de business olacakmış, bir yanlışlık olmuş! O da bunu dert edinmedi. Uçağın neresinde oturduğumuz önemli değil, hepimizin genel sıkıntısı, sigara içilememesi. Filmin barbunyaca diyalogları üstüne çalışmaya koyuluyorum mendil boyut masada. İspanyolca hocam, çok şeker kız Tanya söylenecek sözleri düzgün ispanyolcaya çevirdi, ben ispanyolcayı bozarak barbunyaca üretiyorum.

Dün ikindi suları Frankfurt havalimanında ekibimizi bekleyen bir özel otobüse bindik. Uçakta tuvalet kuyruğunda, omuz başımdan kuyuya karpuz sarkıtarak, sırıtarak günlüğümü okuyan herif de bizim otobüse bindi. Kim olduğunu sordum, set işçisi olduğu anlaşıldı. Özel otobüsün türk sürücüsü, bütün Frankfurt'u dolaşarak, turiste yönelik bilgiler sunarak;

-Etrafı görün diye yavaş götürüyorum!

cümlesiyle sinir bozucu yavaş gidişini açıklayarak, hepimizi gıcık ederek, hava karardıktan epey sonra, gereksizce uzun bir yolculuk sonunda bir türk tarafından işletilen ve fakat Avustralya mutfağı sunan özgün lokantanın önüne park etti otobüsü.

Bizim için upuzun bir masa hazırlanmış. Masamıza paralel olan barın ucunda oturmuş şarap içen sıska, gözlüklü alman adam, bizim dışımızdaki tek müşteri. Frankfurt'ta baba baba sosisler yemeyi düşleyen ekibe, garip bir yemek listesi dağıtılıyor. Liste, kanguru ve devekuşu etiyle bezeli. Her ikisinin de sosisi henüz Frankfurt'ta yaygın değil. Ayrıca listedeki bütün yemekler tanımadığımız soslarla dayalı, döşeli.

-Ne kadar aborijinalsiniz! Ben Sydney'de yemedim kanguru etini! Avustralya'da mıyız? Niye Avustralya lokantası açıyorsunuz? Hepiniz türksünüz! Daha önce Avustralya'da işçi olarak mı bulundunuz? Kanguru etini, devekuşu butunu meze edip rakı içen değerli ağbilerimiz mi var Frankfurt'ta?

-Bu adı okunamayan sos ne? Ne var yani o sosun içinde?

-Avustralya'dan gelen değişik otlar. Tam isimlerini bilmiyorum!

-Adını bilmediğin ottan niye sos yapıyorsun? O sosa bu uyduruk ismi nerden buluyorsun, manyak mısın sen kardeşim?

biçiminde saldırıya geçtik, türk garsona karşı. Neden bu özgün mutfaklı lokantaya geldik? Almanya'da bir türk tarafından yemeğe götürüldüğünüzde, patronu ve garsonları türk olmayan bir lokantaya götürülme şansınız sıfır! Onlar yurt dışında yaşadıkları için, kebap, lahmacun özlemi içindeler, sizin o gün bir uçakla kebap ve lahmacun cennetinden buraya geldiğinizin farkında değiller!

-Neden buraya geldik Hüseyin bey?

Kübalog Hüseyin, aynı zamanda Frankfurtolog. Evi oradaymış. Günlerden pazar olduğu için çoğu lokantanın kapalı olduğunu, bizi bir kebapçıya götürmektense, buraya getirmeyi daha uygun bulduğunu söylüyor. Kübalog Frankfurter Hüseyin, henüz Yalan

Rüzgârı Hüseyin adıyla vaftiz edilmemiş olduğundan, o an mantıklı geliyor bize bu yanıt. Dudak bükerek, daha alıcı gözle incelemeye başlıyoruz yemek listesini.

-Kangurunun neresi daha lezzetlidir? Butu mu? Kıçı mı?

-Deli gibi zıpladığı için, korkarım but tarafı çok kaslıdır, ben kıç kısmından rica ediim...

-Kanguruyu siz mi kesiyorsunuz, kesilmiş parça halinde mi alıyorsunuz? Nerede, ne biçimde kesildiğinden haberiniz var mı? Kesim helâl bir katliam mı? Siz Melbourne'da "Helâl Meat Street" i biliyor musunuz?

-Yavru kuzu kanguru pirzolanız var mı?

gibi derin bir soruşturmadan sonra, aborijinal sossuz olarak kanguru ve devekuşu eti denenmeye karar verildi. Ağzıma sürer sürmez, daha önce yememiş olmamın bir kayıp olmadığı anlaşıldı. İkisi de yenilecek gibi değil. Çevrelerindeki garnitür patates ve sebzeleri yedim. Çoğumuz aç olarak çıktık lokantadan, bindik otobüse ve gene o gaza basmaya kıyamayan sürücü ile geze geze, bir saatlik bir yolculuk sonucu, şehir dışındaki Albatros Airport Hotel'e geldik. Resepsiyon memuru türk. Otelimiz adından da anlaşılacağı üzre, şehirden çok havalimanına yakın.

-Niçin şehir dışında bir otelde kalıyoruz Hüseyin bey? Şehrin içinde bir yerde kalıp şehirde dolaşabilirdik, bir yerde bir frankfurter sosis yiyebilirdik! Kübalog Frankfurter Hüseyin, havalimanına yakın bir otelde olmanın, sabahki havalimanı ulaşımının süresini kısaltacağını, sabah otelden hareket saatinin çok erken olmamasını ve ekibin uzun bir yolculuktan önce olabildiğince istirahat etmesini göz önünde bulundurduğunu anlatıyor. Sabah sıfıraltı otuzda kalkmamız gerektiğini belirtiyor, otelden hareket sıfıryedi otuz. İkna olup odalarımıza çekiliyoruz.

Thomas Cook uçağının business'ı da daracık. Ufak tefek bir adamdı herhalde bu Thomas ağbi.

-Kime göre yapıyorlar bu koltukları?

diye söyleniyor Rasim. Barbunyacadan sıkıldım, Küba tarihi okuyorum.

1492 yılında Kristof Kolomb, artık Hindistan'a ulaşacaklarına inancı kalmamış, evlerine geri dönmek isteyen başkaldırmış tayfasıyla Karaib adalarına ulaştığında Hindistan'a çok yaklaştığını düşünmüş, Küba adasıyla karşılaşınca da, bu büyük kara parçasını Hindistan sanmış. Belki de başkaldıran tayfayı sakinleştirmek için onlara öyle söyledi ve aslında Kolomb oranın Hindistan olmadığını biliyordu, ancak ele güne ve olayın sponsoru İspanya kraliyet ailesine;

-Tamam işte, oraya ulaştım!

demek zorundaydı. Ayrıca kendisine güvenmeyerek sponsor olmayı reddeden Osmanlı padişahına da;

-Cim cim cim, dal dal dal, padişahım al al al!

demek gereksinimini duyuyordu belki. Bunlar varsayımlar elbet, çünkü hatırladığım kadarıyla Kristof bana, bu konuda hiçbir şey söylemedi. O denizi severdi, hep denizle, dalgalarla konuştu...

Sigara krizi hepimizi sarmış durumda.

-Hadi hadi dediniz, sabah sigaramı da içemedim!

diye söyleniyor İlkay hanım. Otelden bizi havaalanına getiren otobüste muntazam sigara içtim. O niye otobüste içmemiş ki sabah sigarasını? Bu yolculukta İlkay hanım "Rum Memet" kitabımı, Necmi de "Ferhantoloji"yi okuyor. Kitabınızı birilerinin sizin yanınızda okuması garip bir durum. Sınava girmişiz duygusu. Sigara konusunu unutmaya çalışarak Küba tarihine dönüyorum.

İlk sömürgeleştirilen yeni dünya toprağı Haiti. Kolomb ve adamları yerlilerle savaşıp onları kesip biçerek hizaya getirdikten sonra, adaya **La Española** ismini vermişler. Adanın yerli halkı bu ispanyol teröristlerden hiç hoşlanmamış.

-Kim lan bunlar? Nerden çıktılar?

demişler birbirlerine, kendi dillerinde. Yeni düzenden mutlu olmayan kimi haitililer Küba'ya kaçmış. İspanyolların Küba'ya ayak basmaları, Kolomb'un ölümünden sonra, 1510 yılında olmuş. Adanın başına bu çorabı ören rahmetli oraya hiç adımını atmamış. Kanlı bir savaş sonunda ispanyollar ve ispanyolca adaya hakim olmuş, adalıların konuştuğu kübaca yok olup gitmiş. Haiti'den kaçan yerlilerin kabile reisi Hatuey adanın doğusunda oluşturduğu bir grupla dağlık bir yörede aylarca ispanyollara karşı direnmiş, sonunda yakalanarak, ateşte diri diri yakılma cezasına çarptırılmış. Bir odun yığınının üstüne bağlanmış, odunlar tutuşturulmuş, alevler Hatuey'in bedenini yalarken bir ispanyol papaz, din kavramı olmayan adama yanaşıp, hristiyan olduğuna yemin etmesini söylemiş. Nece söylemiş? Hatuey ispanyolca mı biliyormuş? Papazın haiticesi mi kuvvetliymiş? Bir biçimde konuşmuşlar işte... Demek ki, papazıyla, İncil'iyle çok kararlı olarak gelmiş bu allahsız yeni dünyaya, rönesansını yaşamamış engizisyoncu, işkenceci hristiyanlıkla sarmalanmış sömürgecilik.

-Hristiyanlık ne? Niçin hristiyan olacakmışım?
diye sormuş Hatuey diyalektik olarak.

-O zaman cennete gidersin!
denilince bir an duralamış, sonra sormuş papaza:

-İspanyollar da ölünce cennete mi giderler?

-Elbette!
diye yanıtlamış papaz.

-Ben oraya gitmeyeyim o zaman. Hiçbir ispanyol görmek istemiyorum. Hristiyan olmaya gerek yok, yakın amına koyim!
demiş delikanlı ağbi haitili Hatuey. Cayır cayır yakmışlar adamı, is duman olup uçmuş gökyüzüne, kap-

kararmış aydınlık gökyüzü, ispanyollar ermiş muradına, papaz çıkmış kerevetine ve Küba'ya da ulaşmış din ve tanrı ve isa vesaire kavramı. Hızla kilise inşaatları başlamış.

Uçağın içi gereksizce soğuk, hostesler battaniye dağıtıyorlar. Asistan Çiğdem çekim planı getirdi. Barbunya havalimanından ailece çıkış sahnesiyle başlayacakmış çekim. Daha öncesini hiç çekmedik ya biz bu filmin, acaba nasıl çıkıyor, hangi duygularla bu Barbunya adasına İstanbullu dolmuş şoförü Kuddusi? Nasıl bir herif yani bu benden olacak Kuddusi? Niye ismi Kuddusi? Sigara içmek istiyorum... Şeytan diyor çıkar bir sigara, efendi gibi yak! Bakalım n'olucak? Ben bu uçakta sigara içilemeyeceğini bilsem biner miyim, bu filimde oynar mıyım be? Sigara içmeden uçak yolculuğu yapamayacağından, Amerika'dan Paris'te kendisine sunulacak ödülü almaya gelemeyeceğini bildiren, yeni dünyada yaşayan besteci İlhan Mimaroğlu ağbimiz geliyor aklıma. Fransızlar, özel bir izin belgesiyle, ona tahsis ettikleri sigara içilen bir business class yolculuğuyla uçurmuşlar İlhan ağbiyi. New York'ta sigara içilmeyen bir barda cart diye sigara yakarak, çok gülerek anlatmıştı bunu. Çok acayip tufaya gelmiş hissediyorum kendimi. Sigara içilen uçuş var diye beni ikna eden Tayfun'u öldürme duygum ayyuka çıkmış durumda. Havana'ya iner inmez onu vurmayı düşünüyorum ve fakat üstümde tabanca yok. Olsa da havalimanında elektronik güvenlik aygıtından geçerken bip yapardı, hemen alırlardı. Benim hiç tabancam olmadı ki! Sigara içmek istiyorum. Saat Almanya saatiyle onüç, İstanbul'da başlıyorken ikindi. Küba'da tamamen karışacak bu saat işi. Hepimizin pasaportunu üstünde bulunduran ekipbaşı Güner geldi, kendine çok yakışan efendi haliyle:

-Nasılsınız? Bir isteğiniz var mı?

diye soruyor. Çok sakin, hep güleryüzlü, aydınlık gözleri hep olumlu elektrik saçan biri. İngilizce ve fransızca konuşuyor, dünyayı gezmiş, görmüş geçirmiş, insan olmak okulunu genç yaşında başarıyla bitirmiş bir güzel adam.

-Var Güner! Sigara içmek istiyorum! Git şu pilotlarla konuş, beni kokpite davet etsinler! Onlar orda fosur fosur içiyorlardır.

Hiçbir şeye hayır demeyen Güner;

-Tabii, gidip bi konuşiim ağbi!

diyerek kokpite yöneldi. Yolunu kesen hosteslerle uzun bir görüşme yaptı, geri döndü.

-Mümkün değil ağbi. Çok fazla almanlar!

diye boynunu büküp sigara içemememe benden çok üzülmüş olarak arka tarafa gitti.

Haritaya bakıldığında sudan çıkan bir deniz canavarını andırıyor Küba adası. Havana bu deniz yaratığının tam ense kökünde. Ense kökünün karşısı

Amerika. Yaratığın gözü Meksika'ya bakıyor. Katolik ispanyollar Küba'ya yerleşince, toprak sahibi zenginlerle anlaşıp yerli halkı aralarında köle olarak bölüşmüşler, al sana yüz köle, al sana bin köle. Tütün ekin, şeker kamışı biçin, tanrıya dua edin! Bak burası kilise, her pazar bekleriz! Dualar malesef latince!

Küba'yı fethetmeye gelen kaptan küçücük oğlunu da getirmiş yanında. Kaptan da sapık herhalde, insan küçücük çocuğunu tatile götürür gibi savaşa götürür mü? Götürürsen böyle olur işte! Çocuk düşman saflarına geçer, onların savunucusu olur. Ada halkı neye uğradığını anlayamadan küçücük çocuk, ta nerelerden bu insanların yurduna gelip onları öldürdüklerini, köle ettiklerini görür ve bunu çok saçma bulur. Sen Amerika'yı keşfederken turist çocuk devrimci olur, antiemperyalist olur, Küba'daki komünizmin tohumlarını atar, komünizm nedir bilinmeden. Çocukları savaşa götürmemek lazım. Bu çok tehlikeli bir şey. Uyumsuz bir masal. Sanırım o küçük çocuğun dolduruşuna gelerek;

-Ben köle olmayacağım ağbicim!

diyerek dağlara çıkıp direnenler olmuş. Bir bir toplamış onları dağlardan katolik emperyalizm, bir güzel asmış şehir meydanlarında. Hindistan yolu aranırken bir tütün ve şeker kamışı cenneti keşfedilmiş, gözü dönmüş ispanyolu kimse tutamaz. Adalılar, kendi topraklarında dışardan gelen bu adamların ırgatı olmuşlar birdenbire. Bu işte bir yanlışlık var diye düşünenler olmuş. İkiyüzonüç yıl sürmüş bu kuluçka dönemi. Derin düşünmüşler konuyu ağbiler. Onlar düşüne dursun, sömürge hükümeti Avrupa'da sıkı para eden tütünü tekele bağlamış 1717 yılında ve her yıl kendi belirlediği düşük fiyattan alır olmuş. Bunu çok saçma ve haksızca bulan tütün üreticiler ayaklanmışlar, 1723'teki tütüncüler isyanı sonunda onbir tütüncü asılmış ve tütünde tekel kaldırılmış.

Başlarına geleni yüzyıllar boyu anlamaya uğraşan adalılar içinde bulundukları yoksulluk ve kölelik konumunun yanlış olduğunu düşünmüşler seksendokuz yıl kadar. 1789 fransız devriminden sonra, Fransa'nın sömürgesi olan Haiti'de kölelik kaldırılınca, olay bütün Karaib adalarında bir başkaldırı rüzgârı estirmiş. 1812'de Jose Antonio Aponte isimli çikolata renkli kübalı marangoz;

-Yeter lan artık!

diyerek renkdaşlarının isyanını başlatmış, kanlı bir biçimde bastırılmış isyan, marangoz ve çikolata renkli arkadaşları öldürülmüş, çikolata konusu gayet profiterol bir biçimde kapanmış. Adanın yerlileri kızılderililerin çoğu ispanyollar tarafından yok edilmiş. Geri kalanların, afrikalı ve güney amerikalı köleler ve ispanyollarla çiftleşmesinden kübalı denen ulus oluşmuş.

Sigara krizim üst düzeyde. Her an yakabilirim bir sigara. Yaksam ne yapabilirler? Okyanusun üstündeyiz, beni sağda uygun bir yerde indirecek değiller ya! Küba'ya inince başıma belâ açabilirler. Adiler! Zaten hostesler bize hiç iyi davranmıyorlar, türküz diye herhalde. Olaya onların penceresinden bakıldığında çok da haksız sayılmazlar; yalan değil ki, türküz işte! Hostesi çağırıp sinirle kırmızı şarap istiyorum! Şarapla birlikte içerim sigaramı, diye düşünüyorum.

İspanyollar Küba'nın kaymağını yerken, ingilizler, fransızlar, hollandalılar, portekizliler bizim başımız kel mi diye düşünmeye başlarlar 18. yüzyıl başlarından itibaren. Osmanlı imparatoru kel olduğu için konuyla ilgilenmez. 1740 yılında ingilizler adaya amiral Vernon komutasında sıkı bir donanma gönderirler. Önce Havana limanına ulaşan ingiliz amiral, sıkı korunan bu kentin denizden fethinin pek kolay olmayacağını çakarak adanın en batısına gelip güneye dolanır, Guantanamo'ya demir atar ve orada çekip ingiliz bayrağını Cumberland adını verdiği bir yerleşim merkezi oluşturmaya başlar. Ancak yerli halkın gerilla savaşı sonucu püskürtülür ve giderler adadan, Cumberland diye bir yer kalmaz bu Karaib adasında.

Salak hostes şarabı getirmiyor. İlkay hanım uykuya geçti. Şeytan diyor ki:

-Yak bi sigara!

-Bi dakka Şeytan! Bizim de bir bildiğimiz var herhalde!

diye yanıtlarken Şeytan'ı, bildiğim hiçbir şey yok. Tek

bildiğim sigara içmemin gerekliliği.

1761'de İspanya'ya savaş açan İngiltere donanması gelir dayanır Havana limanına, bir aylık bir kuşatma sonucu alırlar Havana'yı. Kent ve çevresini işgal eder ingilizler, adanın geri kalanı ispanyolluğunu sürdürür. Bu işgalle anlaşılır ki ada halkı, ikiyüzelli yıllık sömürge olarak kendini ispanyol hissetmektedir. İngilizlere gıcık olarak gerilla savaşı başlatır, artık ispanyollaşmış, ispanyolca konuşan kübalılar. Sadece onbir ay sürer ingilizlerin Havanalılığı... Neydi acaba bu adada eskiden konuşulan dil? Niye ispanyolca adanın başkaldıran şarkıları?

Bir gün, kölelik konusunu bir türlü içine sindiremeyen Bayamolu şair Perucho Figueredo demiş ki, ispanyolca;

-Koşun savaşa Bayamolular
Ülkeniz sizinle gurur duyuyor
Korkmayın böyle şanlı bir ölümden
Çünkü vatan için ölmek, yaşamak demek!

Bunun üzerine başlamış bir bağımsızlık savaşı, 1868 yılında. Daha sonra ulusal marş olmuş Bayamolu şairin dizeleri. O sırada Jose Marti on beş yaşında bir ispanyol çocuğu, devrimcinin önde gideni. İlk şiir kitabını yayınlamış bir beyaz kübalı! On yıl sürüyor bağımsızlık savaşı, bağımsızlığa ulaşmıyor sonu. Küba tarihi kitabının ilk sayfasında ulusal kahramanları olmuş şair Jose Marti'nin karakalemle çizilmiş posbıyık bir resmi var. İyi, tamam da, benim nikotin krizim n'olucak?

Grönland'ın az biraz güneyinden geçmekteyiz. Daha Küba'ya çok var. Hostes şarabı getirdi. Hızla açtım küçücük şişeyi, bardağa koymadan dikledim yarısını. Kararlı bir biçimde sigaramı, çakmağımı alıp tuvalete yöneldim. Tuvalet anüs içinden biraz daha küçük. Sigara yakarsan çalacak alarm sistemi burnumun dibinde, orada duman söz konusu değil! Ağzımda yanmamış bir sigara, anlamsızca elimi yıkıyorum, aynada suratımdaki saatlerdir sigara içmemişliği inceliyorum. Sigarayı yakıp yakmama duraksamamı yaşıyorum. Birden çalışıyor kafam; lavabo deliğinde şiddetli bir vakum düzeneği var. Büyük bir gürültüyle musluktan akan suyu anında emiyor lavabo deliği... Dumanı da emer o zaman! Deliğin içinde yuvarlak, madensel bir zımbırtı var. Kurcalıyorum, çevirince çıkıyor yerinden. Lavaboya iyice eğilerek yakıyorum sigarayı, hemen deliğin içine sokuyorum sigaranın ucunu, anında emiyor dumanı mucidini sevdiğimin vakum düzeneği. Çektiğim dumanı lavabo deliğine üflüyorum. Ortada ne duman var, ne sigara kokusu! Aferin ben! Aferin lavabo! Biraz iki büklüm ve domalma biçiminde de olsa okyanus üstü sigaramı içmiş bulunuyorum. Özenle yerleştiriyorum yuvarlak madensel zımbırtıyı lavabo deliğine, kahramanca çıkıyorum tuvaletten, gülümseyerek selamlıyorum hostesi, gelip sırıtarak oturuyorum yerime. Yüzümdeki gereksiz sevince anlam vermeye çalışan Rasim'e:

-Tamam!

diyorum. Olayı çakan Rasim de seviniyor, sanki sigarayı o içmiş gibi. Geri kalanını dikliyorum şarabın, yeni şarap istiyorum hostesten. Daha keyifle okumaya koyuluyorum Küba tarihini.

1895' te bitiyor Jose Marti'nin 42 yaşında şehit olduğu ikinci kurtuluş savaşı. Kübalılar derin bir nefes alıyorlar kendi ülkelerinde, üçyüzseksenbeş yıl sonra. İspanyol sömürge dönemi son buluyor adada ve fakat amerikan sömürgesi oluyor kölelikten kurtulan Küba. 1901'de, ispanyol egemenliği son buluyor, biçimsel olarak bağımsızlığını kazanıyor Küba, ancak anayasasına eklenen bir maddeyle ABD'nin çıkarları söz konusu olduğunda Amerika'ya, Küba'ya müdahale hakkı veriyor. Gene ketempereye geliyorlar yani. 1924'ten itibaren, vahşetiyle halkta giderek artan bir direniş duygusunu körükleyen Machado'nun kanlı askeri diktatörlüğü egemen oluyor. 1933'te bu diktatörlüğe, askerler, subaylar, işçiler ve öğrenciler ayaklanarak son veriyorlar. O zamanlar çavuş olan mafyaperver Batista, yeni kurulan Cespedes hükümetini, Cespedes'i öldürterek deviriyor, 1940'da koalisyon ortağı olarak iktidara geliyor, daha sonra; askerler, büyük burjuvalar ve Amerika'nın desteğiyle, general Batista olarak 1952'de askeri darbeyle tek başına iktidar oluyor. Devrimi hazırlayan kanlı diktatörlük dönemi başlıyor adada.

Saatlerdir içmeyi sürdüren, giderek zurnalaşan ekibimizle hostesler arasında gergin ve gürültülü tartışmalar oluyor uçağın arka tarafında. Birdenbire derin bir uykudan uyanan İlkay hanım;

-Neredeyiz ayol?

diye soruyor.

-Uçaktayız İlkay hanım.

diye yanıtlıyor onu Rasim.

-Onu biliyorum canım. Daha ne kadar yolumuz kaldı?

-Valla bilemiyicem. Demin siz uyurken anons yapıldı. Havana parçalı bulutluymuş, adanın başka bir yerine inecekmiş uçak, oradan otobüsle Havana oniki saat falan sürer diyorlar...

diyor Rasim, işletilmeye çok yatkın İlkay hanıma. Yanımıza gelen Güner arka taraftaki kavganın nedenini açıklıyor. Türk ekibi çok şamata yapıyor diye, bizimkilere içkiyi kesmiş hostesler. Bu doğal bir ayaklanmaya sebep olmuş. Bu arada ekipten biri arka tuvalette sigara içerken yakalanmış. Benim sistemi bilmediği için hıyar gibi alarm aygıtına üflemiş tabii dumanı. Sigara yasağını biliyoruz, içki yasağı nerden çıktı? Kimin içkisinin dumanından, kimin akciğerine ne olmuş? Ben şarap içerken yanımdaki yeşilaycı pasif alkolik mi oluyor? Hemen hostesi çağırıp iki şişe şarap istiyorum, sert bir biçimde. Öndeki uslu azınlık olduğumuzdan mı, business'ta oturduğumuz için mi, isteme biçimimin sertliğinden midir bilinmez, itirazsız getiriyor şarapları hostes. Şişeleri Güner'e veriyorum, o cebine indirip arka tarafa yöneliyorken, ben tuvalete gidiyorum, bir sigara daha içiyorum lavabonun deliğine eğilerek.

Batista iktidara geçtiğinde, Fidel olayların içinde belli bir politik gücü olan, peşinden kitleler sürükleyebilen lider olarak sivrilmiştir. Komünist partisinin kitaplığından yararlanan fakat komünist olmadığını söyleyen, Marksizm-Leninizm'le ulusal şairleri Jose Marti'nin düşüncelerinin bir sentezini arayan yirmialtı yaşındaki avukat, kendini daha yakın hissettiği Ortodoks Parti'nin gençlik kollarını örgütlemekle meşguldür. Kafasında bir devrimin planını oluşturmaktadır. Nihayet 26 Temmuz 1953'de başta kendisi, yanında komünist kardeşi Raul olmak üzere, ilk eylemlerini yapan 120 kişilik gerilla ordusuyla Santiago de Cuba'daki Moncada kışlasına saldırır. Kimi arkadaşları ölür, kimisi tutuklanır, kimileri davadan döner, Fidel ve kimisi yaralı geri kalanlar kaçarak dağa çıkarlar. Yakalanıp hapse atılırlar. Yirmiiki ay hapis yatar, mahkemedeki savunmasında;

-Tarih beni aklayacaktır.

diyen Fidel. Hapishane önemli bir okul oluyor devrimci arkadaşlara. Devrim stratejisini ve devrim sonrası yapılacak şeyleri netleştiriyorlar kafalarında. Genel aftan yararlanarak hapisten çıkıyorlar. Bir çok kez suikast girişimine uğrayan Fidel Küba'yı terketmek zorunda kalıyor. Neden işin başında öldürmüyor onu Batista? Başının belâsı bu adamın ona ilerde sorun çıkaracağını düşünemiyor mu diktatör? Belki de Fidel'le birlikte olanların arasında amerikan casusları var, Batista'nın komutanı Amerika hop, diyor olaya. Fidel ve arkadaşları ülkeyi terkediyorlar, vın Meksika! Bekle gör bak Batista, hayat ne kadar patiska! Sonradan can düşmanı olan Amerika, devrime kadar hep kollamış Fidel'i. Zaten Amerika'nın genel politikası bu; bir ülkede iktidarı pohpohlarken, öte yandan iktidara gelmesi olası muhalif güçleri de kolluyor. Aç parantez Fetullah Hoca! N'olmaz n'olmaz, biz bu hocayı da kollayalım. Bakarsın pat iktidara geçer... Aslında Amerika her ülkede, iktidardakinin az biraz kendi adamı olmasını istiyor, çünkü dünya haritasındaki bütün ülkeleri eyaletleri olarak görüyor, diyelim ki görmek istiyor...

Tuvalete gitme işini belirli bir düzene soktum. Yarım saatte bir gidiyorum. Gitmişken çiş de yapıyorum, sifon sesi olsun diye. Havana'ya ulaşır ulaşmaz anlatacağım durumu Fidel'e. O da kahkahalar atarak kaldıracak Küba'ya giden uçaklarda sigara yasağını.

-Ağbi uyan, geldik!

dedi Rasim, silkindim. Uyuyup kalmışım elimde Küba tarihi.

"Ülkemiz insanlara maddesel zenginlikler sunmak için çok yoksul olsa da, onlara eşitlik duygusu, insanlık onuru sunamayacak kadar yoksul değildir. " diyen adamın gizemli adasına doğru alçalmaya başladı uçak.

7 / HAVANA'DA YAĞMUR Otel / İç-Gün doğuşu

Bir korsan filminde miyim, neyim? Okyanusta fırtına. Uzun uzun ıslık çalıyor rüzgâr "**Comandante Che Guevara**" diyerekten. Belki de bana öyle geliyor. Tiz ıslıktan, bas bariton uğultuya yatay geçiş yapıyor ürkütücü okyanus rüzgârı. Ne masallar anlatıyor kimbilir? Hangi batık gemilerin, hangi hüzünlü şarkılarını söylüyor? Hangi dilde? İntizamla geçiyor meksikalı bulutlar düzenli bir koro gibi, hep bir ağızdan: "**Viva Zapata!**"... Sanırım bana öyle geliyor. Kökünden ayrılmak istercesine savruluyor, bükülüyor yaşlı başlı palmiyeler, anlaşılmaz uğultular çıkararak. Dalgalardan sırılsıklam olmuş deniz kıyısındaki mavi boyalı evler. Sulu sepken yağmur başlıyor birden, dalgaların ulaşamadığı terası ve sürgülü camlı kapısını ıslatıyor. Sabahın altı buçuğu. Bana mı öyle geliyor? Hayır, kol saatim ve cep telefonu saati ve odadaki dijital saat aynı kanıdalar, Havana'da sabah oluyor. Okyanusa bakıyor geniş, kocaman, önü teraslı odam. Otelimiz deniz kıyısında, kent merkezinden biraz uzakça, Miramar denilen semtteyiz. Öyle kalakalmış bakıyorum okyanusa. Uyku hak getire! İstanbul'da vakit ikindi. **La tarde** uyku saati değil ki, tamamen beyaz şarap zamanı.

Dün akşam sekizi yirmi geçe indik Havana Jose Marti havalimanına, Türkiye'de gece güne dönerken. Uçaktan iner inmez bizi bir doktor, iki hemşireden oluşan beyaz önlüklü sağlık ekibi karşıladı. Önlerinde tansiyon ölçücü ve kimbilir daha neler neler ölçücü aygıtlardan, ilâçlardan oluşan bir set var.

-Küba'ya hoşgeldiniz! Bir sağlık sorununuz, bir gereksiniminiz var mı?

diye soruyorlar güleryüzle. Amerika'ya ya da Avustralya'ya girerken hiç böyle bir şeyle karşılaşmadım. Okyanus aşmışsınız, iner inmez ana konu, gümrük, polis, bavul değil; sağlığınız. Ne kadar insanca! İnsana değer verilen bir ülkeye ayak bastığımızı şıp diye algılıyoruz. Küba düzenini eleştiren antikomünist arkadaşları bile etkiliyor bu durum. Bir ülkeye ilk adımını atarken azgın köpekli polisler yerine, beyaz önlüklü ilk yardım ekibinin güleryüzüyle karşılaşmak hoş bir şey, insan olduğun aklına geliyor. Herkes cep telefonunu açıyor. Mesaj alıyor, mesaj gönderiyor. Bütün türkler sigara yakıyorlar. Polis kuyruğuna giriyoruz. Sıra bana geliyor. Çikolata renkli, kocaman kara gözlü, çok güzel bir genç kadın polisle karşı karşıyayım. Ona güzel olduğunu belirtmeden edemiyorum:

-Ti es bello! Muchos bello!

Gülerek teşekkür ediyor, hoşgeldiniz, diyor ispanyolca, üstüne adımı yazdığım küçük bir kağıt parçasına giriş damgası vuruyor, pasaportumun arasına koyup uzatıyor. Pasaporta hiçbir kayıtta bulunmuyor. Küba damgalı bir pasaportla Amerika'ya girilemiyormuş. Amerikan polisi, Küba damgasını görünce, suratını ekşitip, bir kaşını kaldırıp;

-Niye gittin lan sen Küba'ya? Komünist misin yoksa?

diyerek gümrükten geri çeviriyormuş adamı. Amerika'ya gitme özgürlüğümü sınırlamamak için pasaporta damga vurmuyor terbiyeli küba polisi.

-Bas damgayı n'olucak, bir daha Amerika'ya gitmeyi düşünmüyorum canımın içi polis abla!

diyerek sarılıp öpesim geliyor çikolata renkli dünyanın en güzel, en sevimli kadın polisini. İspanyolcam o kadar uzun boylu değil, ona kısaca teşekkür edip giriyorum ülkesine gelenden vize istemeyen Küba'ya.

Çok keyifli Tayfun ve teknik ekip karşılıyor bizi havalimanının küçük, şirin barında. Onlar on gündür buradalar.

-Burası çok iyi ağbi! Mekanlar acayip!

diyor ilk filmini çekmenin heyecanındaki genç yönetmen. Don, şort, tişort kılıktalar, ellerinde içinde nane yaprakları bulunan **cuba libre** adlı içkiler. Neredeyse hepsi sarhoşlar. Hemen bize de söylendi birer tane. Rom, kokakola, limonsuyu ve buzdan oluşuyor ulusal içki. İçimi güzel, kafası hoş. Güleryüzlü, neşeli insanlar kübalılar. Biz zaten eğlenmeye yer arıyoruz. Hemen kaynaşıyoruz.

-N'aber **amigo**?

-İyidir **amigo**!

-Ayol bana da yaptırın şu küba bişey'den!
diyerek oturuyor masamıza İlkay hanım neşeyle, gayet ince uzun filtresi çiçek desenli bir sigara yakıp, derin bir nefes çekiyor, ne kadar derin çeksen neye yarar, ultra layt bin sentetik karışımlı tütüncül şeyden. O da onu sigara sanıyor işte. Kübalog Hüseyin havalimanı personeliyle ispanyolca şakalaşıyor, akıcı bir ispanyolcası var. Önce Vural Öger ile, sonra başka birileriyle ispanyolca cep telefonu görüşmeleri yapıyor. Nihayet esas kız Alev çıkıyor gümrük kapısından sevinçle. Hüseyin, bir generalle görüşüldüğünü, Alev'in filmin önemli oyuncularından biri olduğunun dile getirildiğini, generalin gümrüğe bir yazı yazdığını, açıklıyor bize. Böylece elini kolunu sallayarak Almanya'dan çıkan esas kız, aynı el kol hareketleriyle Küba'ya giriş yapıyor şen şakrak. Barda kısa bir muhabbetten sonra bizi bekleyen otobüse binip ilerliyoruz Havana'ya doğru. Hava henüz kararmış değil. Otobüsün hostes koltuğunda oturan Kübalog Hüseyin, sittin yıldır turist gruplarına yaptığı söylevine girişiyor, eline mikrofonu alarak:

-Sağda inekler görüyorsunuz. Küba'da hayvancılık yeni bir olay...
diye başlıyor. Hava bulutlu, yağmur çisentili ve sandığımızdan serin. Tropikal tatil kılıklarımızla üşümekteyiz. Otobüs penceresinden keşfetmeye uğraşıyoruz

ayak bastığımız bu özgün ülkeyi. Trafik sakin, herşey düzenli görünüyor. Otomobiller, 1950'li yılların amerikan arabaları, devrimden arta kalanlar. Zaman zaman eski bir türk filminde gibi hissediyorum kendimi. Şehir merkezine ulaşıyoruz, gerçekten İzmir'in Kordonboyu'nu andıran Malecon'a geliyoruz. Kıyıda oltayla balık tutanlar, öpüşen âşıklar var. Denize nâzır çok güzel taş evler, önleri kemerli geçitli, kemer üstü balkonlu eski ispanyol yapıları, ama sanki dün savaştan çıkmış, bombalanmış gibi. Kimi kemer sütunları yıkılmış gitmiş, kimi evlerin balkonları yıkılmasın diye direklerle desteklenmiş.

-Bunlar devrim öncesi burada oturan kübalı ve amerikalı zenginlerin evleriymiş. Fidel bunları özellikle onartmamış ve en yoksul işsiz güçsüzleri bu evlere yerleştirmiş!

diye bilgi veriyor Kübalog Hüseyin. Kent merkezi Capitolio meydanında bir tur atıp otelimize yöneliyor otobüs, Kübalog Hüseyin sol tarafta yüksek, tepesinde güzel bir kule olan binayı gösteriyor:

-Eski Hilton! Devrimin ilk günlerinde Fidel, Che ve arkadaşları orada kalmışlar ve otelin adını özgür Havana anlamına gelen **Havana Libre** olarak değiştirmişler...

Fidel'in halkın alkışları arasında Havana'ya girdiği, 1959'un 8 Ocak gününü düşünüyorum. O gece, Fidel ve Che ve bütün arkadaşlarının Hilton'un tüm şampanyalarını, şaraplarını içtiklerinden eminim. Fidel'in yirmidördüncü kattaki süit odası hâlâ duruyordur herhalde. Müze mi olmuştur, Fidel'in alman kızı Marita ile çılgın aşkını yaşadığı oda? Küba devrimiyle ilgili okuyarak öğrendiğim herşey film şeridi gibi geçiyor otobüsün penceresinden, arkada dalgaları kıyıyı döven okyanus, otobüsün camında yağmur damlacıkları...

-*Aranızda ekonomist var mı?*

diye sormuş Fidel. Che Guevara el kaldırmış ve hemen ekonomiden sorumlu olarak ulusal bankanın başına getirilmiş. Daha sonra Fidel ona:

-*Senin ekonomi konusunda böyle bir uzmanlığın olduğunu bilmiyordum.*

der. Che'nin yanıtı gülümseyerek olur:

-*Yok zaten. Ben soruyu "Aranızda komünist var mı?" diye anladım ve benden başka hiç kimsenin el kaldırmamasına da çok şaşırdım.*

Deniz kıyısını terkedip sağı solu bahçeli köşklerle bezeli bir bulvara giriyor otobüs. Bu binaların büyük bir bölümü elçilikler, kapılarında bayrakları dalgalanıyor, sol tarafta bayrağımızın dalgalandığı şirin büyükelçilik binamızı görüyoruz.

-Büyükelçimiz Vefa bey çok güzel bir insan. Bizimle ve filmimizle yakından ilgilendi. Bize çok yardımcı oldu.

diyor Hüseyin. Büyükelçinin ve eşinin çok şeker insanlar olduğunu İstanbul'da Erol Günaydın anlatmıştı, dost imişler.

-Telefonla konuştum. Vefa sizi bekliyor, çok heyecanlı. Çok seveceksin onu!

demişti Erol ağbi. O öyle diyorsa kıyak bir adamdır diye düşünmüştüm, Erol ağbi kolay kolay kimseyi sevmez ki...

Kübalog Hüseyin, burada kredi kartlarının yalnızca turistik lokantalarda geçtiğini, genelde nakit kullanıldığını belirtiyor. Herkes endişeleniyor birden. Yanımızda destelerle nakit yok ki! Hepimiz cebimizdeki dolarları hesaplamaya koyuluyoruz.

-Ayrıca yüz dolarlık banknotları otel resepsiyonunda bozdurun, yüzlük banknotu kolay kolay bozmazlar!

diyerek daha da sinirimizi dingildetiyor rehberimiz. Niye bunu bize Türkiye'de söylemiyorsunuz?

-Prodüksiyondan avans isteriz!

diyor Rasim, bütün otobüsün duyabileceği bir biçimde. Öger Prodüksiyon temsilcisi esas kız Alev gülümseyerek yanıtlıyor onu:

-Merak etme, hallederiz Rasim ağbicim!

Tekrar huzurumuza kavuşup çevreyi incelemeyi sürdürüyoruz. Hiç görmediğimiz garip ağaç türleri. Gövdeleri çok kalın, başları göğe ermiş. Kimi ağacın yere sarkan dalları toprağa gömülmüş, az ileriden yeni bir ağaç olarak çıkmış. Birbiriyle sarmaş dolaş dev palmiyeler, hindistan cevizleri. Yöredeki hindistan cevizlerini görünce mi burayı Hindistan sandı Kolomb? Niye bu ağacın adı hindistan cevizi? Gavurcası hindistan cevizi değil ki! Zaten Kristof türkçe bilmiyordu, ikimiz aramızda hep fransızca konuşmuşuzdur.

-Fidel nerde oturuyor Hüseyin?

-Bizim büyükelçinin konutu yakınında bir evi var.

-**Comandante** filminde gördüğümüz ev?

-Bilmiyorum, ben filmi görmedim, herhalde orasıdır. Bilinen evi yani. Ama başka evleri de var... Ne zaman nerde kaldığını kimse bilmez!

Bir kırmızı ışıktan sağa dönüyor otobüs, okyanus kıyısındaki Chateau Miramar oteline ulaşıyoruz. Beş yıldızlı, palmiyeler arasında, güzel bir otel. Resepsiyon kapının hemen karşısı. Girer girmez buz gibi bir serinlikle karşılaşıyoruz. Var gücüyle çalışıyor otelin soğutucusu. Dışarda hava soğuk, otel buz kesiyor. İki çikolata renkli, genç güzel kadın var resepsiyonda, gülerek karşılıyorlar bizi. Biri orta boylu minyon, öbürü neredeyse benden uzun. İkisi de birbirinden güzel. Uzun boylu olan fel fecir gözlü, haydi yatalım bakışlı bir âfet, göğsünde ismi yazıyor: Deborrah. Ünlü manken, tüm dünya erkeklerinin içini geçiren Naomi Campell'ın az biraz uzunu, az biraz daha güzeli. Öbürünün adı Marilin. Hiç Y harfi falan kullanmadan okuduğumuz gibi yazıyorlar Marilin'i, aferin kübalılar! Ekipbaşı Güner işlemimin yapılması için, pasaportumu uzatıyor onlara. Meğer resepsiyoncu her iki fıstık da fransızca konuşuyorlar. Hemen fransızcaya geçiyoruz, şakalaşmalar başlıyor aramızda, sanki uzun bir süredir tanışıyormuşuz gibi. Otelin lobisi çok geniş, dip tarafta bir bar, barın ardında lokanta. Palmiyeler ve okyanus görünüyor lobiyi çevreleyen duvar boyu pencerelerden. Lobinin ortasında küçük bir havuz var. Havuzun arkası televizyonlu oturma bölümü. Havuz karşısında bir masa üstünde müşterilerin internet takıntısı için kurulmuş bilgisayar düzeneği. Duvara dayalı cam dolaplar içinde satılık antika eşyalar... Deborrah ve Marilin, aralarında çok hızlı bir ispanyolca konuşuyorlar, bizimki gibi tane tane kelime heceliyerek değil, hiçbir şey anlaşılmıyor. Kikirdeyerek, fingirdeyerek, bilgisayar tıklıyarak tamamlıyorlar otele giriş tantanamı, uzatıyorlar iskambil kağıdı biçim oda anahtarımı. Kapıda dikilen üniformalı amigo kapıyor bavulumu. Deborrah ve Marilin'e öpücüklerle teşekkür ederek, uzun uzun iyi akşamlar dileyerek, gece düşümde onları göreceğimi belirterek, zar zor ayrılıyorum resepsiyondan. Bavulumu taşıyan amigoyla üçüncü kattaki 310 nolu odaya ulaşıyoruz. İspanyolca teşekkür edip, beş dolar sıkıştırıyorum eline. Birden yüzü gülüyor amigonun, çok teşekkür ediyor:

-Muchos gracias senyor!

-De nada amigo!

Bavulu atıyorum odaya, ekiple buluşmak üzere çatıdaki lokantaya çıkıyorum. Bütün koridorlarda yağlı boya tablolar var, satılık. Üstlerinde dolar olarak fiyatları belirlenmiş. Kübalı sanatçıların tabloları. İçlerinde güzelleri var, uyduruk olanlar da var. Fiyatlar uçuk değil. Ufak ufak toparlanıyor ekip beşinci kattaki lokantada kurulu upuzun masanın çevresinde. Önce, sade suya kaynatılmış kemik suyu hercümercinden oluşan gayet duru bir çorbamsı şey geldi. Nedir?

-Sopa!

Bunun ispanyolca çorba demek olduğu anlaşıldı ve fakat söz konusu duru ve ılık suyun ne çorbası olduğu anlaşılamadı. İçinde çorbaya adını verebilecek gözle görülür bir malzeme yok.

-Bu çorba değil ki! Hiçbir şeyli çorba olmaz ki! diye şarlayanlar oldu. Daha sonra gelen yemekler de görmediğimiz, bilmediğimiz türden şeyler. Hiç de bize göre değil bu küba mutfağı. Pilavları pilava benzemiyor, pirinç ziyanlığı. Tadı tuzu yok yemeklerin. Masada tuzluk var, karabiberlik yok.

-Karabiberin ispanyolcası neydi Hüseyin?

-Pimiente negro!

Rica ediyoruz. Yok diyor garson kız.

-Pahalı olduğu için, her yerde bulunmaz! diye açıklama getiriyor Kübalog.

-Olmaz ki, zeytinyağlılar hariç hiçbir şeyi karabibersiz yiyemem.

-Markette vardır, yarın alırız ağbi!

Ekmeğe verdik ağırlığı, pek de doyamadan kalktık sofradan. Herkes vakitlice odasına çekildi.

Saat sabahın yedisi oldu. Gün ağardı. Duş aldım, tıraş oldum. Banyoda bir tartı var. Çıktım üstüne 143 gösteriyor. Ne ölçüsü kullanıyorlar? Kilo kullanmadıkları belli. Bir amerikan ölçüsü herhalde, iki virgül bilmem kaça bölüp kilonu bulacaksın. Onunla mı uğraşacağım, 143 kilo olduğumu yazdım ajandama, bakalım yarın 144 müyüm, 142 mi?

Kahvaltıya indim. Otuzüç kişilik ekibimiz gayet dinç ve neşeli görülüyor. Sanat grubunu oluşturan Zafer, Saçı belinde Ahmet ve boyu ve cüssesiyle bir basketçiyi andıran 13. Dev Adam Yavuz otelin kapısını havalimanı çıkışına dönüştürmek için hummalı çalışmadalar. Hava yağışlı olduğu için yağmurlu olarak çekilecek ilk sahne, Tayfun buna göre diyalogları değiştirmiş. Yağmurlu bir havada iniyor ailemiz Barbunya adasına. Yeni diyalogları çalışıyoruz. Kahvaltı; muz, ananas, mango biçimi tropikal meyva ağırlıklı, peynir yok gibi, çırpılmış yumurta. Türkler için pek kahvaltıya benzemiyor. Ekmekleri sarı, garip ve tatlı. Doyamayan türkler olarak hepimiz ekmeğe abandık, herkesin şekeri zirveye çıktı. Meğer şeker kamışından yapılıyormuş o sarı ekmek. Tek kaşı sürekli havada, kısa boylu, uzun topuklu ayakkabılı, kıçını sürekli gündeme getiren daracık etekli, tanıştığınız an; bu lokanta ve bar bölümünün allahı benim tavrını net olarak koyan, orta yaşlı, güzelce denilebilecek şef garson Margarita, bizi şöyle bir süzdü ve:

-Siz çok ekmek yiyorsunuz, o kadar ekmek yenmez!

dedi, ingilizce olaraktan, biz ona ispanyolca kem küm kelime oyunları yapmaya uğraşırken.

8 / DİPTEKİ SİNEK SESİ Otel önü / Dış-Gün

Kahvaltıdan sonra rollerimizin kılıklarını giyinip, makyajımızı yaptırıp otelin bahçesine yayıldık. Fırtına dinmiş gibi, rüzgârın senfonisi bitti ama deli okyanus dalgalarının öfkesi geçmiş değil, sille tokat dövüyorlar kayaları. Otel girişinin, havaalanı çıkışına benzetilmesi çalışmaları sürüyor. Giriş kapısının üstündeki otel isminin önüne kocaman bir **Aeropuerto** yazısı asılıyor. İnceden yağmur atıyor, hava bulutlu ve beklenilenden oldukça serin, onbir derece... Bu sahnede, İlkay hanım, Asuman, Alev, Necmi, Fethi ve ben varız. Giysilerimiz çok ince, film icabı. Krem ile taba rengi arasında kararsız, rengini bulamamış, kişiliksiz, sağı solu kocaman cepli bir uzun şortum var. Ayağımda sandalet, mavi gri çizgili bir tişort, kafamda kadın şapkasını andırır bir hasır şapka. Necmi'nin şortu daha kısa, sırtında kısa kollu mavi gömlek, başında bez bir şapka, sandaleti benimkinden de dekolte! Alev blucinli, lastik pabuçlu, kolsuz bir tişort giymiş, Fethi paçaları sıvalı kırmızı kot pantalon, sandalet ve üstünde Beko yazan bir Beşiktaş formasıyla, İlkay hanım kahverengi ve taba desenli bir yazlık elbise, sırtında yeşil bir şal, Asuman mor eteklik, pembe bluz halinde, ayağında mantar topuk terlikler... Plaja gitmek üzere giyinmiş bulunuyoruz.

Hepimizin burnu akıyor. Makyajcı yard Besey bize kağıt mendil koşturuyor, her burnunu silenin burnuna yeniden makyaj yapıyor. Zaman zaman o makyaj tazelerken de burun akabiliyor ve fırçaya sümük bulaşıyor, sümük fondötene karışıyor, Besey sümüklü fırçayı yüzümüze gözümüze sürüyor. O bırakıyor ustası ele alıyor işi. Makyajcı Neriman bunalımını gezdirmeye çıkmış bir kadın. Genelde cümleleri:

-Olmaz ki ağbicim!

diye ve gayet sinirli başlıyor. Sonra sakinleşiyor, bir iki espri yapıyorsun, hemen kahkah kihkih eğlenmeye başlıyor. Güne günaydın deyişi sinirli. Yoksa çok şeker kadın.

Setin birinci günü, bir tür tanışma. Ekipte ismini bilmediğimiz bir sürü insan var. Kimse kimseyi tanıştırmış değil. Ben Frankfurt uçağında omuzumdan kuyuya karpuz sarkıtarak günlüğümü okuyan herifin bizim ekipten olduğunu aklımdan geçiremem, gel dikiz ki ismi Beytullah olup, kendisine özetle Beyto denilen bu tip setin ortasında koşuşturmakta. Bir de kübalı teknik ekip girdi işin içine, herkes birbirine bir şeyler anlatmaya uğraşıyor. Ciddi bir karmaşa. Sylvio kim? İgor kim? İvan kim? Vladimir kim? Niçin rus isimli bu kübalı arkadaşlar? Ayrıca hiç birbirine benzemiyor bu kübalılar, esmeri var, sarışını var, kumralı var, çikolata renklisi var. Hoş biz birbirimize benziyor muyuz sanki? Fethi kızıl, Asuman esmer sarı saçlı,

Necmi karaşın, İlkay hanım kumral, onlardan tek farkımız çikolata renkli arkadaşımız yok. Ülkemizde yok değil, bu ekipte yok... Anadolu, Osmanlı karmakarışık bir coğrafya elbette ve fakat bunlar 16. yüzyılda ispanyolların ayak bastığı bu adada nasıl bu kadar karışabilmişler? Çay kahve işiyle ilgilenen çiçekli entarili Magalis'in gözleri menekşe rengi!

Bir Hollywood setini andırıyor durumumuz. Kamyonlar, makyaj ve kostüm karavanları, aksesuar kamyonları, sürekli meyva, çay, kahve, sandviç servisi yapan kamyonet... Hepsinin üstünde Tragen Images Producciones yazıyor. Küba'daki ortak yapımcı, devlete ait firma. Burada film çekenlere hizmet veriyormuş. Şirketi temsilen uzun boylu, geniş omuzlu, biracı göbekli bir alman var: Frank! Her bok ondan soruluyor. Niye alman? Bu sabah tanıştık onunla. Bana ingilizce hoşgeldiniz, iyi şanslar, dedi. Ben de ona almanca hoşbulduğumu belirtip teşekkür ettim.

Çay, kahve içiyoruz. Çoğunluk elinde cep telefonuyla okyanus kıyısında dolanıyor. Her yerden çekmiyor telefonlar. Herkes Türkiye'yle görüşebilmek derdinde. Pek başarılı olunamıyor. Küba'da çok yeni bir uygulama imiş cep telefonu. Prodüksiyondan Birol, fotoğraf çekmeyi de beceren bin hünerli cep telefonuyla mesaj çekmeyi başarıyor, hemen ekibe müjde veriyor:

-Arkadaşlar, mesaj gidiyor!

Herkes mesaj çekmeye koyuluyor. Bir türlü başlayamıyor çekim. Asistanlar koşuşturuyorlar. Birinci asistan Defne yaradılıştan sinirli bir kız, öyle doğmuş. Bu sinirsel konumu, hızlı hızlı konuşmasında, sizinle konuşurken kimi zaman gözünüze bakmayarak, kaşını kaldırıp ilgisiz bir yere bakmasında, yürürken sanki iki memesini birbirine çarpmaya uğraşır biçimde omuzlarını dingildetmesinde de gözümleniyor. Defne siniriyle evlenmiş. Mutlu mu? Hayır. İşini iyi biliyor ve fakat ilk gün hâlâ motor denilememesinin paniği içinde, ilk filmini çeken bir yönetmenin asistanı olmanın sıkıntısında, anlamsızca koşuşturuyor. İlk planını çekmenin telâşı ve heyecanı içindeki Tayfun'la, deneyimli yardımcı yönetmen Yüksel ve kameraman Veli birbirlerine işaret ve orta parmaklarını göstererek, çok yatay ve yamuk zafer işaretleri yaparak açı tartışıyorlar. İkinci asistan Çiğdem oldukça sakin bir kız. Bir tatil kasabasında, deniz kıyısında, espadrilin topuğuna basmış geziniyor, blucinin paçasından dalgalar geçiyor bir havası var, ama koşturmuyor değil, işini yapıyor. Sadece zaman zaman gözü okyanusa dalıp, üf bi de bu film işi çıktı şu tatilin ortasında, duygusunu kısa bir an yaşıyor, ardından hızla geri dönüyor gözleri setin curcunasına. Tamamen bir piknik havası egemen, Chateau Miramar otelinin bahçesine sorumsuzca yayılmış durumdayız. Asuman cepten mesaj konusuna yoğunlaşmış, İlkay hanım bahçenin ortasında bir koltukta çay ve grissini kompozisyonunda. Bana upuzun bir puro sunan Kübalog Hüseyin çok neşeli, espriler yaparak dolaşıyor ortalıkta.

-Filmimiz çok güzel olacak ağbicim! Baksana şu güzelliğe!

diyerek okyanusu gösteriyor. Burada çekeceğimiz planlarda okyanus hiç görünmeyecek. **Aeropuerto** yazısı görünecek.

Tartışmalar, görüşmeler, koşuşturmalar uzun sürdü, her şey hazır olduğunda yağmur şakırdadı. Hemen çekime girildi. Ve ilk plan yağmurlu olarak çekildi. Ancak istenilen gibi olmadı. Sette üç dilden komut veriliyor. Türkçe komutu, asistan Defne ingilizce olarak yineliyor, kübalı asistan ispanyolcasını ünlüyor. Şaryoyu itecek kübalılar komutu aldıklarında çekim başlamış oluyor, şaryo geç kalıyor. Simültane çevirili, çok dilli komuttan vazgeçilerek, dünya dili ingilizcede karar kılındı. Herkes için tek komut: **Action!** Ancak çevrede sessizliği sağlayabilmek için ispanyolca sessizlik komutu verilmesinin de şart olduğu anlaşıldı. Tayfun bu komutu hemen öğrendi, elinde megafon, önce:

-Silencio!

diye bağırıyor, sonra motor! Sonunda kavga dövüş çekilebildi ilk plan ve onu çekmenin huzuruyla öğle yemeği arası verildi.

Biz yemeğe otururken yağmur dindi, güneş açtı. Öğleden sonrası için yapay yağmur yapmak üzere su sıkıcı tim çağırıldı. Set yemeği otelinkinden de beter. Aşırı yağlı ve ne yağıysa kullandıkları garip bir kokusu var, tüm yemeklere sinmiş bu ağır koku.

-Ne yağı kullanıyorlar?

diye soruyorum Kübalog Hüseyin'e.

-Palmiye yaprağından elde edilen bir sıvı yağ.

diyor. Sabahtan ikindiye kadar bir tek plan çekilebilmiş olmasından kaygılı:

-Hep böyle ağır mı yürür bu iş?

diye soruyor.

-İlk gün biraz böyle olur, sonra hızlanır. Aslında ilk gün çekimlerini yapmayıp direk ikinci günden başlamak lazım çekimlere!

diyorum.

-Kaç kere çekilir bir plan?

diye soruyor.

-Yönetmen tamam, diyene kadar.

Otelin bahçesine kurulmuş bir servis masasından tabaklarımıza aldığımız yemeklerle, elde tabak otelin bahçesinde gezinerek kokteyl havasında yiyoruz yemeği. Yemekten sonra çekilen yağmurlu planlar boyunca, üstümüze su sıkıldı. Su sıkıcı kübalılarla da dil sorunu yaşandı. Kamera komutundan önce;

-Yağmur!

komutu veriliyor. Kübalı hiç oralı değil. Su, anlamına gelen;

Agua!

sözcüğünün bağırılmasını bekliyor. Olur olmaz yerde su sıkıyor. Kamera stop ettikten sonra da üstümüze ısrarla su sıkmayı sürdürüyor. Defalarca çekiliyor her plan. Yoldan geçerken birikmiş halk ve otel kapısına çıkmış personel bize bakıp gülüyorlar. Sırılsıklamız.

-Yeter ayol sıkmayın. Donuyoruz!

diye isyan ediyor İlkay hanım.

-Evet kardeşim, niye bu kadar sıkıyorsunuz, yangın söndürür gibi? İç organlarımızın ıslanması şart değil!

diye ben de şarlıyorum. Haksız sayılmayız. Yapay yağmur, doğal yağmur gibi değil, anında içimize işliyor. Yüzümüze gözümüze hortumla su sıkılırken bir oyunculuk marifeti göstermemiz söz konusu değil, akan makyajımız gözümüze giriyor, gözümüzü açamıyoruz. Neriman ve Besey koşup makyaj tazeliyorlar. Kostümcü Ebru plan aralarında üstümüze fön makinası tutuyor, bize havlular, bornozlar koşturuyor, bütün kostümlerin yedekleri var, ikidebir değiştiriyoruz. Ebru muntazaman kurutuyor, ütülüyor, yeni plana yeni kostüm yetiştiriyor. İşinin ustası tam bir profesyonel, yardımcısı Zuhal'le it gibi koşturuyorlar. O koşturdukça ardından bakıp iç geçiriyor kübalı teknisyenler, hepsinin gözü Ebru'nun kıçında. Kübalı erkeklerin ekibimizdeki türk kadınları içinde en beğendikleri Ebru. Kameraman Veli ince ayar seven cinsten. İstenilen çekime hazırlanması kendi sandığından da uzun sürüyor. Üşüyoruz, hava gayet serin, üstümüze sürekli su sıkılıyor, donumuz sırılsıklam, Veli reflektör ayarı düzeltiyor. İyi tamam, n'apalım, film güzel olsun da biz zatürbişey olalım. Kamera asistanı, netçi Cüneyt sevimli, güleryüzlü bir çocuk. Bir de çok önemli konulardan "cillop geyt" işine bakıyor. Plan çekildikten sonra kameranın içine neredeyse kafasını sokarak büyüteçle, el feneriyle az önce çekilen planın son karelerini inceliyor, toz var mı, çizik var mı, kıl var mı, tüy var mı? Bunların hiçbiri yoksa Cüneyt, yönetmenin çekip beğendiği plandan sonra ünlediği:

-Tamam! Çek di geyt!

komutuna sevinçle yanıt veriyor:

-Cillop geyt!

Bu cümle işin tamam olduğunu gösteriyor. Sen istediğin kadar iyi oyna, kamera güzel çeksin, yönetmen memnun olsun, Cüneyt:

-Cillop geyt!

demedikçe çekilmiş sayılmıyor o plan. Stop diyor yönetmen, duruyor kamera. Hepimizin gözü Cüneyt'in ağzında:

-Cillop mu lan Cüneyt? Aferin geyt lan Cüneyt!

Bu konuda anlamadığım bir şey var. Son bir kaç karenin temiz olması o planın daha önceki karelerinin temiz olduğunu göstermez. Ya Cüneyt'in bakamadığı önceki karelerde böyle bir bokluk varsa?

-Ona bir şey yapamayız!

diyor Cüneyt. İstanbul havalimanından itibaren sürekli video çekimi yapan, fotoğraf çeken kamera arkası Atilla, esas kameradan iddialı, sanki filmi o çekiyor da, esas kamera onun arkasıymış gibi davranıyor. Esas filmden daha iyi bir film çekme iddiasında, motor denildi denilecekken hâlâ çerçevenin içinde. Aslında çok mülayim ve güleryüzlü olmasına karşın, ortadan kaybolması için kendisini uyaranları sert bir biçimde azarlıyor:

-Ben ne zaman yok olacağımı bilirim!

Ömer Faruk da ayrıca bir el kamerasıyla daha uzaklardan bir set arkası filmi çekiyor. Bugün işi olmayan Rasim benim kamerayla kimi görüntüler alıyor. İlerleyen dakikalarda, kendi çekimini paydos edip kamerayı kapatarak Havana şehir merkezini gezmeye gidiyor. Ortalıktaki en telâşlı tip sabahtan beri ona buna:

-Haydi arkadaşlar!

diye çığırırak koşturan yardımcı yönetmen Yüksel. Uzun saçları yerçekimine aykırı olarak yukarı doğru ve kıvırcığı andıran bir karmaşıklık biçiminde yükseliyor. Sanırım ismi de ordan geliyor. Uzun saçlarını yıkadıktan sonra hiç taramamasının da etkisi var bunda. Suratı aşağı doğru sakal ve bıyık olarak devam ediyor. Yüksel'in adını öğrenemeyen çay işleri müdürü Magalis onu tarif etmek için sağ elini elektrik prizine sokar gibi yapıp öbür eliyle saçlarının ucunu havaya kaldırıyor. Magalis'in tarifi çok güzel, sanki adama elektrik vermişler de saçları karikatürlerdeki gibi dimdik olmuş. Televizyon dizilerinde, yönetmen ve yardımcı yönetmen olarak çalışmış, deneyimli. Açı, karşı açı, kameranın neresine bakılması ve aman ağbicim aks atlamayalım, montajda mahfoluruz gibi konularla derinden ilgili. Tayfun bu konulara pek takılmıyor, o kafasındaki resimleri çekmenin derdinde. Başı sıkışınca da Yüksel ve Defne ile bir kenara çekilip, ayaküstü toplantı yapıp açıya karar veriyorlar.

Set teknisyenleri, laz burunlu olup laz olmayan Mehmet Güvercin, Aziz ve kıçlarında koşturan Beyto, kübalı teknik ekiple anlaşamıyorlar, ortak dilleri el kol işaretleri. Aziz, deli gibi çalışkan, güçlü kuvvetli, pes etmeyen cinsten. Pamuk balyası gibi taşıyor üstüste koyduğu demir ağırlıkları. Pek konuşkan değil. Her kamera stop, komutunda koşarak gelip elimdeki bavulları alıyor, planın başlangıcındaki ilk noktasına götürüyor.

-Tamam Aziz, sağol, ben taşırım.

derken, kapıyor elimden bavulları:

-Siz yorulmayın ağbi.

Sadece soyadıyla hitap edilen Güvercin, acayip iş bitirici. Seti çekip çevirirken, oyunculara çay taşımayı da ihmal etmiyor, işin çok deneyimlisi olduğu belli. Sesci Serkan çok titiz, kulağında kulaklık sadece sesi dinliyor bizi izlemiyor. Hiç sesi çıkmıyor. Sesci olduğu için herhalde. Ses kayıtçı Hasan ve yardımcısı bumcu Okan birbirlerine kardeş gibi benzeyen iki tombul piknik tipler. Yemeği sevdikleri ilk günden anlaşılıyor. Bu konuda birbirlerini kolluyorlar da. Örneğin en telâşlı anda, Magalis sırıtarak sette muz dağıtırken, kimsenin muza bakacak durumu yokken, Hasan hızla bir kendisi, bir de Okan için iki muz kapıp, ses düzeni masasının bir köşesine zulalarken, Okan bir yandan bum denilen uzun saplı mikrofonu tutmasına rağmen, boş eliyle bir kendisi, bir de Hasan için iki muz kapıp indiriyor cebe. Muzun cebe indirilme operasyonu sırasında, bum çerçeveye giriyor en başarılı çekimde. Olmadı baştan! Niye? Bum girdi!

-Girmesene lan bum!

-E o zaman biz muzu nasıl alıcaz ağbi?

Kimi zaman muz telâşı olmayan planlarda da yaşanıyor bum sorunu. Okan göbeği ve cüssesi itibarıyla kimi dar alanlara sığamıyor. Ya bumun ucu çerçevede, ya Okan'ın göbeği. Göbeği içeri doğru çekince bumun ucu giriyor, bumu biraz geri çekse, göbeği giriyor çerçeveye. Aşağı tükürsen göbek, yukarı tükürsen bum. Bu durumlarda ipincecik olan Serkan kapıyor onun elinden uzun saplı mikrofonu. Ses kayıtçı Hasan'ın kulağı radar kulağı. Üstelik kullanılan mikrofon aşırı duyarlı. Her başarılı çekimden sonra Hasan:

-Ses girdi ağbi!

diyor. Ortalıkta çıt yok. Ne sesi? Biz hiçbir şey duymuyoruz, Hasan Jamaika üstünden geçen uçağın, Miami şehir merkezinde dolaşan motosikletin sesini duyabilir durumda. Onun yüzünden bir çok kez çekiliyor aynı plan. Kimisinde her şey cuk oturuyor, oyun güzel, şaryo hareketi tamam, Cüneyt;

-Cillop!

diyor. Tayfun;

-Bravo arkadaşlar!

diyerek kutluyor herkesi ve fakat Hasan, gayet gıcık bir ifadeyle kaşlarını kaldırıp, olumsuzca iki yana baş sallıyor:

-Dipte bir sinek sesi var ağbi!

Tayfun çıldırmış vaziyette:

-Bul o sineği, yakın planını çekicem, bu planın arkasına ekliyicem!

diye inlerken,

-Aaaa!

diye isyan ediyor işi bozan sinek sesine, her tekrara giderek sinirlenen Kübalog Hüseyin, Black Jack'te 21'ine, kasanın 21 çıkardığı bir kumarbaz gibi. Sinirle iki elini birbirine çarpıyor.

Araba sesi girdi, sinek sesi girdi, bum girdi, arkadaki aptal herif kameraya baktı, şaryo gecikti gibi aksiliklerden ötürü her plan defalarca çekildi, hava karardı kurtulduk üstümüze su sıkılmasından. Yağmurlu sahne tamamlanamadan birinci gün bitti. Daha devamı var yani üstümüze su sıkılmasının...

9 / KÜBA BİZE MAAŞ VERİYOR Otel / İç-Gece

Bütün gün su sıkılmış soğuktan zangırdayan bedenimi kaynar suyun altına soktum, bir süre ısındım duşta. Kalın fanila üstüne kazak giyinip indim lobiye. Tayfun, Veli, Kübalog Hüseyin, asistan Defne ve asistan Çiğdem havuz yanındaki bir masaya kurulmuş monitörden bugün çekilen planların video kaydını izliyorlar. Resepsiyonda Deborrah var. İyi akşamlarlaşıyoruz.

-Çok ıslandınız bugün. Hastalanmazsınız inşallah!

diyor.

-Evet. Çok üşüdük. Bilmiyorum beni bu gece kim ısıtıcak Deborrah!

yanıtımı kikirdeyerek yanıtlıyor. Ses kayıt Hasan bilgisayar masasında, internete girmiş, dünyayla ilişkiyi kesmiş, Türkiye'deki maç sonuçları ve Beşiktaş'ın puan durumunu inceliyor. Yorgun ekip lobideki masalara ve bara çökmüş. Ses kayıt yard Okan herkese:

-Yemek kaçtaymış?

diye soruyor. Makyajcı Neriman almış Besey'i karşısına:

-Olmaz ki ağbicim! Bana suya dayanıklı fondöten getir demediler. Kaç kere sordum, deniz sahneleri için. Gerek yok dediler. İlk gün yağmur işi çıktı.

Makyaj akıyor diyorlar. Öyle itfaiye gibi su sıkarsan oyuncunun suratına akar tabii...
cümlelerini aceleyle ardarda ve sinirli bir biçimde sıralıyarak günden şikâyetlerini dile getiriyor. Asuman kazak üstüne kazak giymiş, hâlâ titriyor. Zangırdaması cep telefonundan mesajlaşmasına engel olmuyor. İlkay hanım ilâç alıp yatmış, yemeğe inemeyecekmiş. Necmi tişort üstü, Fethi kazak üstü mont düzenindeler. Soğutucunun buz yeli iliklerimize işliyor.

-Kapatılsın şu soğutucu diyoruz!
Kübalog Hüseyin dileğimizi iletiyor lokantanın ve barın allahı Margarita'ya. Lobi genel olarak kapatılamıyormuş ancak lokantanınki bağımsızmış. Lokanta bölümüne geçiyoruz. Oranın soğuk hava üfleyen canavarı ve lokantayı lobiden ayıran cam kapı kapatılıyor.

-Bravo Margarita! Hatta bana bir margarita!
Önce Fethi, sonra herkes katılıyor bu margarita düşünceme. Biraz olsun ısıtıyor içimizi alkol. Lokanta bizim ekibe ayrılmış, küçük gruplar halinde oturuyoruz masalara.

-Bu film işi çok zormuş ağbicim. Böyle santim santim çekilerek nasıl biter bu film?
diyor ilk set deneyimini yaşayan Kübalog Hüseyin.

Rüzgârın uğultusuyla yarışıyor dalgaların sesi, köpürüp köpürüp üstümüze geliyor okyanus.

-Yarın da yağmurlu olacak galiba!

diyoruz.

-Hayır. Yarın yağış yok. Meteorolojiye sorduk.
diyor asistan Defne kendinden çok emin, her iki memesini tokuşturmaya çabalayarak. O anda gök gürlüyor, şimşek çakıyor, sıkı bir yağmur başlıyor. Defne'nin her iki memesi eski halini alıyor. Esas kız Alev gelip oturuyor yanıma. O da kalın bir kazak giymiş ve titriyor. Biz oyuncu takımının oyunlardan ya da çekimlerden sonra birbirimize söylediğimiz anlamda:

-Geçmiş olsun Alev.
diyorum.

-Hasta değilim Ferhan ağbi.
diye yanıtlıyor, oyunculuğa bugün başlayan Alev. Durup dururken gülmeye başlıyorum.

-Hasta la victoria siempre!
diyorum.

-O ne demek?

-Zafere kadar, daima! Che Guevara söylemiş.

-Senin ispanyolca bayağı iyi galiba...

-Hayır, fransızca biliyorum, ispanyolca ona çok benziyor, biraz sözlük karıştırınca konuşabiliyorsun. Ayrıca Che Guevara'nın sözünü havalimanından buraya gelene kadar kimbilir kaç kere okuduk, duvarlarda, bilbordlarda.

Güner, telâşla hepimize resmi bir kağıt imzalatıyor. Nedir? Küba'da bir ay çalışmamız karşılığı sendika bizlere adam başı onbeş dolar maaş ödeyecekmiş! Aferin sendika! Helâl olsun Fidel! Herkes buna çocukça sevindi.

-Harcamam ben o parayı, çerçevelettirip duvara asıcam!

dedi Necmi. Bugün hiç işi olmayarak Havana'ya turist takılan Rasim, maaş evrağını imzalayarak gelip oturuyor masamıza:

-Havana çok güzel ağbi!

Çorbalarımızı getiriyor Margarita. Sırıtarak bir karabiberlik koyuyor önüme. Müessese karabiberi temin etmiş, gururla sunuyor.

-Gene mi bu çorba?

diye isyan ediyor Rasim.

-Evet. **Sopa de agua del mare con neda!**

diyorum.

-Çorbanın ismi o muymuş?

diye soruyor Alev safça.

-Evet Alev. Hiçbir şeyli deniz suyu çorbası!

-N'olucak ağbicim bu yemek sorunu?

diyerek geri yaslanıyor Rasim. Çorbayı içmemekte kararlı. Üstelik servis gayet ağır olduğu için o çorba nereden geliyorsa, masanıza ulaşana kadar soğumuş oluyor zaten.

-Ben barda sandviç yiyicem! Kaç paraysa öderim, onbeş dolar maaşım var! Teşekkürler Fidel!

diye kalkıyor masadan Rasim. Aynı hızla takip ediyorum onu. Üfleyici soğuğuna razı olup bara yerleşiyor, sandviç söylüyoruz.

-Bir markete gidip alışveriş yapmamız lazım. Odadaki buzdolabına stok yapmak lazım.

diye söyleniyor Rasim. Defne memelerini tokuşturma çabasıyla bize doğru geliyor, yarın Havana'da bir sokakta, araba bozulma sahnesini çekeceğimizi hatırlatıyor;

-Sabah beşotuz kalkış. Altıda kahvaltı. Altı buçuk hareket!

deyip kıçını devirerek uzaklaşıyor yanımızdan, kara haberi öbür oyuncu arkadaşlara bildirmeye yöneliyor.

-Gıcık oluyorum bu Defne'ye!

diyor Rasim.

-Aslında ona gıcık olmuyoruz. Söylediği saatler sinir bozucu. Daha günün yorgunluğunu atamamışız, sabahın körü kalkışı bildiriyor.

-Hayır ama, sabah beş buçukta kalkmamızdan büyük bir zevk alacakmış gibi, sadistçe söylüyor. Söyleyiş biçimine gıcık oluyorum. Daha önceki filmde de asistandı. Çok iyi tanıyorum onu.

diyerek, önüne konan sandviçi kapıyor ve kocaman bir lokma ısırıyor Rasim. Ben de sandviçe girişiyorum. Saat gecenin onu, bir an önce gidip yatmak lazım. Ve fakat uykumuz yok. Sette bütün gün esnedik, şimdi cin gibiyiz. Türkiye saatine alışkın bedenimiz henüz kübasal uyku düzenine uyum sağlayabilmiş değil. Tek tesellimiz çekimin kentin merkezinde olması, böylece Havana'ya inmiş olacağız. Teknik ekip perişan. Aziz, Mehmet Güvercin, Serkan ve Beyto, herkese iyi geceler dileyerek yatmaya gidiyorlar.

Yıkıldık ağbi, koptuk, akamıyoruz ağbi, biçiminde bildiğimiz yıkılmak ve akmak ve kopmak fiillerini hiç bilmediğimiz anlamlarında kullanan kız Ayça:

-İnanmıyorum manyak güzel!

diye ilişiyor yanımıza. Nedir manyak güzel olan? Niçin biz bu kızın anlattıklarından hiçbir şey anlamıyoruz? Salak salak birbirimize bakıyoruz Rasim'le. Beyoğlu Pub'daki papyonsevmez garsonun televizyonda izlediği kız Ayça olmasın?

-Anlatırken kendisinin gereksizce eğlenmesinin ve ara kahkahalarının konu bütününü bölmesi de, anlatılan hikâyeyi çakabilmemize engel teşkil eden unsurlardan biri tabii Rasim'ciğim.

diyorum.

-Evet ağbi. Ayrıca anlamını bilmediği kelimeleri cümle içinde kullanmasının da etkisi oluyor.

diyor ağzı lokmalı Rasim. Ayça kendisi hakkındaki bu yorumumuza;

-Evet ağbi!

diyerek uzun uzun gülüyor. Gene bir şeyler anlatmak istiyor bu gülmesinin içinde, gene pek bir şey anlamayarak bakışıyoruz Rasim'le. Tek anladığımız, bugün ve yarın işi olmayan Ayça'yla, filmle hiç ilgisi olmayan her gün tatilde Alev'in arkadaşı ismi Figen olduğu anlaşılan kız denize gitmişler!

-Olmaz böyle bi şey ağbicim! Kafayı yersin yani!

deyip boğulacak gibi gülüyor. Olmaz öyle olan ne? Kim kimin kafasını yiyor?

Uzun boylu bir çocuk giriyor otele, bize doğru yürüyor, gelişinden bizi tanıdığı belli, nitekim daha yanımıza ulaşamadan;

-Hoşgeldiniz! Ben Bertan!

diyor, gelip elimizi sıkıyor. Erol Günaydın'ın kızının arkadaşı. Geçtiğimiz yıl Erol ağbinin yetmişinci doğum gününde birlikte olmuşuz yemekte, hatta biz bütün gece Don Kişot konuşmuşuz. "Uzun Donlu Kişot" oyunu düşüncesinin ilk oluştuğu ve oyunun adının konulduğu gece o da varmış masada.

-N'oldu ağbi, Uzun Donlu Kişot?

diyor gülümseyerek.

-Yazmaktayım.

Bu sonbahar gelmiş Havana'ya, edebiyat fakültesine yazılmış, bu yıl yalnızca ispanyolca okuyormuş Bertan. Burada olmaktan çok mutlu. Bir bisikleti varmış, her yere onunla gidiyormuş, bir kübalı ailenin yanında kiracı olarak kalıyormuş.

-Kübalılar, oturdukları konutta bir odayı bir yabancıya kiralıyabiliyorlar, ayda dört yüz dolara!

diyor.

-Yok yahu? Onlar orda bedava oturuyorlar, değil mi?

-Tabii. Bu paranın ikiyüz yirmi dolarını devlet alıyor, yüzseksen dolar ev sahibi olmayan konutluya kalıyor. Konutlunun maaşı oniki dolar. Aylık geliri yüzdoksaniki dolar.

-Konutlunun durumu gayet iyi yani!

-Tabii canım.

-Konutsuz var mı?

-Hayır.

Saçı belinde Ahmet, 13. Dev Adam Yavuz ve Zafer'den oluşan sanat grubu geliyor bara. Aksesuar, çevre düzeni gibi işler onlardan soruluyor. İşlerini iyi biliyorlar ve iyi yapıyorlar. Bana yaptırdıkları yüzükler, adıma basılan para, Barbunya bayrağı, portrelerim çok başarılı. Birer içki söylüyorlar. Ben bir küba kahvesi söylüyorum. Kahveleri çok güzel. Adada kahve üretimi de yapılmaktaymış. İlk günün aksiliklerinden konuşuyoruz. Başlarında birer Che Guevara beresi, Böcek yapımdan Gökhan ve Ömer Faruk geliyorlar bara. Havana'ya inmişler, kafaları çekmişler, bereleri takmışlar!

-Süper manyak! Olay budur ağbicim!

diye çığlık atıyor Ayça. Hepimiz devrisi gün o berelerden almak arzusuyla yanıp tutuşuyoruz. Haydi hemen yatalım, sabah olsun, kalkalım, Havana'ya gidelim, beremizi alalım.

10 / PARANIZ DÜŞTÜ SENYOR!

Cardenas sokağı / Dış-Gün

Havana'nın merkezine geldik minibüsle aile takımı ve Rasim. Hava güneşli ve ılıman. Eski Havana'da, kentin en yaşlı mahallelerinden biri. Geniş ve her iki yanındaki kaldırımlarının üstü kemer geçitli, kemer geçitlerin üstü balkonlu, balkonlarından insanlar sarkan taş yapılardan oluşan bir sokakta kurulmuş set. Bir ucu tren istasyonuna, öbür ucu Capitolio meydanına çıkan Cardenas isimli upuzun sokak ve kimi yan sokaklar bizim için kapatılmış. Yan sokaklarda kamyonlarımız, karavanlarımız var. Evler yaşlı, bir o kadar eski, camı çerçevesi kırık dökük, çok zamandır boyanmamış, sömürge döneminden kalma harap yapılar. Polis yolun altını, üstünü kesmiş. Kullanacağımız iki eski chevrolet gelip parketmiş sokağa. Oyuncak bulmuş çocuk gibi arabalara saldırıyoruz. Kimimizin küçüklüğünden anımsadığı, kimimizin filmlerde gördüğü eski İstanbul taksileri işte! İçlerine biniyoruz. Salakça mutlu oluyoruz nedense! Çocukluğumuzda böyle bir amerikanlaşma yaşadığımızı unutarak, sanki bu amerikan arabaları İstanbul'un vazgeçilmez bir parçasıymış gibi düşünerek ve amerikan emperyalizmini hiç akla getirmeyerek. Öndeki fıstık yeşili chevrolet'nin başında dikilen ve elinde arabanın anahtarını bulunduran uzun boylu amigo, kapıları yavaş kapamamız konusunda uyarıyor bizi. Belli ki arabanın sahibi. Kıl bir herif. Nasıl sahibi olabiliyor? Herşey devletin değil mi? Arabadan sorumlu devlet memuru mu bu? Kübalog Hüseyin aydınlatıyor bizi:

-Devrimden önce araba sahibi olanların araçları, satmamak şartıyla çocuklarına bırakılmış. Bu araba belki de bunun dedesinindi...

Evler de öyleymiş. Devrim kimsenin evini elinden almamış. Evsizleri kaçanların evlerine yerleştirmiş. Bulunduğumuz semtin Küba'nın en yoksul mahallesi olduğunu belirtiyor Kübalog. Niçin daha yoksul ve daha zengin mahalleler var? Kim bu mahallede oturanlar? Niye öbürlerinden daha yoksullar? Mahalle sakinleri genellikle çikolata renkli yoldaşlar.

İlk plan için hazırlıklar sürüyor. Kişiliklerimizi giyinmek üzere karavana gidiyoruz, karavanın girişinde bir ütü tahtasında kostüm ütülüyor kübalı teknisyen Ramon. Yakışıklı, genç bir esmer adam. Genelde kostüm grubuna yardımcı, ama o da her işe koşuyor, pantolan paçası kısaltıyor, düğme dikiyor, bana sürekli küllük buluyor. Kaldırıma çay ocağını kurmuş Magalis'ten kahve alıp makyaj karavanına geçiyoruz. Makyajcı Neriman sabah çok erken kaldırılarak set ekibiyle birlikte buraya getirilmekten dert yanıyor:

-Burda şaryo kurulurken, ışık kurulurken benim ne işim var ağbicim? Ben ışıkçıya makyaj yapmıyıcam ki... Benim de oyuncularla birlikte gelmem lazım... Sabahın köründe geldim, doğru dürüst kahvaltı edemedim... İki saattir çay, sigara... Olmaz ki ağbicim! Sigarayı bırakmıştım, burda sigaraya başladım... diye söylenerek, İlkay hanım hariç hepimizin makyajını tamamlıyor. İlkay hanımın dün de uzun sürdü makyajı. Çünkü ikidebir ayna rica ederek yapılan makyaja müdahale ediyor. Makyajını beğenmiyor. Dudak boyasını değiştirttiriyor. Saçının taranışından mutsuz, föncü kübalı kız çikolata renkli Celina'ya ve kuaför bembeyaz Yanai'ye türkçe fırça çekiyor. Kızlar tırsmış durumdalar. Neriman yarım paket sigarayı tükettiğinde onun da makyajı tamamlanmış oluyor, ancak set henüz hazır değil. Magalis tropikal meyvalar tepsisiyle dolaşıyor. Meyve kürüne geçiyoruz.

-Ver bakalım Fethi bir küba sigarası!

Fethi çıkarıp uzatıyor, lâcivert beyaz paketi. Buranın Birinci'si filtresiz Monterey sigarası. İlk nefesi çeker çekmez bir tatlanma oluyor dudaklarda. Meğer sigaranın kağıdı da şeker kamışından yapılıyormuş.

Bir evin duvarına çizilmiş Che portresi. Altında aynı yazı: **Hasta la victoria siempre!** Zafere kadar daima çalışılması şart bu sokakta Ernesto. Devrim gününden beri sanki hiçbir şey değişmemiş Calle Cardenas'da. Che'nin portresinin de yer yer boyaları dökülmüş. Resmin yapılışının üstünden de epey zaman geçtiği anlaşılıyor. En yoksul mahallede olduğumuz için, kap kaçtan, hırsızlıktan ürkülüyor. Herkes asistanlara emanet ediyor cep telefonunu, cüzdanını, çantasını. İkidebir:

-Cebim sende değil mi?

diye kontrol ediyor. Benim çantam kaldırımda, bir sütuna dayalı duruyor. Tuvalet gereksinimimizi nerede giderebileceğimi soruyorum Güner'e. Beni sokaktaki evlerden birinin kapısına götürüyor, kapıyı çalıyor. Kapıyı açan kadına kibarca:

-Banyo!

diyor. Kadın bana yolu gösteriyor. Tuvalete banyo diyorlar! Banyoya ne diyorlar acaba? Kadının gösterdiği, kapısı kırık daracık küçücük bir merdiven altı. Ortalık çok tozlu. Banyo denilen yerde sifonsuz, kapaksız bir klozet var. Duvarlara çakılmış çivilere asılı, tek bisiklet tekeri, dibi olmayan plastik kova, sapsız bir cezve gibi bir işe yarama olasılığı çok zayıf eşya dikkatimi çekiyor. Musluktan su akmıyor. Sifon olmadığına göre çekilmesi söz konusu değil. Pis tuvaleti daha da pis bırakmanın utancıyla çıkıyorum evden, kadına teşekkür edip.

-Tuvalette sifon yok. Ayrıca sular akmıyor.

diyorum beni kapıda bekleyen Güner'e.

-Bu mahallede su sorunu varmış. Su arasıra verilebiliyormuş.

-Nasıl ya? Bu mahalle İstanbul Büyük Şehir

belediyesine mi bağlı?
soruma dudak büküyor Güner.

Atilla ve Ömer Faruk çift koldan kamera arkası çekimler yapıyorlar. Rasim bizim kamerayı otelde unutmuş. Zaten bugün rolü var, kameramanlığı tamamen terketmiş durumda. Sesci Serkan arabanın içine yaka mikrofonları yerleştiriyor, kabloları görünmemesi için bantlıyor. Arabanın sahibi amigo oraya buraya bant yapıştırılmasına gıcık oluyor.

-No! No!

diye olaya el koyuyor. Nasıl no no? Ses ne gibi bir yöntemle kaydedilecek amigo? Amigo ofluyor, pufluyor, arabasını çekime getirdiğine bin pişman, sinirli yürüyüşlere geçiyor Cardenas sokağında.

Öğlene doğru çekiliyor ilk plan. Sonra bir kaç kez tekrar ediliyor. Polis barikatının arkasına insanlar yığılmış, balkonlarda yoğunluk var. Hepsi çekimleri izliyorlar. Dilimizi anlamayarak, daha da meraklanıyorlar:

-Hangi millet?

-Turco.

Şaşkınlıkla gülümsüyorlar.

Çekim yavaş ilerliyor. Kahvaltıdan sekiz buçuk saat sonra, saat onbeşte yemek molası veriliyor ve set yemeği gene gayet tatsız, sokaktaki evlerden birinin içine kurulmuş masalarda, kenarından didikliyoruz önümüze konulanları.

Yemekten sonraki çekimler başladığında birden bulutlanıyor gök. Korkuyla gökyüzüne bakıyor herkes. Amacı pek algılanamayan endişeli bir koşuşturma başlıyor sette. Herkes birbirine:

-Hadi ağbicim!

diyor. Yardımcı yönetmen Yüksel, bir türlü susturamadığımız kübalı izleyicilere:

-Az biraz **silencio** be kardeşim!

diye megafonla bağırıyor.

Kaportayı açıp içine bakma sahnesi çekilecek. Bir kaç kez prova yapıyoruz, sonra çekim başlıyor. Her çekimdeki değişik aksilikler yüzünden bir türlü olmuyor bu plan. Kaportayı açıp içine bakan Rasim, Necmi ve ben bezmiş durumdayız. İlk başlardaki oyunumuz düşmüş durumda. Çekilsin de bitsin, sıçtığımın planı duygusuna erişmişiz, arabanın motorunu ve diğer parçalarını inceliyoruz. 1949 model olan arabanın motoru özgün; ellibeş yıllık fabrika çıkışı motoru! Kimi diğer parçalar "Dolapdere yaratıcılığıyla" ilgisiz demirlerden, tenekelerden üretilmiş, araba çalışıyor! Çaresizlikler karşısında yoktan vareden şaşırtıcı bir yaratıcılıkları var kübalıların. Bu anlamda bize benziyorlar.

Bumcu bumunu, zumcu zumunu ayarlıyor yeniden çekiliyor aynı plan. Gene istenildiği gibi olmuyor ve şakırdıyor yağmur. Tayfun umutsuzlukla gökyüzüne bakıyor. Daha çekmesi gereken planlar var, sahne bitmiş değil, ama paydos!

-Böyle giderse bitmez bu film ağbicim.

diyor Kübalog Hüseyin.

-Bitmemiş film yoktur Hüseyin. Başladıktan sonra bitirmek zorundasın.

Herkes çantasına, cüzdanına, cep telefonuna kavuşuyor. Ben kaldırımdaki çantamı sırtlıyorum. Yoksul Cardenas sokağında o gün hiçbir şeyimiz çalınmıyor. Üstelik giyinirken cebimden yere düşen oniki doları koşarak peşimden yetiştiriyor sokak sakini çikolata renkli kahraman bir amigo:

-Paranız düştü senyor!

11 / CASA PARTICULAR

Floriditas Bar / İç-Gece ~
Austriana Meydanı / Dış-Gece

Bir Küba aşığı Hemingway. "İhtiyar Adam Ve Deniz" romanını burada, okyanus kıyısında bir köyde yazmış. Fidel de bir Hemingway âşığı. Sıkı dostlar. Üstat yıllarca burada yaşamış, Havana'da evi var, sürekli kaldığı otel odası var, artık bir sürü yerde heykeli var. Duyduk ki, ağbimin sık gittiği bir lokanta varmış. Necmi ve Rasim'le akşam yemeğinde **sopa** yerine doğru dürüst bir şeyler yemek üzere oraya gitmeye karar verdik.

Set sonrası kübalı prodüksiyon asistanı Johanna ve ne işe baktığını pek çakamadığımız Adolfo, bizi alışveriş edebileceğimiz bir markete getirdiler. Johanna kumral, kısa saçlı, mavi gözlü, kıçında blucin, sabahları sete giderken minibüste kendi kendine şarkılar mırıldanan, işi dışında pek konuşmayan bir kız. Aslında dişçiymiş ama sinema sektöründe daha iyi para kazandığı için bu işi yapıyormuş. Kübalı olarak onların içeri girmeleri yasakmış, bizi buyur edip kapıda beklemeye koyuldular. Kapıdaki amigo onların kübalı olduğunu nerden anlıyor? Kapıda kimlik sorulmuyor. Alınlarında damga yok ya! Tipten desen, haydi çikolata renkliler tamam, peki örneğin Johanna? İngiliz, amerikalı ya da bir kuzey avrupalı sanılabilir, kübalı olduğu aklın ucundan geçmez. Adolfo da çok rahat italyan ya da fransız sanılabilir.

-Biz kübalıyız, buraya girmeyeceğiz ağbicim!

gibi bir özdenetim var demek ki. Biz olsak;

-Nasıl girebilirim o markete ağbicim?

düşüncesine kafa yorarız. Johanna ve Adolfo'nun markete girememekten ötürü yüksündükleri yok. Güleryüzle bekliyorlar bizi kapıda. Yalnız turistlerin girebildiği markette herşey var gibi. İthal malı ürünlerin fiyatları oldukça pahalı. Kübalılar neden giremiyor bu marketlere? Buradaki yiyecekleri görüp imrenmesinler, bir yerleri şişmesin diye mi? Peynir, zeytin, yoğurt, tost ekmeği, grissini, kraker gibi şeyler aldık, odalarımızın buzdolaplarına istifledik. Yarın, zeytinli, peynirli adam gibi kahvaltı edeceğiz. Odadaki tartı konusunu çözdüm, 143'ten kaça düştüm konusu kapandı. Tartının altına çok iyi gizlenmiş, sonradan keşfettiğim bir sürgülü düğme var, onu KG noktasına getirince kilogram olarak tartmaya başladı, 64 kilo 800 gram olduğum görüldü. İstanbul'dan çıkışta 67 kiloydum.

Resepsiyoncu Marilin'e Hemingway'in lokantasını sordum. Yeri biliyor, fakat tam adını çıkaramıyor. Taksi şoförünün bileceğini söylüyor. Bir taksi çağırıyoruz, biner binmez:

-Ernest Hemingway Restoran!

diyoruz. Taksici anlamadığımız bir şeyler söylüyor.

-Ernest Hemingway'i biliyor musun?

-Si senyor!

-Tamam. Restoran nedir biliyor musun?

-Si senyor!

-Güzel! Ernest Hemingway Restoran!

Gözünden, ifadesinden ve gülüşünden anladığını özümsedik. Anlamadığımız bir şeyler söyleyerek bastı gaza sürücü amigo. Kent merkezinde Floridita isimli bir yere getirdi bizi. Kapıdan girdik, güzel ve kocaman bir bar. Barın en başında, Hemingway'in birebir büyüklükte bara yaslanmış bronz heykeli. Gülümsüyor. Etkileyici. Bir süre bakakalıyoruz bize gülümseyen heykele.

Havana'yı 1928'lerde iki günlük bir tatille keşfedip bu adaya âşık olan yazar, hayatının 22 yılını Küba'da geçirmiş, 1954'te nobel ödülünü, mükemmel konuştuğu ispanyol dilinde bir söylevle alırken, ödülü Küba'ya bağışladığını açıklamış, devrimi, o sıralar zaten müzeye dönüşmüş olan, Havana'ya onbeş kilometre uzaklıkta La Vijia'daki evinde sükûnetle karşılamış, adayı terketmemiş, Amerika'nın Küba'ya saldırısı üzerine bir amerikalı gazeteciyle yaptığı söyleşide:

-Bu savaşı biz, kübalılar kazanacağız!

demiş, kübalıların ve Fidel'in gönlünü fethetmiş. Şu an kendi beden ölçülerinde gülümseyerek duruyor barda, elinde bir kadeh **daiquiri**, kendisinin dünyaya tanıttığı küba içkisi.

Bar ve barın karşısındaki masalar turist ağırlıklı neşeli gruplarla dolu. Smokinli bir garson bize yanaştı. Yemek için geldiğimizi belirttik. Barın sağ tarafında üç basamak çıkılıp bir kapıdan geçtikten sonra ulaşılan yemek salonuna buyur etti bizi.

-Tipin smokin acayip, gacırt bir yere geldik galiba!

diye söylendi Rasim, daha masaya oturmadan. Puro satan bir senyorita dolaşıyor ortalıkta, hemen puro alıyoruz ve yakıyoruz. İnsan eline büyük gelen, masaya sığmayan, deri kaplı üç tane yemek listesi getirdi bize smokin amigo. Puro tüttürerek derin incelemelere koyulduk listede. Uzun isimli, deniz ürünü ağırlıklı yemeklerin ne olduğunu çözemiyoruz, çağırıyoruz smokin amigoyu.

-Biftek yemek istiyoruz. Yanında sıkı garnitür istiyoruz. Günlerdir açız. Hapisten kaçtık!

diyoruz. Şarap listesinden şarap beğeniyoruz. Uzun bir süre bizimle hiç ilgilenmiyor smokin amigo. El edip çağırıyoruz.

-N'oldu bizim şarap amigo?

-Geliyor!

Aradan purolar geçiyor, neyse geliyor şarap. Yemekler, artık gelmeyeceğine inandığımız sırada geliyor. Hiç beklediğimiz gibi değil. Porsiyonlar küçük ve tatsız.

Kuru kaknem kadın şarkıcısı arasıra esneyen, dört gitarcı heriften oluşan bir beşli birdenbire çevreliyor masamızı. Küba şarkıları söylüyorlar, gayet ruhsuz. Hemingway olmayınca pek tadı yok buranın. Gacırt bir hesap geliyor. Kredi kartı uzatıyoruz. Pasaport istiyorlar. Yanımızda değil, nakit ödeyerek kalkıyoruz. Koluna girip birer fotoğraf çektiriyoruz bardaki bronz Hemingway'le. Çıkıyoruz, yazarın takıldığı 1940'lı yıllardaki havasından mutlaka çok uzak, tamamen turistikleşmiş Floridita'dan.

Austriana meydanında yürüyoruz. Ufak tefek genç bir kadın duruyor karşı kaldırımda. Bize bakıyor. Ona yanaştığımızda saati soruyor. Kolunda saati var. Saatimi onunkinin yanına yaklaştırıp gösteriyorum:

-Seninkiyle aynı.

Kikirdiyor ispanyolca. Kikirdemesi;

-Bir barda içki içelim mi?

sorusuna dönüşüyor. Rasim ve Necmi'yle bakışıyoruz.

-Takılalım mı?

-N'olcak ki?

-Bi şey olacağından değil. Bakalım olay nasıl gelişecek? Onu merak ediyorum.

Karşıda güzel bir bar var, orayı işaret ediyorum kadına. Oraya kendisinin giremeyeceğini anlatıyor, onun yanındaki floresan lambalı kafeteryamsı yeri gösteriyor.

-Lan senyorita, orası bar değil ki!

-Bar! İçki var!

diyor. Düşüyoruz peşine. Biz caddeyi aşıp karşı kaldırıma ulaşamadan Necmi'nin yanında başka bir genç kadın beliriyor ve ona iyi geceler dileyerek gruba katılıyor. Beşimiz kafeteryamsı yere giriyoruz. Pek kalabalık değil. Bir iki masada oturanlar var. Bir masaya oturmaya niyetleniyoruz, daha kıçımızı sandalyelere koyamadan, kapıdan hızla giren ve çinli olduğu hemen anlaşılan üçüncü genç kadın bir sandalye çekerek Rasim'in yanına oturuyor, Rasim'e sevgilisiymiş gibi davranıyor. Artık altı kişiyiz. İşin bu derece hızlı gelişmesi üçümüzü birdenbire gülme krizine sokuyor. Rasim'in çinli sevgilisinin adı Yani.

-E yani!

diyor Rasim, ne desin? Necmi Necmininki'yle hiç ilgilenmiyor. Onu tanımıyormuş gibi yapıyor! Senyoritalar hemen **cuba libre** istiyorlar. Altı tane söylüyoruz. Henüz adını bilmediğim benimki nerede kaldığımızı soruyor. Otelde kaldığımızı söylüyorum. O otele gelemeyeceğini, yakında **casa particular**, yani özel evler olduğunu, oraya gidebileceğimizi dile getiriyor. Böyle bir derdimiz olmadığını, sadece onunla birer içki içmek isterken hızla altılı bir gruba dönüştüğümüzü, sabah erkenden işimiz olduğunu söylüyoruz.

-Ne iş yapıyorsunuz ?

diyorlar.

-Ticaret.

diyerek kapatıyorum konuyu. Biz fuhuşa yanaşmayınca bir türlü adını öğrenemediğim benimki, altı aylık çocuğuna süt alması gerektiği konusuna giriyor.

-Sütü devlet vermiyor mu?

-Veriyor, ama yetmiyor...

biçiminde kem küme geçiyor, belki de çocuğu olmayan, hiçbir zaman adını bilemeyeceğim bu genç kadın ya da Yakalarsam Veririm hanım. Hesabı ödeyip hızla çıkıyoruz ordan. Kadınlar Austriana meydanının loşluğunda görev noktalarına dağılıyorlar. Biz eski bir chevrolet taksiye biniyoruz.

-Çinliler ne arıyor ağbi burda?

diye soruyor Rasim.

-Sömürge döneminde kölelerden istedikleri randımanı alamayan ispanyollar, köle olarak adaya Afrika'dan, Güney Amerika'dan ve Çin'den insanlar getirmişler, onlar da kübalı olmuş.

-Burda bir çin mahallesi varmış zaten!

diyor Necmi.

-Nerde çin mahallesi yok ki?

Malecon'dan geçiyor chevrolet, okyanus dalgaları duvarları aşıp taksiye ulaşıyor, emektar amerikan arabasının artık kapanamayan camından içeri girip puromu söndürüyor.

İki gündür başımıza gelen yağmur şakasından sonra, sabah karar vermek üzere A ve B planları hazırlandı. Yağmur yağmazsa A, yağarsa B planı! Kahvaltıda, havanın bulutlu olması ve okyanusta dinmeyen fırtına nedeniyle deniz çekimlerinden vazgeçildi, Capitolio meydanındaki araba çekimlerine karar verildi. Bağlantılı kılığıma bürünmek üzere odama çıktım. Giyindim, indim aşağıya. Otel lobisinde in cin çift kale maç! Lokantaya baktım, kimse yok. Uyuz edici bir durum. Resepsiyonda benim çikolata renkli fıstıklar yok, Kabakıç Elizabeth nöbette. Ona ekibi sordum.

-Gittiler!

dedi. Hepsi gitmiş olamazlar.

-Es no possible!

Hızla otelin önüne çıktım. Ne minibüsler var, ne de başka araba! Beni daha sonra almaya gelecekler diye düşünerek geri döndüm lobiye. Bağlantılı Kuddusi kılığım, şort, turuncu gömlek ve kadın şapkasını andıran şapkamla oturdum bir masaya, bir ekspresso söyledim, gülerek getirdi bar nöbetçisi sarışın, yeşil gözlü, çıtı pıtı Lilian.

Kahveyi içtim, sigaralar içtim, kızlarıma mesajlar çektim. Burada sabahın dokuzu, onların okul dönüşü saatine rastlıyor İstanbul'da. Saat dokuz buçuk oldu, arayan soran yok. Ne yapsam acaba? Beni unutarak çekime gitmiş olamazlar, çekilecek bütün sahnelerde varım, bensiz bir şey çekilmesi mümkün değil. Güner'in cep telefonuna, korkarım beni unuttunuz, gibi bir mesaj çekmeyi düşündüm. Sonra vazgeçtim. Niye mesaj çekiyorum ki? Bir taksiye binip kent merkezine inmeyi, Havana'yı keşfetmeyi, bir barda oturup günlüğümü yazmayı, bu güzel 4 aralık perşembe gününü tatil ilan etmeyi düşündüm. Bu düşüncemi çok beğendim. Yeni bir kahve ve yanına konyak söyledim. Cep telefonumu kapattım, arasınlar da bulsunlar bakalım beni Havana'da! Resepsiyondaki Kabakıç Elizabeth'den bana bir taksi çağırmasını rica ettim. Konyağı bitirmek üzereyken otel kapısından telâşla Kübalog Hüseyin girdi:

-Afedersin ağbi, seni unutmuşlar. Ben seni almaya geldim!

-Nasıl unutabiliyorlar?

Hüseyin'in de aklı almıyor unutuluşumu. Aksesuar değilim ki, filmin başrol oyuncusuyum. Bunların sayesinde, sete giderken otel lobisinde unutulan tek başrol oyuncusu olarak sinema tarihine geçeceğim. Geçtim bile! Atladık arabaya, çekimin yapılacağı Capitolio meydanına yöneldik.

-İnsanlık hali...

türünden sesi kısık kısa cümlelerle beni yatıştırmaya

uğraşıyor Kübalog.

-İnsanın e hali, den hali, dün hali ve halsizliği sinirimi bozuyor Hüseyin!

Ekibimiz, kentin her yerinden süslü kubbesi görünen, binbir sütunlu, binbir basamakla çıkılan çok geniş merdivenli, güzel Capitolio binasının önündeki büyük alanı işgal etmiş durumda. Benden başka her şey hazır. Asistanlar özür diliyorlar.

-Pilav yaparken pirinç koymayı unuttuğunuz oldu mu hiç?
diyorum. Herkes suçu birbirinin üstüne şandelliyor. Makyaj karavanına doğru yürüyorum. Kübalılar gülmemek için önlerine bakıyorlar. Unutulduğum farkedilince belli ki onlar arasında da epey gır gır konusu olmuş, **attore principale**'nin unutuluşu.

-Olacak iş değil ağbicim. Herşeyin unutulduğunu gördüm, oyuncu unutulduğunu hiç duymadım...
diye gülerek makyaja girişiyor Neriman. Kuaför kızlar Celina ve Yanai bir köşede kıkırdıyorlar.

Capitolio'nun önünden başlayan bulvarda, arabayla Havana gezme sahneleri çekilecek. Bizim fıstık yeşili chevrolet bir çekicinin üstüne bindirilmiş, o yürüyecek, biz gider gibi yapacağız. Direksiyonda Rasim, yanında ben, arkada Necmi ve Fethi. Kamera da çekicinin üstünde. Bir aşşağı, bir yukarı gidip geliyoruz bulvarda. Kaldırımlarda biriken insanlara el sallıyoruz, Barbunya'ya hoş bulduk, duygusuyla. Bir ara kaldırıma dizilmiş çekimi izleyenler arasında Rasim'in çinli sevgilisi Yani'yi görüyorum. Göz göze geliyoruz, ona da el sallıyorum. Bizi kameranın karşısındakiler olarak görünce çok şaşırıyor Yani.

-Rasim bak seninki!

diyoruz. Rasim hiç ilgilenmiyor hayatının kadınıyla.

-Evet biziz Yani! Dün akşam size içki ısmarlayan kerizler! Pardon yani!

Yani, öyle bakakalıyor ardımızdan. Bulvardaki ring seferimiz son buluyor, iniyoruz çekici üstündeki chevrolet'den. Bizim araba indirilip yerine, İlkay hanım, Asuman ve Alev'in bineceği, üniformalı sürücülü üstü açık kırmızı chevrolet bindirilecek çekiciye, onların sahnesi çekilecek. Bu, bir kaç saatlik iş demek. Asistanlara bilgi verip bulvarda yürüyüşe çıkıyoruz Rasim ve Fethi'yle. İkisi de kamerayla çekimler yapıyorlar. Meydandan aşşağı doğru yürürken soldaki ilk sokakla bulvarın köşesini oluşturan, kemeraltı kaldırımlı, bir doğum günü pastasını andıran tarihi büyük bina Gran Teatro de la Habana. Havana'yı B ile yazıyorlar, her nedense. Büyük Havana Tiyatrosu'nun vitrindeki afişlerinden biri de Don Kişot balesi. Ayın 25 ve 26'sında. Üç hafta sonra yani. Pek bale sevmem, ama söz konusu Don Kişot. Kafama göre bir Don Kişot yazmaktayım şu sıralar, Erol Günaydın'la ilkbaharda oynayacağız. Geceleri otel odamda gizlice şişmanlayan böyle bir dosyam da var, casus olarak.

Bugünlerde izleyebileceğim bir tiyatro oyunu yok. Tiyatro binasından sonra bir küçük sokak daha geçiyoruz, terasında bir orkestranın çalıp söylediği, eski ve şık bir otel: Hotel İngilterra... Biraz daha yürüyüp sigara ya da puro alabilmek üzere dükkanlı bir sokağa daldık. Geldiğimizden beri puro alabilmiş değiliz. Her yerde satılmıyor. Merkezde bir iki purocu varmış, fabrikasından alınabilirmiş. Küba'ya girerken özgürshop'tan alırız diye düşünmüştük, girişte bırak özgürünü, herhangi bir shop yoktu. Buraya gelirken puro getirilmez ki, gülerler insana! Küba'da puro bulamadığımızı söylesek, herkes her yeriyle güler, ama gerçek bu! İstanbul'da sigarayı bırakıp puroya geçmiştim, Küba'da puro bulamadığımız için sigaraya başladım. Biz sokakta tekel bayiine benzer bir şey bakınırken yanımıza yanaşıp bizle yürümeye katılan çikolata renkli yol arkadaşı yoldaş, ingilizce olarak;

-Nerelisiniz?

diye girdi konuya. Tavrı saat sorup gidecekmiş gibi değil, kendisiyle uzun bir yolculuğa çıkmışız gibi, artık Fethi, Rasim ve ben ondan ayrılamaz üç arkadaşmışız, dördümüz bir takımmışız gibi davranıyor. Türk olduğumuzu belirttik. Birden çok mutlu oldu nedense. Yürümeyi kesip hararetle elimizi sıktı. Ülkemizde çok iyi futbolcular olduğunu söyledi. Hakan Şükür ve Hasan Şaş'ın isimlerini sıraladı, dili döndüğünce. Biz de ona tütüncü, sigaracı gibi bir yer aradığımızı anlattık.

Onu izlememizi söyledi, az ilerde bir büfeye getirdi bizi. Puro satmayan, meşrubat ve sigara satan bir dükkan. Çok fazla sigara seçeneğimiz yok. Lucky Strike'da karar kılarak iki paket istedim, adam sigaraları verdi, yirmi dolar uzattım. Bu arada rehber amigo çocukları için süte ihtiyacı olduğunu dile getirdi. Çocuğa süt numarası pek yaygın demek ki burada. Gene de:

-Peki, al çocuklara süt!

dedim. Amigo iki büyük paket süt tozu aldı. Sanırım seksen kadar çocuğu var. Aldığı süt tozundan kilolarca süt yapılabilir. Toplam onyedi dolar tuttu hesap. Üç dolar uzatıyor bana büfeci amigo. Nasıl yani? Sigaralar kaç para?

-Üç dolar!

-Süttozu?

-İki paket ondört dolar!

Böylece onyedi dolara iki paket sigara almış bulunduk. Çok teşekkür ederek, hızla uzaklaştı çikolata renkli yol arkadaşı, süt tozu uzmanı amigo. İşin gıcık tarafı, hiçbir yerde kredi kartı geçmiyor. Trink dolar rica ediyorlar. Bir ay buradayız, nasıl dolar dayandıracağız biz bu sütlü gidişe?

Geri dönüp Hotel İngilterra'nın terasına oturduk. İçecek bir şeyler söyledik. Otelin içini merak ederek, yalandan tuvalete gittim. Çok şık ve eski bir otel, sanırım 19.yüzyıl sonundan kalma. Tuvalet dönüşü:

-Niçin biz böyle bir otelde kalmıyoruz?

diye sordum arkadaşlara.

-Kübalog Hüseyin'in adiliği. Yer yokmuş da, turistik sezonmuş da, indirim alamamışmış da... Ne turistik sezonu be! Küba'nın en yağmurlu, en soğuk günleri. En ölü sezon yani... Giderek inandırıcılığını yitirmeye başladı bu Kübalog Hüseyin'in hikâyeleri.
dedi Rasim.

-Tabii ağbicim.
diye ona yan çıktı Fethi. Caddede bizi keserek ağır ağır yürüyen yaşlıca, zayıf, esmer bir kadın tam karşımıza gelerek durdu. Bir dolar isteyecek, belli, öyle bakıyor. Masadan kalkıp gittim yanına, daha o soramadan:

-Bir dolarınız var mı?
dedim, avucumu açıp en zavallı halimi takınarak, gözünün içine hüzünlü yoksullukların toplamını bakarak. Kadın hızla uzaklaştı. Uzaklaşmasa Rasim ve Fethi için süt parası da isteyecektim. Savunduğum bu düzene uyum sağlamaya uğraşıyorum. Tayfun ve kız arkadaşı otelden çıktılar.

-Hayrola?

-Yemek molası verdik. İsterseniz siz de gidin yiyin, ama yemek rezalet. En iyisi siz burada bir şeyler yiyin.
dedi Tayfun.

Oradan kalkıp parkın arkasındaki sokağa daldık. Meğer dün gece geldiğimiz Ernest Hemingway'in barının bulunduğu Monserrate sokağı. O sokakta, gene canlı müzik olan bir lokantaya girdik. Daha yemeği bitiremeden cep telefonumuza gelen mesaj aracılığıyla sete çağırıldık.

Bu kez bulvarda gerçekten bizim arabanın yol aldığı planlar çekildi. Bütün gün ana caddede çalıştığımız için çocuklarına süt tozu aldığımız, çikolata renkli yol arkadaşı futbol manyağı rehber amigoya gene rastladık. Bizi tanıyarak, sırıtarak:

-The milk for children is okay!

dedi.

-Çocuklar sütü içtiler,

mi demek istiyor?

-Ben süttozlarını anında pazarladım, manitu sizden razı olsun,

mu, demek istiyor, manitu kavramsız adam?

Playas del Este'deyiz. Havana'nın doğu plajları. Okyanus rüzgârının uğultulu tokatlarından yamulmuş, sersemlemiş palmiyeler, hindistan cevizleri fışkırmış bembeyaz, toz gibi incecik bir kumun içinden, uçsuz bucaksız bir kumsal. Denizin rengi beyazdan türkuaza, maviye, lâciverte, giderek mora dönüyor ufukta.

Bulunduğumuz koy kübalıların denize giremediği bir bölgeymiş. Kübalıların denize giremediği kumsallar varmış. Denizler herkesin değil mi? Ya Miami'ye kaçarlarsa? Bırakınız kaçsınlar! Kaçan kaçsın, kalanların sorununu çöz be Fidel! Kaçmak niyetinde olanın bu ülkeye ne yararı var? Kaçmasının sakıncası ne? Ya herkes kaçarsa? Herkes kaçarsa ekonomik sorunu halledilmesi gereken insan sayısı sıfıra iniyor!

1980'lerde "memnuniyetsiz" kübalılara yurtdışına çıkma izni vermiş Comandante.

-Tamam güle güle! Memnun olmayan gitsin!
demiş. Yüzyirmibeşbin kişi yabancı elçiliklere başvurmuş. Hapistekilere de sormuş gitmek isteyip istemediklerini? Hepsi;

-İsteriz ağbi!
demişler. Kim istemez? Hapis mi? Miami mi? Hapis-

haneler de boşalmış. Amerikalılar bunu, gitmek isteyenlerden çok Fidel'in kendilerinden kurtulmak istediği kübalılar zorla sınırdışı edildi biçiminde yorumlamışlar. Ancak amerikan gazeteleri olayı: "Yüzyirmibeşbin kişi elçiliklere saldırdı!" diye yazmış. Amerikalıların en sevdiğim özelliği kendi yalanlarını kendilerinin ortaya çıkarması. O kadar insanın elçiliklere saldırıp pasaport istemesi başka bir durum, bir gece karakola çağırılıp insanın eline pasaport tutuşturulması bambaşka bir konum. Hangisi oldu yani Küba'da lan sayın amerikalılar? Siz de bir karar verin. Hapishanedekileri niye gönderdi? Niye göndermesin, çoğu amerikan mafyasının adamlarıydı, alın mafyanızı bağrınıza lehimleyin!

Kayık sahnesi çekilecek. Filikamsı bir şey getirmişler. Aslında kıçında motoru olan bir askeri sandalmış. Motoru sökmüşler, ıskarmoz yerine beş milimlik suntadan Y harfi biçiminde el büyüklüğünde bir şey çakmışlar. İki adet de yekpare olmayan, ortadan ekli askeri bot küreği. Kürekler nasıl yerleşecek, nasıl çekilecek? Hiç böyle bir düzenek görmedim. Hayatta çok kürek çekmişliğim var. Benim bildiğim kürek ıskarmoza iple bağlı olacak. Bu kürek sapanın biraz büyüğü olan bu çatalın ortasında nasıl duracak? Durması için sebep yok, koyuyorsun küreği fırt kayıp gidiyor kötü yapılmış sapanı andıran suntanın ortasından. Konuyla sabahtan beri ilgiliyim, çünkü küreği ben çekeceğim.

Yurt dışına kaçışı engellemek için alınan bir önlem de, kayık yasağı.

-Küba'da kayık yokmuş ağbi!

diyor Tayfun. Bu kayıkımsı şeyi, Tragen Images Producciones ve ordu işbirliğiyle çekim için üretmişler. Üretememişler yani, ülkede kırkbeş yıldır kürek çeken yok. Konuyu bilen ihtiyar balıkçı çoktan ölmüş. Küba'da balıkçılığı devlet adına askeri gemiler yapıyormuş.

-Hadi balığa çıkalım ağbi!

durumu yok yani, ancak deniz kıyısından oltayla balık tutmak serbest, denize açılmak yok.

Kürekleri, sapan biçimi suntaların sapına iple bağlattırdım. İlkay hanım, Asuman, Rasim, Alev, ben ve bumcu Okan kıyıdaki dalgalarda dingildeyen kayıkımsı şeye zar zor bindik. Okan kayığın ortasına sırtüstü yatarak görüntüden kayboldu, fakat Okan'ın cüssesi ve göbeği itibarıyla sandalda oturulacak, ayak koyacak yer kalmadı. Güvercin, Aziz, Beyto ve kübalı teknisyen Hiram, kayığı dalgaları aşarak açığa çekmeye uğraşıyorlar. Başaramıyorlar. İki karış ilerliyoruz, gelen dalga hemen karaya atıyor bizi. Kayığın açık denizde olması gerekiyor. Ekipte sandal işinden anlayan sadece Rasim ve ben varız. Bizi dinleyen yok. Her kafadan türkçe, ispanyolca sesler çıkıyor.

-Kayığın burnunu dalgaya vermeyin!

-No Beyto! No!

-Dümene ellemeyin!

-Çekil ordan Beyto!

-Yahu dalgayı yandan almak lazım!

-Hayır, kıçtan almak lazım.

Herkes kayığı değişik yönlere çekiyor. Devrilmek üzereyiz. Deniz yükseldi, sabahkinden çok daha güçlü dalgalar kıyıya savuruyor bizi. Karadan uzaklaşamıyoruz. Giysilerimiz sırılsıklam ıslanmış durumda, makyaj gövdeyi götürüyor.

Tayfun ve kamera ekibi, çekim için denizin ortasına kurulmuş bir yükseltideler. Bu yükseltinin iki saat sonra suya gömüleceğini bildirdiler, bu arada sahnenin çekilmesi gerek. Tayfun elinde megafon bağırıyor. Korkunç bir telâş var sette. Kayığın bir deniz bisikletiyle açığa çekilmesine karar veriliyor. İple bağlanıyoruz Sylvio'nun kullandığı deniz bisikletine. Bir gıdım ilerliyoruz. Sylvio var gücüyle bastırıyor pedallara, nihayet dalganın kırılma noktasını aşıyoruz. Belirli bir yere kadar getiriyor bizi deniz bisikleti, sonra çözüyor ipimizi, gerisini kürekle benim ayarlamam gerek, fakat kürek çekmek olası değil. Bir iki zorlama sonunda mucidini sevdiğim çatal suntalardan biri kırıldı, kürek aldı başını gitti. Sylvio deniz bisikletiyle küreğin peşine düştü, yakaladı, getirdi. Sandala hakim olunamıyor, suda o yana, bu yana savruluyoruz, denize düşmüş bir yaprak gibi. Bu koşullarda çekim olası görünmüyor. Zaten kameranın bulunduğu yükselti ufak ufak gömülüyor suya.

Yandaki askeriyeden istenilen bir bota geçiyor Tayfun ve kamera ekibi. Yeniden deneniyor çekim, fakat okyanusta fırtına patlamış durumda, her an alabora olabiliriz. Hiç istememesine rağmen İlkay hanım, can yeleği giydirilerek denize atılıyor. Daha suya belinin üstü girmeden de basıyor yaygarayı:

-İmdaaaat! Vurgun yedim!

-Saçmalamayın İlkay hanım, beden tamamen suya girmeden vurgun yenildiği görülmemiştir. Vurgun çok daha derinlerde olur!

-Boğuluyorum, alın beni burdan!

diye bağırıyor. Bir boğulma durumu yok, can yelekli olarak suyun üstünde duruyor, biz salıncak gibi sallanıyoruz. İlkay hanımın durumu hepimizden iyi, haybeden yaygara yapıyor. Kamera bu arada hiç boş durmuyor zaten. Deniz sahneleri tamamlanan İlkay hanım, havlulara sarılarak, deniz bisikletiyle kıyıya götürülürken bize:

-Zatürre oldum ben çocuklar, elveda!

diye sesleniyor.

-Allah rahmet eylesin İlkay hanım. Sizi Küba'ya gömeceğiz. Mezarınızı şeker kamışından oyacağız!

yanıtıyla el sallıyor ona Rasim. Kayığı kameranın görmediği tarafına saklanarak, burnundan Beyto, kıçından Hiram tutuyorlar. Beyto bir yandan da kayığın ipine asılıyor. Görünmemesi gereken ip onun asılması sonucu gerilerek görüntüye giriyor.

-Bıraksana şu ipi Beyto!

-Yüzme bilmiyom ki ağbi. İpnen kendimi tutuyom, bu elimden kayığı tutuyom.

deyince hepimiz kalakaldık. Yüzme bilmiyorsan ne işin var okyanusun derin sularında lan? Birden nedense Hiram kayığa çıkma eğilimi gösterdi. Ne yapmak istediğini anlamıyoruz. Kendi tarafından abanıyor kayığa, o tarafa devrilmek üzereyiz.

-Alın bu herifi burdan!

diye yırtınıyoruz telsizle. Hiram'a:

-No! No!

diye bağırıyoruz. Hiç oralı değil, kayığa çıkmaya uğraşıyor. Bumcu Okan da debelenince iyice bozuluyor dengemiz. Alev çığlıklar atıyor. Asuman daha sakin, Rasim'le ikimiz, erkekliğe beşamel sos sürmemeye çalışıyoruz. Devrildik devriliyoruz duygusunun hepimizi sarmaladığı bir anda Beyto Hiram'a, eliyle denizi göstererek:

-İnyo!

diye bağırdı. Bunun üzerine Hiram kayığı bırakıp denize atladı. Beyto ispanyolcayı sökmüş durumda. Emir kipinin arkasına yo koyuyorsun, oluyor işte! Hiram'ın bunu anlayıp denize atlaması daha acayip! Bu arada çevremizde dolanan, kameranın bulunduğu teknenin kaptanı akıl almaz manevraları sonucu gelip bize çarpmayı başarıyor.

-Paydos!
diyor Tayfun, saçını başını yolarak. Baştan beri şanssız gidiyor Şans Kapıyı Kırınca'nın çekimleri. Filmin geri plandaki ismi: Şans Kapıyı Zorlarken!

Kayıkta perişan olan bizleri tekneye almalarını söylüyoruz.

-Alamıyoruz malesef ağbi. Biz pasaportla bindik tekneye!
diye boyun büküyor Tayfun.

-Nasıl yani?

-Denize açılıyoruz diye yurtdışına çıkış muamelesi yaptılar bize.
Tekne uzaklaşıyor. Sylvio deniz bisikletiyle, dalganın da yardımıyla ağır ağır karaya çekiyor kayığı. Güneş batıyor, kıpkırmızı oluyor okyanus üstündeki bulutlar. Tarafımdan İnyo olarak tescil ediliyor Beyto'nun adı.

-Bir doların var mı amigo?
biçiminde yanaştı tip, ingilizce olaraktan.

-Var, n'olucak? Bozucak mısın, bütünleyecek misin?
diye yanıtladım, tamamen türkçe olaraktan. Bir an boş baktı çikolata renkli yoldaş, sonra hangi milletten olduğumu sordu.

-Milliyetsizim!
dedim, ispanyolca, çekti gitti. Deniz kabuklarından, palmiye ve ismi lazım değil tropikal bitki çekirdeklerinden, mercandan kolyeler, bilezikler, yüzükler, tahta heykelcik, Che Guevara bereleri, fanilaları ve benzeri kıvır zıvır satan tezgâhları inceliyorum. Şehir merkezindeki sanat pazarındayım. Tahtadan yapılmış çok güzel bir Don Kişot heykelciği görüyorum, aşağı yukarı seksen santim boyunda. Fiyatı makul, fakat bavula iki numara büyük gelir. Parça parça sökülüp paketlenebileceğini anlatıyor satıcı. Evet de, gene aynı yeri işgal edecek bavulda. Kararsız kalıyorum. Sonra alırım belki, diye düşünerek dolanmayı sürdürüyorum. Kübalı ressamların yağlı boya özgün tablolarına bakıyorum uzun uzun. Naif ve uyumsuz bir resim anlayışı, her ressamın yan yana kullanmaya cesaret edemeyeceği bir renk cümbüşü. Arada güzel

şeyler var. Neredeyse çoğu Picasso etkisinde. Yoksa Picasso mu bu naif küba resminden esinlenmiş? Kübizm burdan mı çıkmış acaba? Fiyatlar ucuz, yirmi ile üçyüz dolar arası. Çikolata renkli yoldaş gene yanaştı bana:

-Puro ister misin amigo?

Havana'da alınması en zor şey puro. Yasal olan çok pahalı, daha ucuzunu herkes teklif ediyor. Otelde ve her yerde, sahte puro almayın, diye uyarılar asılı. Hangisi sahici, hangisi dandik? Gerçeğiyle dandiğinin içim farkı ne? Hiç uzmanı değiliz bu puro konusunun. Sokaktan puro izmariti toplayıp evde gıcır puro imal eden amigolar varmış! Kanada mafyasından bir teyze **cohiba** puroların özel etiketini Kanada'da bir matbaada bastırıp, bavul bavul etiketle iniyormuş Havana'ya, Fidel ne bok yesin? Al sana turizme açılma!

-İsterim amigo!

Bir dolar dilencisi çikolata renkli yoldaş, eliyle onu takip etmemi işaret ediyor, düşüyorum peşine. Benden oldukça önde gitmeye özen gösteriyor, hızla takip ediyorum, bir iki sokak dolanıyoruz. Büyük, koyu yeşil, çift kanatlı bir tahta kapının önünde duruyor, sağı solu keserek beni kapının açılan tek kanadından içeri sokuyor. Taş bir avluya açılıyor kapı. Avlunun ucundaki merdivenden ikinci kata çıkarken:

-Polisle başımız belâda, dikkat etmek lazım amigo!

diyor. Karanlık bir işin içinde olduğumu algılıyorum. Merdiven sahanlığına bakan bir kapıyı açıyor, küçük ve loş bir yatak odası, içeri buyur ediyor, giriyoruz, kapıyı kapatıyor. Mavi battaniyeli yatağın üstüne oturuyoruz. Karyolanın altından siyah bir çanta çekip açıyor; kutu kutu purolar!

-Sahte mi bunlar amigo?

-Sahte olur mu amigo, al bak!

diye bir kutu uzatıyor. Bakarak ne anlayabilirim? Elime alıp evirip çeviriyorum tahta kutuyu? Kutu çok güzel. Kutumanyak tarafım bu kutuyu hemen almam gerektiği düşüncesini geliştirmeye başlıyor. Açıyorum kutuyu, purolara bakıyorum, evet puro! Etiketi metiketi tamam.

-Bunun sahtesi nasıl oluyor? Evde mi yapılıyor?

gibi salak bir soru soruyorum.

-Sahtesi hemen anlaşılır. Bunlar fabrikadan. Fabrikada çalışan arkadaşlar var. Hepsinin ayda iki kutu puro hakkı var, fabrika onlara bedava veriyor, o da içmiyor, satıyor. Evde puro yapmak çok zor.

diye yanıtlıyor çikolata renkli yoldaş. Bir kutu **monte cristo** puroyu altmış dolara alıyorum, atıyorum çantama. Piyasadaki satış fiyatı yüz doların üstünde. Merdivenleri inip tahta kapıya ulaşıyoruz. Bekle, işareti yapıyor, kapıyı usulca aralıyor, dışardaki bir adam sertçe çekip kapatıyor koyu yeşil kapıyı. Beklememiz sürüyor. Kısa bir süre sonra dışardaki erkete amigo kapıyı açıyor, çıkıyoruz. Sokağa adımımı atar atmaz, her ikisi de ayrı yönlerde yürüyüp kayboluyorlar. Çikolata renkli yoldaş sanırım yeniden pazara gidip turistlerden bir dolar dilenmeyi sürdürecek. Herifin durumu benden iyi. Ona birer dolar veren salak turistler de, ülkelerine döndüklerinde yürekleri parçalanarak:

-Küba'da sefalet var!

diyecekler. Çikolata renkli yoldaşın ekonomik durumu, ona bir dolar veren turistten çok daha iyi!

Havana'da tatil günüm. Bugün fırtına dolayısıyla çekim iptal oldu. Kent merkezini dolaşıyorum sokak sokak. Bir kenti öğrenmek için önce orada kaybolacaksın, ancak o zaman çözersin işi. Kentte deniz ya da ırmak varsa daha kolaydır işin, bir kerterizin var demektir. Arkamı denize verdim, daldım bir sokağa. O sokak senin, bu sokak benim, şu sokak kimin, biçiminde aylak aylak dolanıyorum. Dikkatimi çeken bir şey, iki sokakta bir rastladığım Devrimi Savunma Komiteleri, kahve gibi her yerde var bunlardan. Önce garibime gidiyor, düşündükçe çözüyorum işi. Senin devrim yapman yetmiyor, bu devrimin sürekli savunulması gerekiyor. Örneğin bizdeki şapka devrimi. Atatürk giyiyor fötr şapkayı, vın Kastamonu! Şapka devrimine karşı çıkan yer! O gün çözümleniyor Kastamonu'da konu. Şimdi Kastamonu'da durum nedir? İstanbul'da durum nedir? Kılık kıyafet yasası uygulanıyor mu? Hayır. Her sokakta bir tane Kılık Kıyafet Yasası Savunma Komitesi olsaydı, İstanbul'un Fatih semti Tahran'laşabilir miydi? *"Devrimin ilk görevlerinden biri devrimi korumaktır. "* demiş Che Guevara.

Beni bir meydana ulaştıran sokağın köşesinde ünlü Otel Colina'yı görüyorum. Karşısında Havana Üniversitesi. Hemen giriyorum otele, 1960 ilkbaharını düşünerek. Dibi derin bir gülümsemeyle yanaşıyorum resepsiyona:

-Fidel'in CIA tarafından zehirlenmesinin düşünüldüğü süit odayı gezebilir miyim?

Sonradan CIA ajanı olan, Fidel'in büyük aşkı Marita bu otel odasına onu zehirlemek için geliyor, yüreği pır pır, 1960 ilkbaharında. Aşkı galip geliyor, gönlü elvermeyerek CIA'ya ihanet ediyor. Vazgeçiyor eski sevgilisini zehirlemekten. O süit odayı görmek arzusundayım. Bir an duralayıp beni süzüyor resepsiyoncu.

-Amerikalı mısınız?

-Hayır. Amerikansızım.

-Öyle bir odamız yok senyor!

-Burası 1960'da Otel Colina değil miydi?

-Evet senyor!

-Bir süit daire kiralamak istiyorum.

-Hiç süit dairemiz yok senyor!

diyor çikolata renkli resepsiyoncu amigo, benden biraz tırsmış olarak. Hemen arkasındaki tarifede süit odaların fiatı ikiyüzelli dolar olarak belirlenmiş... Tarifeye bakıyorum. Amigo da dönüp bakıyor, tekrar birbirimize bakıyoruz. Daha tedirgin oluyor. Sırıtıyorum.

-Adios amigo!

diyerek çıkıyorum, CIA'nın 43 yıl önce girip çıktığı kapıdan, suratımdaki gülümsemenin dibi daha da derinlere ermiş olarak... Yürüdüğüm sokağın o yıllardaki halini düşünüyorum. Pek farklı değildi herhalde.

Fidel'i öldürmek için mafyayla ortaklık yapıyor Amerika. Kennedy Küba'yı kurtarıp eski düzenine sokmak derdinde. Seçim kampanyasında ucu ucuna yenmiş öbür aday Nixon'ı, mafyadan sıkı destek görerek. Her kovboyun kârı değildir Amerika'da mafyasız seçim kazanmak! Başkanın mafyaya verilmiş sözleri var. N'olucak bu Küba'daki kapatılmış canım kumarhaneler? Ayrıca dönemin ünlü şuh sinema yıldızı Ava Gardner'ın, kendisine değil de, Castro denilen seyrek sakallı, tipsiz, fasulye sırığı kılıklı herife âşık olmasına gıcık oluyor Kennedy. Sanırım sırf bu kompleksinden ötürü Maryln Monroe ile birlikte oluyor.

-Ava Gardner da benim kıçımı yesin!

durumu. O dönemde aynı kompleks Ava Gardner'dan havasını alan İran şahı Rıza Pehlevi'de de gözümleniyor. Ava Gardner herkesle yatmıyor, seçici bir kadın! Çocukluğumda, Samsun'daki sinemamızın fuayesinde asılı duran bir kaç ünlü oyuncu portresinden biri Gardner. Clark Gable, Ester Williams, Rita Hayword, Marlen Dietrich, Brigitte Bardot hatırladığım diğer fotoğraflar... Ava ablayı oradan tanıyorum ve tabii ki ben de ona bayılıyorum ve fakat o sıralar dokuz yaşımdayım. Babamın da hatuna bayıldığı kesin, yoksa niye astırtsın o fotoğrafı bizim sinemanın duvarına? Ancak babamın bu konuda şansı yok. İngilizce bilmiyor ve Las Vegas'ın değil, Çarşamba'nın belediye başkanı.

1961'deki Domuzlar körfezi çıkartmasında rezil oluyor Kennedy. Amerika'nın Fidel'in örgütünde adamları var da, Fidel'in sürgündeki karşı devrimci Küba örgütleri içinde adamı yok mu sanki? İstihbaratı her zaman çok güçlü olan Comandante bu çok gizli çıkartma operasyonundan da haberdardır, pusuya yatar ve amerikan ordusunu kısa sürede perişan eder. Savaşı Küba kazanır. Hayatta kalan esir bin kadar amerikalı askeri;

-Rehineler için para istemiyoruz, halkımızın ilâca gereksinimi var.

diyerek, 53 milyon dolarlık ilâç karşılığı geri verir ve çok gülerek bir puro yakar Comandante. Sanırım o sırada morali çok bozuk olan Kennedy kırmızı telefondan Maryln Monroe'yu arar...

Daracık sokaklarda yürüyorum, bir kırtasiye dükkanı arıyorum, defter almak derdindeyim. Öyle bir dükkana rastlamıyorum. Bir kitapçıya giriyorum, dolanıyorum içini. Defter olarak sadece 2004 ajandası var. Gerisi ispanyolca kitaplar. Bir köşede Che Guevara resimli tişortlar satılıyor, alıp bir tane atıyorum çantaya.

Kapısında asılı tabelâsı 1830'dan kalma olduğunu belirten La Zaragozana isimli lokantaya giriyorum. Pek yemek saati değil, benden başka iki turist daha var. Oturuyorum bir masaya. Yüksek tavanlı, bir tarafı duvar boyu upuzun bar olan tahta masalı şirin bir eski mekan. Masadaki yemek listesinin arka sayfasında, buraya Hemingway ve Lorca gibi ünlülerin geldiği yazılı. Yemek söylüyorum. Daha yemek gelmeden bir köşede dört gitarcı, eli marakaslı bir kadın şarkıcı çalıp söylemeye başlıyorlar neşeyle. Kadının sesi çok güzel, iki gitarcı ona vokal yapıyorlar. Vokalci gitarist amigoların sesi de çok güzel. Kimisi bildiğim klasik olmuş şarkılar, yer yer eşlik ediyorum onlara, parça bitişlerinde alkışlıyorum. Ne kadar çok şarkı bu adadan çıkıp dünyayı dolaşmış! Gelip masamda sürdürüyorlar konseri. Bahşiş veriyorum. Daha canlı çalıp söylemeye başlıyorlar. İstediğim bir parça olup olmadığını soruyorlar. **Moliendo Cafe**'yi istiyorum. Bir Küba şarkısı değil bu, ama ispanyolca. Bir an duraksıyorlar. Anımsamaya uğraşıyorlar. Biri melodiyi yakalıyor, sözleri çıkaramıyorlarken bir satır kopye veriyorum:

-Cuando la tarde del la nuestra amor...

Anında şakır şakır çalıp söylemeye başlıyorlar. Sonra satılık CD'lerini çıkarıyorlar. On dolar! Alıyorum. Yemek çok güzel ve pahalı değil.

Capitolio meydanına ulaştırıyor beni bir ara sokak. Don Kişot afişi gördüğüm Gran Teatro'ya gidiyorum. Bale için bilet almak derdindeyim.

-Bilet yok.

dedi görevli kadın.

-Bütün biletler mi bitti?

diye sordum şaşkınlıkla. Hayır, gibisinden baş salladı kadın:

-Bilet milet yok, o akşam gelip girebilirsiniz!

Bedava mı yani? Olabilir. Güzel, fakat o akşam gelip girebilmeye davet edilen kaçıncı kişiyim ben? Erken gelip kuyruğa mı girilecek? Derbi maçından bir gece önce stadyum kapısında uyuyan ayaktopu sapıkları gibi, genel prova gecesi şu kaldırımda mı uyuyacağım? Bu konuyu otel resepsiyonundan çözmeye karar vererek sürdürdüm yürümeyi. Don Kişot'u görmek istiyorum ve göreceğim. Otel odasında geceleri okyanusa karşı Cervantes okuyor, notlar çıkarıyorum. Bir yandan bambaşka bir Don Kişot'u yazıyorum, bölük pörçük. Kafamın içi gayet don ve kişot.

Katedral meydanına ulaştırıyor beni arşınladığım ince uzun sokaklar. Katedral, bir çan kulesi ile, daha ince ikinci bir kule ortasına oturmuş, 18. yüzyıldan kalma, sütunlu, oymalı kakmalı güzel bir taş yapı. İki sütun arasındaki büyük demir kapının üstündeki küçük göz kapı açık. Girip çıkan yok. Kilise var, papazı yok. Girmek serbest, inanmak yok. Ya da istersen inan, dua etmek içini rahatlatıyorsa, et.

-Biz hiçbir kiliseyi kapatmadık, rahipler Amerika'ya kaçtılar.

diyen Fidel, çocukluğunda papaz okulunda okumuş, orada öğrendiği latince dualar için:

-Bu duaları, bütün bu yıllar boyunca ne kadar sık yineledim! Acaba bir kez olsun, duanın aslında ne anlama geldiğini düşünmek için durdum mu? Yalnızca yazılmış olanı yinelemek zorundaydık, hem de bir kez, on kez, elli kez, yüz kez, tamamen mekanik bir biçimde. Bence bu bir dua değildir. Belki ses telleri ya da ses için bir alıştırma, hatta belki de bir sabır denemesi, hangisini yeğlerseniz, ama bir dua değil.

diyor. **Comandante** filminde de:

-Ben aklımla çözemediğim şeylere inanmam!

diye yanıtlıyor, dinle ilgili bir soruyu. Bir mimari şaheseri Havana'nın katedrali. Giriyorsun, geziyorsun, mimarını soruyorsun, yanıt olarak;

-Manitu!

diyen yok. Kiliseler, camiler mimari şaheserlerdir ve manitu tarafından değil, insan eli, insan emeğiyle yapılmışlardır.

Katedral meydanını çevreleyen binalardan biri gene sömürge döneminden kalma cephe boyu uzun balkonunun altı kemerli geçit, güzel bir taş yapı, bir zamanlar marki d'Aguas Claras'ın eviymiş. Hey gidi marki, hey gidi markiz! Şimdi El Patio isimli bir bar. Masalar, güneşliklerle meydana yayılmış dükkan. Bir masaya oturuyorum. Barın girişinde, sokakta bir orkestra insanı ister istemez dingildeten küba şarkıları çalıyor. Klarnet, saksafon, trompet, kontrbas, gitar ve vurmalı çalgılardan oluşan orkestranın önünde yaşlı bir adam, başında bir keten fötr şapka, iki elinde marakas, şarkı söylüyor, dans ediyor. Garson yanaşıyor:

-Un cuba libre, por favor!

Katedralin tam karşısındaki Bodrum mavisi pencereli, iki katlı uzun taş yapı Sömürge Dönemi Sanat Müzesi. İçinde nanelerle içkimi getiriyor garson. Bırakıp gidiyor. Avrupa'da olduğu gibi, hemen parayı tahsil etme telâşları yok. Güzel çalıp söylüyorlar çalgıcılar. Çevremdeki binalar, beni eski bir döneme götürüyor. Don Kişot'u düşünüyorum. Yanlış dekorda değilim. Fidel de bir Don Kişot değil mi aslında?

15 / FATURAVERİR AMİGO

Partagas puro fabrikası / İç-Gün

Günlüğümü yazdığım defter bitmek üzere. Hemen bir defter bulmam gerek. Defterlerimi gittiğim yerlerden almak gibi bir saplantım var. Havana'da defter satan bir yer bulabilmiş değilim. Giderek ön plana çıkıyor defter krizi, hangi gece kaç sayfa yazacağım belli değil. Kırtasiye sözcüğünü buluyorum sözlükten, gösteriyorum her derdimi dert edinen kübalı prodüksiyon asistanı Johanna'ya. İlk kez karşılaştığı bir kelime gibi inceliyor, dudak büküyor, boş bakıyor bana açık mavi gözleri. Sözlükten defter, kalem gibi sözcükleri bulup gösteriyorum . Onların satıldığı dükkanı soruyorum. Soruyu anlıyor bu kez, bir an düşünüyor:

-Öyle dükkan yoktur burda!

diyor.

-Nasıl yani? Defteri, kalemi nerden alıyorsunuz?

-Devlet veriyor. Okul açılınca öğrencilere, şirketlere, kağıt, kalem, defter, silgi, herşey ücretsiz olarak verilir. Bunlar satılmaz.

-Ben nerden defter bulabilirim Johanna?

-Bilmiyorum, hiç böyle bir sorunla karşılaşmadım!

diyerek kalakalıyor kız.

-Sizin şirkette fazla boş defter yok mudur?

-Frank'a sormam gerek.

diye boynunu büküyor, kolyesiyle oynuyor.

Minibüsümüz Partagas puro fabrikasının önünde duruyor. Günlerden pazar. Küba'nın en eski puro fabrikası, tatil gününde çekim için bize verilmiş. Denilene göre, burada çekim yapan ilk film ekibi bizmişiz! Kimseyi sokmazlarmış buraya. Bizi niye bu kadar seviyorlar, onu da tam anlamış değilim.

Üçüncü kata çıkıyoruz. Bir puro sarma atölyesi. Kadın erkek işçiler var, figüran olarak bulunuyorlar. Ön sıradaki altı kız tiyatro oyuncusuymuş. Puro tezgâhlarının karşısında iki basamakla çıkılan sahnemsi bir yükselti üstünde, geniş uzun bir masa var. Biz oyuncuları, oraya alıyorlar. Çay, kahve veriyorlar. Sardıkları purolardan sunuyor, tezgâhlarda çalışan figüran amigolar, senyoritalar. Aslında hepsi bu fabrikanın işçileri, tatil günlerinde figüranlık yapıyorlar. Henüz çekim başlamamış olmasına rağmen, harıl harıl puro sarıp, önlerine istif ediyorlar. Alışmışlar, tezgâha oturunca sarmadan duramıyorlar herhalde, diye düşünüyorum. Oturduğumuz, masanın arkasındaki duvarda Che'nin, Camilo Cienfuegos ve tanımadığım bir devrim şehidinin yağlı boya portreleri asılı. Masanın ortasında üç ayaklı büyük bir mikrofon var.

-Bu masa ne masası, bu mikrofon neyin nesi?

Ustabaşı burdan fırça mı çekiyor işçilere?
diyorum bana kahve getiren Güner'e.

-Hayır ağbi. Ben de merak edip öğrendim. İşçiler burada puro sararken, bir görevli bu mikrofondan onlara kitap okuyormuş!
diyor Güner. Hassiktir! Gene lüzumsuz bir saygı duymaya başlamıyor muyum ben Fidel'e! Fabrikada tütün sarıyorken birisi sana, işi hızlandırıcı müzik çalmıyor, Dostoyevski okuyor. Ağır ağır sar amigo, Dostoyevski'yi de sindirerek. Güzel sar o puroyu, Dostoyevski aşkına!

Atölyeye giriş sahnemizle başlıyacak çekim. Teknisyenler kimi buhurdanlıklardan dört bir yana duman sıkıyorlar? Nedir? Veli bey duman istiyor! Niye? Görüntü daha güzel olacakmış! Boğulacak haldeyiz.

Sinemada en sinirlendiğim şey, oyuncunun hangi koşullarda, nasıl daha iyi oynayacağı hiç hesaba katılmıyor, bütün teknik koşulların bir araya gelmesi için saatlerce uğraşılıyor, sonunda da, oynayası tamamen geçmiş oyuncuya, kendisine ayrılan bir iki dakika içinde kıçıyla kuş tutması öneriliyor. Oyuncu olmayanların sinemada başarılı olmasının nedeni bu herhalde. Tip oyuncu olmadığı için oynama kaygısı yok, denileni yapıyor. Resim güzel, çerçeve güzel, plan muhteşem! Oyun tamam, zaten arkadaş da oyuncu değil!

Asuman duman konusuna şarlıyor. Yeni bir

ameliyat geçirmiş, bu yüzden sigarayı bırakmış, böyle dumansal bir ortamda çalışamayacağını söylüyor.

-Tamam Asuman hanım, tam çekerken sıkarız! diyorlar. Duman şart yani! İlk kez iç mekanda çalışıyoruz. Yağmurdan, su sıkılmasından kurtulduk derken, dumanla karşı karşıyayız.

-İç mekanlarda dumansız plan çekmez bu Veli! diyor, daha önceki filmde de onunla çalışmış olan Rasim.

-Yapma yahu?

Tezgâhların arasındaki orta boşluğa şaryo için ray döşeniyor. İkinci kamera asistanı İvan da şaryonun üstünde, kimi ayarlarla ilgili. Igor ve Vladimir şaryo iticiler. Küba'nın Rusya'ya yaklaştığı dönemde buraya gelip yerleşmiş rus teknisyenlerin çocukları. Veli pencerelerden birinden ışık gelmesini istiyor. O işle uğraşılıyor. Sıkılarak dolanmaya başlıyoruz bu tarihi fabrikada.

Atölyenin dibinde, giriş kapısının karşısında özel bir masada puro saran ve içen yaşlıca bir adam var. Atölye şefiymiş. Puro satın almak istediğimizi söylüyoruz. Günlerden pazar olduğu için girişteki satış dükkanı kapalıymış, ama kendisi bize satabilirmiş. Arkada bir odaya götürüyor bizi şef amigo, kilitli bir dolap açıyor, içi silme puro dolu. Dükkandakinden daha ucuza verebileceğini söylüyor. Fiyatları soruyoruz, çok da ucuz değil. İndirimli gibi. Duraksıyoruz. Çekime çağırıyorlar, yarım kalıyor puro pazarlığı.

Gayet dumanlı bir iki plan çekildikten sonra yemek molası veriliyor. Bir kat aşağıdaki fabrika yemekhanesine geçiyoruz. Asuman öksürükten ölmek üzere:

-Bu böyle devam edemez!

diyor sinirle. Yemek sırasında figüran kübalı işçilerle sohbet ediyoruz. Tütün fabrikalarında kitap okunmasının, çok eski bir Küba hikâyesi olduğunu öğreniyoruz. 1865'te başlamış bu âdet. Bir yıl kadar sürmüş, 1866'da iktidara gelen General Lersundi, yasaklamış bu okumaları. Devrimden sonra yeniden başlatılmış.

Elinde büyük bir naylon torbayla Necmi gelip oturuyor yanımıza.

-Puro olayını çökerttim ağbi!

diyerek naylon torbadan değişik büyüklüklerde puro kutuları çıkarıyor. Fabrika girişinde tanıştığı bir amigonun iki sokak arkada evi varmış, orada satıyormuş. Söylediği fiyatlar oldukça ucuz.

-Sahici mi?

-Evet ağbi. Fatura veriyor.

-Hemen oraya gidelim Necmi!

-Derhal ağbi, zaten ben amigoyla başka arkadaş getirirsem avanta puro isterim, biçiminde anlaştım.

diye sevinçle düşüyor önüme Necmi, Faturaverir amigonun evine gidiyoruz. İzbe bir yer, küçücük bir oda.

Bir yatak, minik bir buzdolabı, üstünde küçük bir televizyon, üç kırık dökük sandalye, bir plastik tabure. Amigo, onun bir amigosu, iki kadın, bir çocuk oturuyorlar. Sevinçle karşılıyor bizi Faturaverir amigo. Kadınlara ve çocuğa dışarı çıkmalarını söylüyor, çıkıyorlar. Yatağın altından siyah bir bavul çekiyor, içinde kutu kutu **cohiba** purolar. Faturası, hologramı, bandrölü, herşeyi hazır ve nizami. Necmi'nin sıkı pazarlığı sonucu, faturada toplamı altıyüzkırk dolar görünen puroları ve faturada görünmeyen elli küçük **partagas** puroyu yüzaltmış dolara aldım. Necmi satıştan ötürü bir kutu küçük **partagas** kazanırken, Faturaverir amigo olaydan yüzaltmış dolar kazanıyor. Aslında maaşı oniki dolar. Necmi oraya daha sonra Fethi'yi, Rasim'i ve Asuman'ı da götürdü, adamın günlük hasılatı bin doları geçti. Her satıştan avanta puro alan Necmi'nin durumu da hiç fena değil. Herkes bir dümenini bulmuş Küba'da. Bu ülkede bir tek gariban var; maaşı otuz dolar olan Fidel Castro! O çalmıyor, katakulli yapmıyor, gerçekleştirdiği devrime inanıyor ve onu savunmaya uğraşıyor. Küba'nın tek garibanı Fidel.

Yemek molasından sonra gene sis, duman içinde başladı çekimler. Asuman öksürüyor, tıksırıyor.

-Asuman hanımın tarafına sıkmayın!

deniliyor. Zaten Asuman gözüne duman sıkmaya gelen Beyto'yu sıkı fırça çekerek uzaklaştırıyor. Barbunyaca sözlerinin hiçbirini ezberlememiş olan Rasim;

-Zozo... modo...

biçiminde şeyler uydurarak barbunyacaya yeni sözcükler kazandırıyor. Giderek özgün ve zengin bir dil haline gelmeye başlıyor barbunyaca. Asıl sorun kübalı oyunculara ispanyolcayı bozarak uydurduğumuz sözcükleri söyletmek. Birine "zula" dedirtebilmek için bir plan yirmisekiz kez çekildi.

Bu arada sabahtan beri, bize aksesuar olarak verilen bir kaç balya tütünden deli gibi puro saran amigolar ve senyoritaların işe hız verdiklerini farkettik. Daha sonra anladık ki, sarılan purolar iple demet halinde bağlanıp, elden ele geçirilerek, en sağdakine ulaştırılıyor, çikolata renkli, şişman, figüran getirici mama kılıklı kadın demetleri toparlayarak atölyenin sağ tarafına çekim için gerilmiş siyah fon perdesinin arkasında kayboluyor. Bir sigara molasında gidip bakıyorum fon perdesinin arkasına, yarı aralık bir pencere var. Ortada puro muro yok! Demek ki kadın camdan atıyor, aşağıda bir amigo tutuyor. Kutusuna yerleştirip bize satıyor!

Devrime ihanet etmiş bir puro kaçakçısı gibi, çantam purolarla dolu döndüm otele. Yüreğim sızlamadı değil. Ancak herkes bu yöntemle puro satın alırken, benim Küba devrimine saygımdan ötürü o puroları altıyüzkırk dolara satın almamın saçma olduğunu düşünerek huzura erdim.

Peki, Fidel ülkesinde olup biteni bilmiyor mu?

Elbette biliyor. Belki de, tüm vadettiklerini veremediği halkına göz yumuyor.

Büyükelçilik / İç-Gün

-Ben de oynayacağım o filmde arkadaş!
diye, karşılıyor Kübalog Hüseyin'le beni, kahkahalarla buyur ediyor makamına. Çok içten, alçak gönüllü, tatlı adam büyükelçi. Hemen senli benli oluyoruz.

-Tabii, buyrun oynayın filmde, biz onur duyarız. Kordiplomatik açıdan bir sakıncası olmaz değil mi?
diye soruyorum.

-Ne sakıncası olacakmış? Büyükelçiler filmlerde oynayamaz, diye bir diplomasi kuralı yok!
diye gülüyor.

-Tamam o zaman, buluruz Vefa ağbiye bir rol!
diyor Kübalog Hüseyin.

-Ben rolümü buldum arkadaş. Filmde karnaval sahnesi varmış. Öyle neşeli bir sahnede oynarım ben!
diye bir kahkaha patlatıyor. Bize kahve ve puro ikram ediyor. Bir ihtiyacımız olup olmadığını soruyor. Kredi kartı geçmediği için para gereksinimimiz olursa borç verebileceğini söylüyor.

-Kimler gelir gider buraya türk olarak?
diye soruyorum.

-Turist gelir. Taşımacılıkla ilgili türk gemileri gelir. Onlar bana rakı getirirler. Epeydir de gemi geldiği yok, rakılar bitti bitiyor, gıdım gıdım içiyorum.

diye yeni bir kahkaha patlatıyor. Neşeli, kendiyle barışık, doğru dürüst bir adam. Yazları Bodrum'a gelirmiş, Gökçebel'de evi varmış. Gölköy'den kızlarımın bebekliğini anımsıyor. Yalnız Küba'nın değil, Karaibler'deki öbür cumhuriyetlerin de büyükelçisiymiş. Yıl boyu dolaşırmış Bahama adalarından Antiller'e, o cumhuriyet senin, bu cumhuriyet kimin? Dostu, Erol Günaydın'dan, hariciyeci kuzenim rahmetli Galip Balkar'dan, Fidel'den, Küba'dan konuştuk.

-Puro ve şeker kamışıyla idare ediyorlar işte! Biraz da kahve. Son iki yıldır, turizmden gelen önemli bir para var. Çalışkan, becerikli ve anında çözüm üretici bir millet. Şeker kamışından yapmadıkları yok. İlk zamanlar şeker fabrikaları, odunla, sonra mazotla işletilmiş. 1984'te şekerciler kendi enerjilerini üretmeyi becermişler.

-Neden üretmişler enerjiyi?

-Şeker kamışından tabii! Ortada başka malzeme yok ki! Şeker fabrikalarını işleten elektrik ve buhar tamamen kamışın, **bagasse** dedikleri, lifli bölümlerinin yakılmasından, yani biomaddeden sağlanıyor.

-Vay canına!

-100 kilo şeker kamışının 28 kilosu **bagasse**, 3 kilosu küspe, 13 kilosu **melasse**, 44 kilosu su. Suyu emip üretim sürecinde tekrar kullanıyorlar. **Melasse** dedikleri kısmından hem alkol hem rom yapılıyor, ayrıca bu **melasse** mayalanıyor ve hayvan yemi olarak işleniyor, filtreden arta kalan çamur gübre oluyor.

-Bu kadar iş arasında şeker de üretiyorlar di mi?

-Tabii geriye kalan 12 kilosu şeker.

-Sıfır ziyan yani?

-Evet, fabrikanın atığı yok.

-Bi yahudilik var mı bu Fidel'de Vefa ağbi?

-Hayır hayır, Fidel çok ilginç bir adam.

diye gülüyor büyükelçimiz.

-Yani ağbi, bir yerde bir iki dönüm şeker kamışı tarlan olacak, başka bir şeye gerek yok!

-Gayet tabii!

diye artık alıştığımız güzel kahkahalarından birini atıyor Vefa ağbi, kahveler, purolar tazeleniyor.. Elin oğlu şeker kamışından neler üretiyor. Biz örneğin, sazlıktan kestiğimiz kamışlardan gölgelik yapmak dışında hangi sanayi dallarında yararlanıyoruz acaba? Kimbilir ne adını bilmediğimiz maddeler var o kamışın içinde... Pek de fena değil yani bu kübalıların durumu, diye düşünüyorum; ekmek şeker kamışından, yağ palmiyeden, su denizden, çalın da oynayalım amigo! Vur vur inlesin, Miami dinlesin!

-Devrimin ilk yıllarında herşey iyiymiş. Amerikan ambargosu iflahlarını kesmiş. Ambargonun ilk yıllarında Rusya'dan gelen destekle direnmişler, ancak bu destek giderek azalıp yok olunca işler sarpa sarmış.

-Uluslararası sermayeye kapısını açmadan kurtulmaz bu Küba ağbicim!
diyor, geldiği günden beri her gördüğü güzel binaya bakıp iç geçirerek;

-Aah ah, alıcaksın şu binayı beş yıldızlı otel yapıcaksın ağbicim!
diye hayıflanan Kübalog Hüseyin.

Küba'nın tıpta ve eğitimde çok ilerde olduğunu belirtiyor Vefa ağbi. Her mahallenin muhtarı gibi, özel doktoru varmış. Vizite ücreti falan yok. Doktorun işi pahalılaştırmak için değişik ameliyatlar önermesi söz konusu değil. Doktorun maaşı belli, hastanın maaşı belli, tıp bedava! İlk başlarda ciddi bir öğretmen eksiği ve çok sayıda okuma yazma bilmeyen varmış. Zaman içinde öğretmen eksiğini kapamak için yetiştirilen genç öğretmenler fazlası oluşmuş, derse girmeyen bu onbin kadar öğretmen maaşlarını almayı sürdürerek değişik üniversite kurslarında kendilerini yetiştirip uzmanlaşıyorlarmış.

-İşşizlik?
diyorum.

-Öyle bir şey yok. Devlet sana işini buluyor. Beğenmedin, eyvallah, buyur işsizlik maaşı! Bu arada devlet sana başka işler öneriyor. Onu beğenmedin, peki. Bunu beğenmedin, peki. Belirli bir iş öneri sayısından sonra, diyelim sana önerilen onikinci işi de beğenmedin, devlet o zaman diyor ki : "Senin hemen bir üniversite okuman gerek, senin eğitiminde bizim bir eksiğimiz var yoldaş!" . Şak üniversiteye yazılıyorsun! Devlet eğitim masraflarını karşılıyor.

-Yok yahu? Tam bana göre memleket, okuyamadığım ne kadar çok üniversite var!
diye gülüyorum.

-Fidel bir romantik! Ekonomiden anlamıyor.
diyor Hüseyin.

Fidel'in devrim hükümetini kurarken, arkadaşlarına, aranızda ekonomist var mı, diye sorması, asıl derdinin bu olduğunu ve kendisinin ekonomiden pek anlamadığını ortaya koyuyor gibi. Niye anlasın? Avukat! Kendini halkına adamış bir hukuk doktoru. Che tıp doktoru. Küba'nın tıp ve eğitim konusunda dünyanın en ileri ülkelerinden biri olması rastlantı değil, yıllar süren planlı programlı bir devrimci çabanın ürünü. Devrimin ertesi gününden başlayarak adanın dört bir yanına öğretmenler gönderilerek bir okuma yazma seferberliği başlatılmış. Dağlara tepelere, en küçük köylere, hastaneler, sağlık ocakları açılmış. İnsan sağlığı konusunda 1-0 galip zaten Küba; dünyada en az çocuk ölümü Küba'da oluyormuş. "Helâl olsun!" un ingilizcesi var mı bilmiyorum, varsa hep bir ağızdan bağırın işte, lan sayın amerikalılar!

Başarılı üniversite öğrenciliği sırasında, iktisat da okumak isteyip buna bir türlü fırsat bulamayan Fidel'in, 1986'da kendisine Brezilya ekonomisini anlatan o ülkenin uzmanlarıyla yaptığı, daha sonra kitap olarak yayınlanan görüşmede, işi çok iyi bildiği ve bu durumun karşısındaki brezilyalıları epey şaşırttığı apaçık görülüyor. Altmışlı yıllarda bilmiyordu, sonra mı öğrendi? Belki de işler sarpa sarınca;

-Getirin lan iktisat fakültesinde okutulan bütün kitapları!

deyip o okulu evde bitirdi, deli gibi kitap okuyan bu adam.

-Ekonomik sistemi çözemezken Fidel'in önünde bir ambargo, arkasında da kendisini satan hain bir kübalı azınlık var. Taksiye biniyorsun, çek Malecon'a! Taksimetre açmaya nazlanıyor şoför; "Açarsam oniki dolar yazar, hiç açmıyalım sen on dolar ver!" diyerek sırıtıyor.

dedim.

-Evet, onu hepsi yapıyor! Hatta hemen sekiz dolar olmaz mı diyeceksin!

diye gülümsüyor Kübalog.

-Hainler! Bana ilk öneren şoföre ne dedim biliyor musun?

dedim. Vefa ağbi meraklandı:

-Ne dedin?

-Hemen aç taksimetreyi, Fidel'in yakın dostuyum, dedim!

-Altına sıçmıştır herif ağbicim!

diye gülmeye başladı Hüseyin.

-Gayet tabii, beni Malecon'a getirene kadar titredi direksiyonda. Ayrıca onu daha da huzursuz etmek için, oraya buraya telefon edip, türkçe görüşmeler yaptım. Adi herif, kendi devrimine ihanet ediyor. Komünizm çok güzel bir şey, uygulaması biraz zor, çünkü insanoğlu çok bencil.

-Bencil değil ağbicim, adamlar açlar!
diye yanıtlıyor beni Kübalog.

-Hayır aç değiller, terbiyesizler! Devletin fabrikasından puro çalıyorlar, turiste üçte bir fiyatına satıyorlar. Devletten maaş alıyorlar. Devrime ve Fidel'e ve Che'ye ve insanlığa ihanet ediyorlar. Bunları da 1980'lerdeki gibi, bir gemiye bindirip göndermesi lazım Fidel'in.
diyorum.

-Her an yapabilir, o bir diktatör!
diye sırıtıyor Kübalog.

-Onu bu biçimde suçlayan ilk sen değilsin. Sanırım kendisine amerikalıların uygun gördüğü bir sıfat. Fidel de bu suçlamalara yanıt olarak diyor ki: *"Diktatör nedir? Sadece kişisel kararlar veren ve kararnamelerle devleti yöneten kişi. ABD başkanı diktatörlükle suçlanabilir. Hatta Papa diktatörlükle suçlanabilir, çünkü kararnamelerle yönetiyor. Elçilerin, kardinallerin ve piskoposların belirlenmesine tek başına karar veriyor. Ama hiç kimse Papa'ya diktatör demi-*

yor! "
diye yanıtlıyorum alaycı sırıtmasını. Hüseyin bir an duralıyor.

-O başka!
demekle yetinip purosundan fırt alıyor.

-Ne başka? Fidel, ülkeyi kararnamelerle yönetmiyor. Diktatör arıyorsan, al sana, Kanun Kuvvetinde Kararname'nin mucidi Turgut Özal!
deyince de sinirleniyor, Özal'a toz kondurmuyor:

-O büyük bir adamdı.

-Evet. Hacıyı hocayı arkasına almış takunyalı bir diktatördü... Diyelim ki Fidel diktatör. Ne diktatörü be, diyelim ki gangster! Küba tarihine geri doğru dikiz atıldığında egemen güçler genelde korsanlar, mafia, gangsterler... Adanın tarihinde, adanın talihi olarak bir de böyle bir gangster gelmiş; delikanlı gangster! Ada bundan çok mutlu! Sana bok yemek düşer Hüseyin!

-Ada mutlu değil ağbicim!
diye inatla baş sallıyor Kübalog.

-Niye? Senin burada beş yıldızlı bir otelin yok diye mi?
Hüseyin'le atışmamızı zevkli bir maç gibi keyifle izleyen Vefa ağbinin muhteşem kahkahası inletiyor Havana büyükelçiliğimizi.

Resepsiyonda bir karmaşa. Fethi otelin telefonundan birisiyle konuşuyor, ingilizce. Resepsiyondaki Kabakıç Elizabeth konuyu pek algılayamamış bir müfettiş gibi, bir Fethi'ye, bir onun yanında dikilmiş, bankonun üstüne abanmış, sabırsız hareketlerle bedeni yaylanan Beyto'ya bakıyor. Beyto'nun elinde buruşuk bir kağıt parçası, üstünde yazılı bir telefon numarası, sanki çişi gelmiş gibi dingildiyor.

-Ne diyor?

diye soruyor Fethi'ye, heyecanla. Fethi:

-Bi dakka Beyto. Konuştuğum, kız değil, komşusu bir herif. Bu numara kızın numarası değilmiş, komşusunun telefonu. Herif kızı çağırmaya gitti.

Buna biraz bozuluyor Beyto, bir sigara yakıyor.

-Herifin evine mi gelecek yani kız?

-Evet.

-Herif bekar mıymış?

-Ne bileyim ben Beyto?

Kızın telefonun öbür ucuna gelişi beklentisi sırasında Fethi, olup biteni algılamaya çalışan Kabakıç Elizabeth'e bir aşk hikâyesiyle karşı karşıya bulunulduğu açıklamasını yapıyor:

-It's a love story!

Kabakıç gülüyor. Beyto:

-**Yes!**
diye onaylıyor aşkını, ağzı kulaklarına varma konusunda Guiness rekorlar kitabına girmeye aday bir sevinçle. Resepsiyon bankosunun ırzına geçme eğilimli sallantısı daha da hızlanıyor.

-Sen nerde tanıştın bu kızla Beyto?
diye soruyor Fethi.

-Partagas fabrikasına geldiydi ya, figüran olaraktan. Orda tanıştık, telefonunu aldıydım...

-Nece konuştun sen kızla?

-Konuşmadık. El işaretiynen anlaştık. Elimle telefon işareti yaptım, yaz bir kağıda işareti yaptım. **Yor telefon nambır**, dedim. Yazdı, verdi...
Fethi'nin alaylı gülüşüne, çok ciddi yanıt veriyor Beyto:

-Fakat öyle herkese telefon numarasını verecek tip bir kız değil yani...

-Sana niye verdi peki?

-Bizim aramızda herşey bi anda oldu. Hani Veli ağbi duman sıkılmasını istemişti ya, hatta Asuman abla bana fırça çekmişti, ben de ondan uzak bir yerlere sıkmaya çaba gösteriyom, tam bunun önüne geldim, göz göze geldik. Sıktım gözüne dumanı, şakacıktan, hani insan sevdiğine şaka yapar ya! Gözüne kaçtı duman, ben de hemen elimnen dumanı şöyle bi dağıttım. İşte o zaman, bir an böyle göz göze kalakal-

dık. Ne olduysa o an oldu işte. O an herşey belli oldu yani...
diye iç geçirirken Beyto, telefonun öbür ucundan ses geliyor.

-Yes!

diyor Fethi. Karşı taraf bir şeyler söylüyor.

-No, he don't speak spanish... I speak english... No, he don't speak english, he speak turkish!... The girl, don't speak english?... Only spanish!... I understand... Just a moment...

diye kesiyor, özetle; "Bizimki ispanyolca bilmiyor... Ben ingilizce konuşuyorum.. Bizimki ingilizce de konuşamıyor, türkçeyi zar zor konuşuyor... Kız ingilizce bilmiyor mu?... Yalnız ispanyolca biliyor... Anlıyorum... Bi dakka..." demek isteyen telefon konuşmasını Fethi, Beyto'ya dönüyor:

-Beyto, kız ispanyolcadan başka bir şey bilmiyor.

-Biliyom.

diyor Beyto üzgünce.

-Sen söyleyeceğini bana söyleyeceksin, ben ingilizcesini herife söyliyicem, herif ispanyolcasını kıza söyleyecek.

Beyto bu durumdan hafif tedirgin oluyor, kaşı kalkıyor, duralıyor.

-Herif de bütün konuştuklarımızı bilecek yani?

-Evet Beyto.

-Kimmiş o herif?

-Komşusuymuş.

-Bu iyi olmadı işte.

diyor Beyto, suratı ekşiyor, bir sigara yakıyor. Fethi bu sırada telefona;

-Just a moment...

demeyi bir iki kez yineliyor, sonunda Beyto'ya:

-Ne söyleyeceksen söyle oğlum, herif bekliyor.

diyerek bu yeminsiz tercüman konumdan biraz da sıkıldığını belli ediyor.

-Nasılmış?

diye soruyor Beyto. Fethi bunu ingilizce o herife soruyor, herif ispanyolca kıza soruyor, kız ispanyolca iyiyim, demiş olmalı ki, bunu herifin Fethi'ye ingilizce söylemesinden sonra, yani Beyto soruyu soralı beri sigarasından ikinci fırtını almışken Fethi ona:

-İyiymiş!

yanıtını veriyor. Böylece, dilden dile çevrilen, incir çekirdeğine eziyet çok dilli telefon konuşması, diyaloglar arasına giren uzun suskunluklar, derin sigara çekişler ve Kabakıç Elizabeth'in meraklı bakışları arasında şöyle sürüp gidiyor:

-Onu çok özledim.

-O da seni özlemiş.

-Sahi mi?

-Sahiymiş.

-Yarın ne yapıyormuş?

-Çalışıyormuş.

-Ben onu gene ararım.

-İyi!

-İyi geceler.

-İyi geceler.

Fethi kapatıyor telefonu, huzura eriyor, resepsiyondan uzaklaşıyor. Beyto Kabakıç'a ispanyolca teşekkür ediyor, sağ elini yüreğinin üstüne koyarak:

-Gracias!

Resepsiyondan ağır adımlarla bara geliyor, en baştaki bar sandalyesine tünüyor, bir bira söylüyor, bir sigara yakıyor, dalıp gidiyor.

Afyon'un köylüsü. Oraya film çekmeye gelen bir ekibe yardım ederken çalışkanlığı ve becerikliliği ile dikkat çekiyor, ekibe alıyorlar. İstanbul'a geliyor, Beytullah olan ismi Beyto olarak sünnet ediliyor, set işçisi olarak çalışmaya başlıyor. Bütün derdi para biriktirip bir traktör almak, köyüne o traktörle dönmek. Evli ve küçük bir bebeği var. Ağ örmeyi seven kader onu Küba'ya sürüklüyor ve Beyto adını bilmediği kübalı figüran kıza her nedense sırılsıklam âşık oluyor. Belki de hayatında karısından başka kadın bilmediği için. Bu Karaib rüzgârı da püfür püfür çok acayip baştan çıkarıyor tabii adamı.

-Niye bütün pencere camları kırık ya da kimi pencereler hiç camsız?

-Evler devletin ağbicim. Adamın kendi malı değil ki cam taktırsın, onarsın.

-Devlet niye taktırmıyor?

-Küba'da cam üretimi yok. Dışardan geliyor, çok pahalı. Devletin buna ayıracak parası yok. Bu iklimde pencere camı da şart değil, diye düşünüyorlar.

-Tropikal bir çözüm!

Sanki bize kalmış Küba'nın tüm sorunlarını çözmek! Yirmi kadar türk Chateau Miramar otelinin lokantasında, uzun bir yemek masasının çevresinde oturmuş on gün önce geldiğimiz Küba'nın dertlerine derman bulmaya uğraşıyoruz. Sinan Çetin üç saat önce indi Havana'ya.

-Mahfolmuş burası!

diye girdi otele, forması olan amblem siyah kılığıyla, sanki buranın 1510 yılındaki halini bilir bir ifadeyle, suratını ekşitip dudak büküyor. Eşi Rebekka ve oğlu Rüzgâr Küba'da olmaktan çok mutlu görünürken, Sinan düzeni değiştirmeye gelmiş bir antikomünist casus gibi sabırsızlık ve sinir içinde. Havalimanından otele kadar gelirken araba penceresinden gördüğü izlenimleriyle verip veriştiriyor:

-Burası korkunç bir yer! İnsanlar mutsuz! Umutları yok. Mülkiyet hakları yok. Kişilikleri yok.

-Niye kişilikleri olmasın? Bak mesela yemek servisi yapan Margarita, müthiş kişilikli bir kadın. Hepimiz ondan çok çekiniyoruz, ondan izin almadan çişe gidemiyoruz!
diyor Rasim.

-Yarın zengin olmak gibi bir umutları yok!
diye isyanını sürdürüyor Sinan.

-Evet burada milli piyangocu yok, ama sanırım onların da köşe dönmek gibi bir dertleri yok, bölüşerek kardeşçe yaşamaya uğraşıyorlar. Ben Küba'yı çok sevdim.
diyorum.

-Nesini sevdin ağbicim?
diye çıkışıyor bana.

-Burada hacı, hoca, cami, ezan olmamasını, çan çıngırak sesi duyulmamasını sevdim... Sıkıldım yurdumun dört bir yanını sarmış, binbir elektro ses yükselticiden birer dakika arayla başlayan kakafonik ezan sesinden, çünkü bana Humeyni'yi çağrıştırıyor, irtica tarafından yakılan Şan Tiyatrosu'nu anımsatıyor, Sivas'ta Madımak otelinde diri diri yakılan aydınları hatırlatıyor, bugün Türkiye'yi yöneten epik bir güleryüz takınmış gericileri çağrıştırıyor, Fetullah Hoca'yı çağrıştırıyor... Ama tanrıyı, insanlığı, adaleti, huzuru, özgürlüğü, kardeşliği çağrıştırmıyor. Çocuklu-

ğumdaki elektro ses yükseltisiz, cazırtısız, cozurtusuz, uzaktan gelen ezan sesi ne kadar güzel, bir o kadar beni insan olmaya çağıran bir şeydi.
diye yanıtlıyorum, sinirli sorusunu. Hoş bir sessizlik oluyor masada. Sessizliği Güvercin bozuyor; ses alıcıdan ses yükselticiye, oradan duyurucuya ulaşarak elektronik yolculuğunu tamamlayan yüksek perdeden ezan sesinin, sesli film çekimlerini çok aksattığını belirtiyor:

-Sonra biri biterken öbürü başlıyor ağbicim... Bazen yarım saat, kırk dakika falan sürüyor.

-*"Dini, devrimimize karşı ideoloji olarak kullanmaya çalışan bir düşmanımız var. O zaman din bizim için bir tehlike oluyor. "* demiş Fidel. Bugün bizim ülkemizde de din Atatürk devrimlerini yok etmek isteyen bir tehlikeye dönüştü.
diyorum.

Hiç söze karışmadan gülümsüyor Rebekka. Muhteşem bir kadın. Güzel olduğu kadar saygın, akıllı ve sevgi dolu. Küba'yı, küba müziğini çok seviyor.

-Sen burada yaşasan, senin tiyatron olmazdı!
diyor Sinan.

-Olurdu. Ben patron olmazdım, vergi vermezdim, SSK'yı nasıl ödeyeceğim, derdine düşmezdim, yıkılan tiyatroyu onarmak zorunda kalmazdım. Eserlerimi bütün dünya tanırdı.

-Evet ama, Türkiye'de yaptığın gibi rejimi eleş-

tiremezdin.
diyor Sinan, oturmaktan sıkılıp masa ile okyanusa bakan büyük pencerelerin arasında gezinmeye başlayarak.

-Buradaki rejim savunduğum düzen, benim eleştirdiğim Türkiye'de olup biten.

-Türkiye'de kazandığın parayı kazanamazdın burda.

Türkiye'de tiyatrodan kazandığım şarap parası. Burada yaşasam, bütün kübalı sanatçılar gibi el üstünde tutulur, şatolarda otururdum, Fidel de benden şarabı esir gemezdi.

-Tamam. Yerleş o zaman sen buraya ağbicim.
diyor Sinan, sinirle.

-Sanırım yerleşicem.
diyorum. Bir an takılı kalıyor bakışı bakışıma. Gülüşümden onunla dalga geçtiğimi algılayarak, suratını ekşitiyor, mutsuz bakıyor kara gözleri.

-Ev bakıyoruz zaten!
diyorken Rasim, büyükelçimiz Vefa ağbi, eşi Ferzan ve burada yaşadığını bildiğimiz fotoğraf sanatçısı Sevil Sert gelip katılıyorlar yemeğin sonuna. Onlar da Küba'nın güzelliklerini dile getirince, daha Küba'ya ayak basar basmaz Küba'nın sorunlarını çakmış olan Sinan sinirlenerek:

-Küba'da komünist falan yok ağbicim. Havalimanında herkese sordum; "komünist misin?" diye.

Hiç alakaları yok. Küba'da iki tane komünist kalmış, biri Fidel, biri de bizim Ferhan!

-İkibuçuk!

diye düzeltiyor, kendini gösteren mütevazı komünist Rasim. Jetlek Sinan sıkılıp;

-Siz hepiniz uçmuşsunuz ağbicim!

diyerek uyumaya gidiyor.

Kübalog Hüseyin birden Fidel'in cinsel yaşamına getiriyor konuyu her nedense... Gerek Fidel, gerek Che karıya, kıza düşkünler. Neden olmasın? Kim düşkün değil? Düşkün olmayan erkek arkadaşım yok. "Devrimci sevişmez!" diye bir kural Dev-Genç'te bile yoktu. Hatta ille devrimci kızlarla sevişmek gibi bir sınırlama da bulunmuyordu. Bir burjuva ya da bir kapitalist kızı becerildiğinde, olay Agora meyhanesinde kutlanıyordu: 1-0!

Çok kadınlar gelmiş geçmiş Fidel'in, Che'nin hayatından, çocukları olmuş kimilerinden. Bırakıp gitmişler kadınları, devrim aşk imiş onlarda.

-Fidel'in de Havana'da becermediği karı kalmamış!

diyor Hüseyin. Olabilir. Helâl olsun! Kübalog kendi vukuat sayısını yeterli bulmuyor herhalde, Fidel'i kıskanıyor.

-Sen de Hüseyin olacağına Fidel olsaydın canım kardeşim, bir halkın kurtarıcısı olsaydın, sen de sana âşık kadınların çetelesini tutmak vaktini bulamazdın. Hepimiz erkeğiz, hepimiz Maryln Monroe ile yatmak istedik ve fakat herkese kısmet olmadı. Ben kendi adıma, artık Maryln öldükten sonra, böyle bir açıklamada bulunmak istemiyorum, zaten gereksiz bir polemik olur.

Ernest Hemingway'in "İhtiyar Adam Ve Deniz" romanına esin kaynağı olmuş, Havana'nın batısındaki Cojimar köyündeyiz. Minibüsle kırk dakika yol geldik. Romandaki ihtiyar balıkçı bu köyde yaşamış, hayatını kaleme alan yazardan çok daha sonra, 106 yaşında ölmüş. İhtiyar ötesi boyuta geçmiş adam. Ölene dek, köye gelen her yabancıya;

-O romandaki ihtiyar balıkçı benim. O kitap benim hayatım.

diyerek tanıtmış kendini. Denizi ve balık avlamayı çok seven Hemingway buradaki balıkçılarla dost olmuş, bütün köy ona "Baba" diye hitap edermiş.

Deniz kıyısında, küçücük, sakin, zula bir balıkçı köyü. Eskiden, Hemingway'in ihtiyar adamla ve başka balıkçılarla balığa çıktığı zamanlarda balıkçı köyüymüş, şimdi koy. Dev ağaçlarla çevrili doğal bir liman. Koyda bir sürü kayık var. Hani Küba'da kayık yoktu? Balıkçılık devlet tarafından yapılıyorsa, bunlar ne kayığı? Küba hakkında her anlatılana inanmamak gerek demek ki. Fidel'le görüştüğümüzde hepsini bizzat kendisine soracağım zaten.

Çekim henüz başlayamadı, çalışacağımız evin içinde hazırlıklar sürüyor. Otel sahnesi çekilecek.

Otelciyi oynayacak olan Sinan Çetin'in planlarından başlanacakmış. İki katlı büyük bir taş evin ikinci kattaki salonu otel girişi olarak düzenlenmiş. Bir köşede otel lobisindeki figüran olarak, ikiz oldukları hemen anlaşılan bembeyaz kısa kıvırcık saçlı, zayıf uzun boylu iki çikolata renkli yaşlı amca oturmuş dama oynuyorlar. Filmdeki rolleri bu, fonda dama. Bir yandan da ellerindeki şişeden rom yudumluyorlar. Arasıra çevreye bakıp gülümsüyorlar. Filmle ve çevreyle çok da ilgili değiller, damaya yoğunlaşmışlar. Dama burada çok yaygın. Bizdeki tavla gibi. Aradaki fark, biri zarla ilgili, öbürü sadece beyinle ilgili.

Seti inceleyip çıktım evden, köyü dolaşmaya koyuldum. Sanırım bana sıra gelmesine daha çok var. Akılalmaz derecede ağır yürüyor iş. Deli gibi sabahın köründe kaldırdılar. Sabah kahvaltısı tamamen meyva kokteyli biçimindeydi. Hepimiz oruçluyuz Küba'da. Komünist bir ülkede oruç tuttuğumuz için çok ciddi sevaba girdiğimiz kesin.

Köyün batı ucunda bir anıt var, ortasında Hemingway'in bronz büstü, denize bakıyor gülümseyerek. Baba 1960'da İspanya'ya gitmiş, ölümcül bir hastalığı olduğunu öğrenmiş, 1961'de Amerika'ya dönüp intihar etmiş. Niçin Küba'da düşünmemiş intiharını? Amerika, hemen:

-Hemingway intihar etmedi, onu Fidel öldürdü! diye yaygara yapardı mutlaka. Ölürken de Küba'yı korumayı, kollamayı düşünmüş müydü acaba Baba? Onun ölümü üzerine yasa boğulan balıkçı dostları, teknelerinde ne kadar bronz malzeme varsa, söküp bir heykeltıraşa vermişler;

-Erit bunları, bu köye Baba'nın bir heykelini yap! demişler. Böylece dikilmiş buraya, vasiyetinde çok sevdiği teknesini bu balıkçılardan birine bırakmış deniz seven adamın büstü.

Köyde Baba'nın mekanlarından biri olarak bilinen Terreza de Cojimar isimli barlı lokantadayım. İki katlı, eski bir taş yapının alt katı; koridorumsu bir bardan, denize bakan kapalı bir terasa açılıyor, iki yanı denize bakan kocaman pencereler. Öbür iki duvarda, yazarın Fidel'le, ihtiyar balıkçıyla, başka balıkçılarla siyah beyaz büyütülmüş balık avı fotoğrafları asılı. İhtiyarın ayrıca özel bir portresi var, ağzında sönmüş bir puro. Baba'nın oturup yazdığı rivâyet edilen masa, köşeyi oluşturan iki büyük pencereye egemen, gayet güzel bir nokta. Bir pencereden koyu, öbür pencereden okyanusu görüyorsun. Tam otur da yaz, bir konum. Masanın ortasına koyulmuş **Reservado** yazısı. Bu masaya genelde pek kimseyi oturtmamaya özen gösteriyorlarmış. Sürekli rezerve! Duygulandırıyor beni bu durum. Bizim ülkede böyle bir şey olmaz mesela. Rejans'ı düşündüm. Bizim çocukluğumuzda eski ünlü yazarların ismi yazan masalarda, şimdi, yeni ve gıcır plaketler var; Orhan Pamuk, Bedri Baykam...

Onlarınki olmasın demiyorum tabii ki, ancak eski ağbilerin isimleri nerde? Atatürk'ün masasında niçin en azından "Mustafa" diye bir yazı yok? Fotoğrafı ilgisiz bir masanın üstünde asılı. Eskilerden bir tek Celal Sılay'ın ismi kalmış, artık zor okunan paslı pirinç üstünde...

-Tadilat oldu, o sırada düşmüş!

diye bir açıklama getirmişti bana, bu duruma çok üzüldüğümü gören lokantanın sahibi Zinnur hanım.

-Tadilattan sonra, bunları yapıştırırken eskileri de koysaydınız.

demiştim. Zinnur hanımın yanıtı daha da üzücüydü:

-Hepsi tadilatta kaybolmuş. Bunları biz yaptırmadık. Kendileri yaptırıp getiriyorlar, biz yapıştırıyoruz. Siz de yaptırın, sizinkini de yapıştıralım, hep oturduğunuz bu masaya!

Cojimarlı iri yarı garsona:

-Sanırım Baba bugün gelmez. Ben de bir yazarım. O yokken masasını biraz kullanabilir miyim? Zaten onu, bu köyü ve ihtiyar balıkçıyı yazacağım.

deyince, gülümseyerek buyur etti beni müze masaya, purom için küllük getirdi. **Reservado** yazısını saygıyla bir kenara çektim, defterimi yerleştirdim dört köşe masaya. Aslında Baba'nın yazarken masa kullanmadığı, duvara dayalı yüksekliği bir metre olan üç raflı kitaplığının üstüne koyduğu daktilonun karşısına geçip ayakta ve duvara bakarak yazdığını okumuştum bir yerlerde. İnsan Ernest Hemingway olunca rivâyetler muhtelif. Kimizaman öykünün efsânesi gerçeğinden güzeldir. Bu durumlarda gerçek giderek unutulur, efsâne gelir gerçeğin yerine oturur. Belki de burada yazmıyor, yiyor, içiyor okyanusa bakıyor ve düşünüyordu yazmakta olduğu ya da yazacağı ihtiyar balıkçıyı. Yazar için yazı, ille deftere bir şeyler karalamak değildir. Bir yazar oturmuş kukumav kuşu gibi denize, dağlara bakarken zaten yazmaktadır.

Atilla kamera arkası, ben bütün kameraların arkası. Oturmuş yazıyorum. Hemingway'in masasında, bağlantılı Kuddusi giysimle ve makyajlı olarak. Casusluğumu tesbit ediyor kendi Küba filmini çeken Fethi. Bizim Küba filmini çeken Rasim başarısız. İlk dört günkü çekimden sonra kameranın net ayarını bir daha düzeltilemeyecek şekilde bozdu.

-Devamlı fluğ çekiyor ağbi. Netleşmiyor!

-Neresine bastın?

-Hiçbir yerine basmadım ağbi.

-Hiçbir yere basmadan bunu nasıl başardın?

Rasim de şaşırıyor bu olağanüstü başarısına, dudak büküyor. Onun bugün işi yok, köyü merak ederek gezmeye geldi, özel kameraman göreviyle, kamera çalışmıyor. Çekemedik şuraları diye delleniyorum, onun hiç öyle bir derdi yok, kamerayı bozarak o görevden kurtulmuşluğunun sevinci içinde...

Defterimi kapatıp, **Reservado** yazısını saygıyla eski yerine koyup, küllüğü alıp kalkıyorum müze masadan, yan masaya geçip kendime ıstakoz söylüyorum. Ben ıstakozu bitirmeden asistanlardan biri koşuşturarak gelip:

-Buyrun!

derse;

-Siz önden buyrun. Istakozla oruç açıp gelicem!

diyeceğim.

Ben ıstakozu afiyetle yedikten sonra da beni arayıp soran olmuyor. Saat ondört otuz suları ekip ufak ufak geliyor; yemek molası verilmiş. Benim işim öğleden sonraymış! Yanda açık bir alanda set yemeği tezgâhı kuruluyor. Tayfun geliyor sevinçle:

-Ağbi muhteşem planlar çektik!

-Tamam da, ben o planlarda yokum. Niçin sabahın köründe kaldırıldım ve getirildim buraya?

diyesim geliyor. Son anda vazgeçiyorum demekten, Tayfun'un güneşli heyecanını gölgelememek için.

-Güzel!

demekle yetiniyorum. Tayfun yemeğe buyur ediyor. Az önce yediğimi belirtip, bir kahve söylüyorum kendime. Saçı belinde Ahmet ve hep birlikte gezdiği 13. Dev Adam Yavuz geliyorlar yanıma, Ahmet'in avucunda gene tohumlar. Her gittiğimiz yerden, çiçek tohumu, tropikal meyva çekirdeği topluyor. Bahçesi varmış, meraklı.

-Bunlar bizim orda yetişir mi acaba?
derdinde.

-Belki yetişir ama, ağaç gibi olmaz, maydanoz kadar büyür. Daha büyümesi için senin bahçeyi az biraz ekvatora yaklaştırmak lazım!
diyorum, morali bozuluyor ama gene bir kağıt peçeteye sararak özenle omuz çantasının dibine yerleştiriyor tohumları.

İkindi vakti başlıyor ailenin Sinan'la karşılıklı sahnesinin çekimi. Sinan, yönetmen oyuncu olarak takılıyor olaya. Utanmasa kamerayı da omuzlayacak.

-Getir getir şu kamerayı, yakınıma getir!
diyor Veli'ye. Sana ne ulan kameranın nerede duracağından? Tayfun, motor, diyor, başlıyor çekim, planın ortasında, stop diyor oyuncu Sinan. Stop'u sen demeyeceksin, yönetmen stop diyene kadar ne marifetin varsa göstereceksin. Filmi sen yönetmiyorsun ki! Misafir turist bir oyuncu adayısın sen burada, küçük bir rolde deneneceksin. Bakacağız başarılısın, bundan sonraki filmlerde sen de, Selahattin Duman gibi büyük roller oynayabilirsin!

-Sinema yakın plandır ağbicim!
diye söyleniyor. Hangi sinema? Dünya sineması adına mı konuşuyorsun? "Close Up" filminden mi söz ediyorsun?

Geceyarısına dek sürüyor Veli'nin dumanlı çekimleri.

Don Kişot okudum odamda bir süre. Uykum yok. Vakit gece yarısı. Kapattım Cervantes'i, bara indim. Oldukça kalabalık. Ortada bir tek boş koltuk var. Tünedim. Sol başı kimi ispanyolca konuşan adamlar tutmuş, Madrid'den, Barcelona'dan konuşuyorlar, ispanyollar. Gitarcı yazılmış yanlarına, onlarla muhabbette. Amigolar necilerse, şişe viski açmışlar, gitarcı da bırakmış gitarı, onların şişesinden sebepleniyor. Çok kötü gitar çalan bu herif, kimi akşamlar otel lobisinde müzik yapıyor. Anfisini, kolonlarını evden getiriyor, bir köşeye düzeneğini kuruyor ve sıkı kafa ütülüyor. Subay emeklisi kılıklı, iki metre boyunda, oldukça zayıf, gözlüklü, takım elbiseli, boyunbağlı gitarcı beyaz tenli, mavi gözlü. Eskiden sarışınmış, şimdi kel, arta kalan yan tüylerden anlıyoruz saç rengini. Onların da bir bölümü beyaza dönmüş zaten. Neşeli bir tip, ota boka gülüyor.

Barın öbür köşesinde, ekibimizin pek ortalıkta görünmeyen tipi Birol, etrafına toplanmış teknik ekibe, dün akşam gittiği gece klübünde görüştüğü, tanıştığı değişik kübalı genç kızların fotoğraflarını gösteriyor cep telefonunun fotoğraf albümünden. Her fotoğraf değiştiğinde, teknik ekipten:

-Uf!

-Üf!

-Vay be!

-Biz de hayatımızda karı gördük sanıyoruz!
gibi inleme titreşimli sesler çıkıyor. Bar görevlisi Yollukvermez Clara da izliyor olayı. Onun şaşkınlığı, fotoğraflar değil; daha önce hiç görmediği fotoğraf çeken cep telefonu. Bizimkiler karılara şaşırırken kübalı kadın teknolojiye şaşırıyor. Teknik ekip o gece klübünün yerini soruyor. Yollukvermez Clara telefonun markasını soruyor, fiyatını soruyor.

Küba'da aşk yok mu? Var elbette. Hummalı aşklar yok belki. Cinsellik daha önde. Sevişmeyi seviyorlar. Kaç, göç yok. Fuhuş yaparsan cehennemde cayır cayır yanarsın korkusu yok. İşin adı fuhuş değil zaten; sevişmek! Yemek, içmek, yüzmek gibi gündelik yaşamsal bir fiil. Bedensel bir gereksinim. Cehennem yok. Cennet var, cennet burası işte, yaşa yaşayabildiğin kadar ve sakin ol, insan ömrü çok uzun değil yoldaş!

-Sevişmek için para istemiyorlar. Sen onların giriş parasını ödeyip gece klübüne sokuyorsun. İçkisini ödüyorsun. İsterseniz yatıyorsunuz. Kız ille sevişeceğiz diye zorlamıyor ama genelde sevişiliyor, çünkü çok güzeller! Sen ona bunun için para da vermek istiyorsan, eyvallah!
diyor Birol.

-Peki kızları otele getirebilir miyiz?

diye soruyor teknik ekip, neredeyse koro halinde.

-Evet, ama otelin kapıcısı yirmi dolar alıyor. Yoksa kızı otele sokmuyor. Aslında kübalıların bu otele girmesi yasak.

diye yanıtlıyor Her Boku Bilen Birol. Kendisi bizden on gün önce geldi Havana'ya. Barda müşteri gibi durmuyor, barın iç bölümüne, barmen kızların yanına geçiyor, icabında müşteriye barmen olarak servis yapıyor. Prodüksiyonla ilgili fakat sette pek görülmüyor, set dışı işleri bitiriyor herhalde. Zaman zaman bizlere kibarca;

-Bir emriniz var mı?

diye yanaşıyor. Bir isteğimiz varsa anında yerine getiriyor.

-Otel personeliyle ilişki yasak mıdır?

diye soruyorum.

-Deborrah'ın haberi olmazsa, olabilir.

diye yanıtlıyor Her Boku Bilen Birol.

-Onun haberi olmaması çok zor, personel derken ben tamamen Deborrah'ı düşünüyorum.

deyince bir an durakladı.

-Hımm... Onu bilemem.

dedi.

-Niye? Her boku biliyorsun ya Birol!

deyince de, açıklamada bulundu. Meğer Deborrah otelde partinin görevlisiymiş. Herşey devletin olduğu için, devlet sahibi olduğu yerlerin başına yönetici ve denetçi olarak bir adamını koymuş. Öyle ya, personel kurumun para kazanması derdinde değil ki, her dükkanın bir patronu olması lazım. Buranın patronu Deborrah imiş! Ona kavuşmamın sandığımdan daha da zor olacağı anlaşılıyor. Sanırım önce partiden izin almam gerekecek.

-Peki, diyelim kapıcıya yirmi doları verdik, resepsiyoncu falan bir şey demez mi?

biçiminde başka sorular yöneltiyor Her Boku Bilen Birol'a zamparalığa kararlı teknik ekip.

-Hayır. Çünkü yirmi doları o geceki nöbetçi personel kırışıyor. Şirketler!

diyor uzman doktor Birol. Böyle bir serüven için kimi dolarları gözden çıkarmış teknik ekip, Birol önderliğinde hızla o gece klübüne gidiyor, bar ferahlıyor.

Yollukvermez Clara, nihayet benimle ilgilenerek içkimi sunuyor, hemen adıma bir fiş açıp üstüne ezbere bildiği oda numaramı yazıyor. Öğretemedik şu kadına yolluk raconunu. Yolluk istiyoruz, hemen hesaba yazıyor. İlk içkiyi yaz, ikinciyi yaz, tamam, yolluğu niye yazıyorsun? Senin cebine mi giriyor? Kübalıların büyük bir bölümü elele vermiş düzenin ırzına geçerek Küba'yı soyuyorken senin bu gayretkeşliğinin anlamı ne? Ayrıca bu akşam bizim teknik ekibin vukuatı münasebetiyle şirkete giriş yapacak yirmi dolarlardan sen de payını alacaksın. Üstelik çok kararlı gitti bizimkiler, hiçbiri yalnız dönmez. Hasılatınız iyi yani bu akşam. Versene şurdan bir yolluk, en azından bu durumun şerefine, göt kadın!

Clara'nın aptal suratına bakıp bunları düşünüyorken, pat diye genç güzel bir kadın geldi bara. Bakındı. Gülümseyerek arkamdan geçti, Birol'lardan boşalan sağ tarafa, ortamızda bir koltuk boş bırakarak oturdu. Aramızdaki koltuğa çantasını koydu. Bakıştık. İspanyolca iyi gecelerleştik. Çikolata renkli, iri dudaklı hoş bir kadın. Oldukça kısa bir mini etek giymiş. Bara tünediğinde etek giymemiş gibi oldu. Bir kokakola söyledi. Biraz sonra kolayı sunan Yolluksevmez Clara, içeceği kendisine barın öbür ucunda oturan kel beyin ısmarladığını belirtince;

-O zaman, bira!

dedi ispanyolca, etek giymiş de giymemiş kadın. Clara kolayı geri aldı, ısmarlayıcı kel beye gidip sipariş değişikliğini belirtti. Kel bey uzun kahkahalar atarak;

-Ne isterse içsin!

dedi. Son veremediği kahkahalar içinde durumu, iki arkadaşı ve gitarcıya anlattı. Gitarcı at gibi olmak üzere, hepsi birden gülmeye başladılar.

Beleş birasına kavuşan kadın çantasından sigara çıkardı, benden ateş istedi. Çakmağımı uzattım. Yaktı sigarasını, çakmağı geri verdi. Teşekkür etti, ispanyolca bir şey değil, dedim. Sigarasından bir iki nefes, birasından bir fırt aldıktan sonra saati sordu. Geceyarısını aşmış bulunuyor Havana'da zaman. Kolumu uzatıp saatimi gösterdim. Tekrar teşekkür ve bi şey diilleşen muhabbetimiz, ismin nedire ulaştı. Adının Gisele olduğu ve ispanyolcadan başka bir dil bilmediği anlaşıldı. İş kaldı bizim turfanda, kem küm ispanyolcaya. Memleket neresi? İçinden mi? Ne iş? Gisele'in Havanalı olup havalimanında bilgisayar operatörü olduğu ortaya çıktı. O nasıl girebiliyor peki bu otele, kübalı olarak?

Barın öbür tarafındaki ispanyol amigolar, bira ısmarladıkları kadının onlarla değil de benimle muhabbete girmesini hiç dert edinmediler. Ben olsam bozulurum. Birayı biz ısmarladık, bak karının yediği naneye! Bizde olsa böyle bir olay, çekip vuran olur valla. Önce beni vururlar yani. Olayın bizim memlekette geçmemesine şükrettim.

Birden Gisele bana doğru eğilerek, memelerinin neredeyse ucunu göstererek, daha alçak sesle, daha özel şeyler olduğunu kavradığım gizemli bir anlatıma koyuldu. Dediğinden hiçbir şey anlamadığımı belirttim. Gisele kalktı, lokantadan geçerek, barın arkasındaki kasa bölümüne gitti, yanında bir garson amigoyla geldi. Amigo ingilizce çevirmen olarak aramıza girdi ve Gisele'in benimle yatmak istediğini, onu alıp odama götürmemin yerinde bir davranış olacağını söyledi. Ben pek oralı olmayınca konuyu kavramadığımı düşünerek aynı sözleri daha yavaşça ve tane tane yineledi. Duraklamam üzerine:

Beğenmedin mi? Baksana, ne güzel kız!

dedi. Sabah altıda kalkacağımı, bu gece istesem de böyle bir maceraya takılamayacağımı anlattım. Gisele ısrarlı:

-Daha sabaha çok var!

diyor gözümün içine seks bakarak.

-Evet.

diye destekliyor onu pezevenk garson amigo. Onun derdi işi bitirmek ve avantasına kavuşmak. Odaya kadın atmak için kapıcıya yirmi dolar verilecek. Bu yirmi dolardan pezevenk garson amigo da payını alacak. Personel odalara karı atılmasından çok memnun. Garson bizi anlaşmamız üzere başbaşa bıraktı. Gisele gülümsüyor. Saçma bir durumla karşı karşıyayım. Ne yapacağımı bilemiyorum. Gisele bir ara tuvalete gitti, o sırada hızla odama kaçarak kurtardım, Deborah'a sakladığım iffetimi.

İki gündür odamın iskambil kağıdı biçim anahtarı kapıyı açmıyor. Sok, çıkar bir numara yok. Sürekli kırmızı ışık yanıyor, sanki ben yanlış odanın kapısını zorluyormuşum gibi.

-Todo Turquia me reconase. Pero, mi puerta ne me reconase!

biçiminde, "Bütün Türkiye beni tanıyor. Ama odamın kapısı beni tanımıyor" anlamlı, resepsiyonu eğlendiren cümlelerle, günde bir kaç kez burunlarına doğru sallıyorum iskambil kağıdımsı anahtar kartı. Her odama giriş için görevliler telsizle çilingir amigo Rolando'yu çağırıyorlar. Resepsiyonun karşısında oturup puro içiyorum, uzun bir zaman dilimi sonunda, elinde anahtarlıkla Rolando geliyor. Birlikte odaya çıkıyoruz. Kapının ayrıca, bildiğimiz gibi deliğe girerek içinde başarıyla ters takla atan madensel bir anahtarı var, onunla açıyor kapıyı, odama kavuşuyorum.

Oda kapısını açan düzeneğin bataryasında bir kerizlik olmuş. İki batarya uzmanı amigo bu sabahı, kapının önüne tezgâh kurup kilidi söküp batarya değiştirmekle geçirdiler, değişen bir şey yok. Odamın kapısı beni tanımamak konusundaki ısrarını sürdürüyor. Bilgisayarda bir zımbırtının değiştirilmesi gerekiyormuş, o işten anlayan görevli dijital amigo otelde yokmuş!

Çekimden gelmişiz, yorgunum. Odama çıkıp duş almak istiyorum. Resepsiyonun karşısındaki üçlü koltukta gene anlamsız bir Rolando beklentisindeyim. Niçin Rolando'daki anahtarı bana vermiyorlar? O ona lazımmış! Ona ne lazım, tamamen bana lazım! Odada bir şey unutsan Rolando aranıyor. Kendisi elinde anahtar silsilesiyle resepsiyonda nöbette değil ki! Odana mı çıkıcan? Önce resepsiyona Rolando gereksinimini bildireceksin ve bir puro yakacaksın. Resepsiyon telsizle onu bulacak. Bir telâş resepsiyona ulaşan Rolando, konuyu algılayıp anahtar silsilesini almaya gidecek, çeyrek puro içimi sonra gelecek. Asansörün önünde bir iki puro fırtı bir beklentiye geçilecek. Asansör çağırmaya yarayan düğmeler, basmalı değil, sıvazlamalı! Basınca içine giren bir şey, yanan bir ışık durumu yok. O noktayı sıvazlıyorsun. İyi sıvazlıyabilmişsen bir iki puro fırtından sonra geliyor nazlı asansör. İyi sıvazlıyamayıp asansör beklentisinde baba bir **cohiba** puroyu yarılayan var. Fakat otelin hakkını otele vermek lazım, asansör beklerken tam bir puroyu bitirip izmaritini asansör yanındaki küllüğe atanı hiç görmedim.

Resepsiyonda nöbet değişti, benim çikolata renkli Marilin geldi. Oda anahtarı sorunuma çok üzüldüğünü, istersem odayı değiştirebileceğimi söyledi. Oniki gündür burdayız, odaya tamamen yayılmış durumdayım. Toparlanmayı denemek bile saçma olur. Üstelik üç gün sonra saray sahnelerinin çekileceği çok şık bir otele geçeceğim. O toparlanmayı üç güne yaymışım kafamda. Fransızca bileni bulmuşken Don Kişot bilet işini halledeyim, diye düşündüm. Marilin not aldı, konuyla ilgileneceğini, tiyatronun, balenin parasız olduğunu, benim için yer bulabileceğini, bunu Deborrah'la konuşması gerektiğini ve beni sevdiğini söyledi. Ben karşı aşkımı itiraf ettim. Tam yakın plan öpüşmek üzereydik ki, Zeki Alasya:

-Çok güzel bir yer burası ağbicim!

diye girdi otele. Marilin'i öpemeyerek Zeki ağbiyle öpüştüm. Yıllardır görüşmüyoruz. Yanındaki arkadaşı Jülide'yi tanıştırdı.

-İyi ki geldik şu Küba'ya, hiç görüşemiyoruz yahu!

dedi. Cebinden çıkardığı, bizim tiyatro müdüriyetinden bana gelen ince dolar zarfını uzattı ve harçlık veren bir baba tavrıyla:

-Al çocuğum buralarda parasız pulsuz kalmışsınız! Güle güle harcayın!

dedi. Bavulunu öyle ortada bıraktı. Neşeyle çöktük lobideki geniş koltuklara, Kübalog Hüseyin, Rasim, Necmi, Fethi, sardık etrafını, hem memleket, hem Zeki ağbi özlemiyle. Tayfun geldi:

-Hoşgeldiniz ağbi, geldiğiniz için teşekkür ederim. Size kimi ek sahneler yazdım.

-Saçmalama oğlum, ben bu rolü küçük diye kabul ettim. İlk defa Küba'ya geliyorum, gezeceğim, göreceğim yerler var. İşim gücüm var benim Havana'da! Sakın rolümü büyütme, ne kadar küçültürsen o kadar memnun olurum.
diye şarlıyor Zeki ağbi.

Yemeğe geçiyoruz. O çorba geliyor. Çorbayı kuşbakışı inceleyen Zeki ağbi, takiben neler yiyeceğini soruyor, Margarita sinirle geri kalanı sayıyor. Zeki ağbi daha değişik bir kayıntı düşündüğünü özetle açıklayarak, yemek listesi istiyor. Ona, önümüze koyulan çorbayla başlayan mönünün prodüksiyon tarafından ödendiğini, özel yemek istendiğinde bunun bize geçirildiğini açıklıyorum.

-Geçirsinler oğlum! Biz buraya askerlik yapmaya gelmedik. Bir bavul parayla geldik. Daha demin sana zarf içinde kaç milyon dolar verdim. Sen niçin bu anlamsız çorbamtrak şeyi içiyorsun?
deyince ben de bir mönü rica ediyorum Margarita'dan. Evet lan, iki kişilik paella, tek başıma yiyicem! Rasim de mönü istiyor. Necmi'nin başı kel mi? Fethi kızılbaş zaten!

-Menu por favor!

Çok keyifli geçiyor akşam yemeği.

-Küba'da çok güzel gecelerimiz olacak ağbi!
diye bizi kandıran Kübalog Hüseyin, genelde hızla yemeğini yiyip arazi oluyor. Atlıyor kiralık arabasına,

doğru Havana. Hiçbir gece beraber çıkmadık. Devrisi sabah kahvaltıda soruşturuyoruz:

-Geceleri sen nereye gidiyorsun Hüseyin?

-Havana'da işlerim var ağbi.

diye gülümsüyor. Bu akşam aramıza katılan Zeki ağbiyle biraz ilgilendikten sonra, ona;

-Yoldan geldiniz, yorgunsunuzdur. Siz bu akşam istirahat edin, yarın gece dağıtırız!

diyerek gene kayboldu. Zeki ağbi devrisi gece dağıtacağından emin olarak dinlenmek üzere odasına çekildi. Yemek sonunda sabah sıfıraltıda kalkış, sıfıryedi onbeş otelden hareket gibi bir sapıklık açıklandı.

-Sıvazlattırmayın belânızı!

diye bağırdım, derin sessizlik oldu. Daha sakin devam ettim:

-Ben sete gelip şaryo ve ışık hazırlanmasını beklemekten usandım. Oyuncu olarak düşüyorum, oynayasım geçiyor. Her bok hazır olunca otele telefon edin, gelirim. Bir sefer de siz beni bekleyin!

dedim. İsyanım haklı bulundu. Diğer oyuncu arkadaşlar da aynı şikâyette bulundular. Set hazır olunca aldırılmamıza karar verildi. O ana dek hiç söze karışmayan yardımcı yönetmen Yüksel bana:

-Ağbimsin. Saygı duyarım. İstersen çıkar yukarı odaya, döv beni, elimi kaldırmam, ama belâma küfrettirmem. Kimse benim belâmı sıvazlayamaz!

gibi garip bir çıkış yaptı. Herkes birbirine baktı. Belâsı Yüksel'in nesi oluyor ki? Anası değil, bacısı değil. İyi bir şey değil ki zaten belâ, el sürdürtmem tavrı biraz garip. Belâ tam tersine, görüldüğü yerde hemen sıvazlanması gereken bir şey değil mi?

-Afedersin Yüksel, ben senin kişisel belândan söz etmedim, genel olarak belâ demek istedim. Sen belânı çok mu seviyorsun?
dedim.

-Hayır ağbicim mevzu o değil...
diyerek, bin dereden su nakledерek, konuyu felsefi boyutuyla ele alarak uzun bir açıklamada bulunduysa da, onun neye içerlediği tam anlaşılamadı, muallakta kaldı.

Odama gitmek üzere ayağa kalktığımda, Rolando konusunu hatırladım. Resepsiyona gidip Marilin'e bağlılığımı bildirdim. O da bana, benim için yanıp tutuştuğunu itiraf etti. Telsizle Rolando araştırmasına koyuldu.

-Rolando'yu beklerken sevişebileceğimiz bir yer var mı?
dedim Marilin'e.

-Sevişmek, Rolando'yu beklerken gibi bir zaman dilimine sıkıştırılmamalı!
diye yanıtladı.

22 / ARABIN İNTİKAMI Playas del Este / Dış-Gün

Minibüs / İç-Gün

Dublörüm Osvaldo ile ilk karşılaşmamız. Ben Kuddusi olunca o Carlos olacak, ben Carlos'ken o öbürü. Herif bana oldukça benziyor. Nerden bulmuşlar? Gözü benimkinden biraz daha maviye çalıyor, saç rengi, ten rengi tamamen aynı. Küba'da da Çarşambalılar mı var yoksa? Benden daha genç, elleri benimkinden biraz daha küçük, parmakları daha ince. Saçını benimki gibi tıraş ediyorlar. Bıyığı yok, Neriman aynen benim bıyıktan yaptırtmış, pıt yapıştırıyor. Kostümü de giyince bayağı benzedi herif. Bir ara Asuman onu arkadan gördüğünde, ben zannederek, omzuna dokunup türkçe bir şeyler sormuş. Tiyatro oyuncusuymuş Osvaldo. Bir Dario Fo oyunu prova etmektelermiş. Çat ispanyolca, pat ingilizce muhabbet ediyoruz. Havana'da izleyebileceğim tiyatro oyunu soruyorum. Şu an pek bir şey yokmuş, prova edilen oyunlar varmış. Tiyatrolar sürekli oynamazlarmış burda. Yılda ikiyüzelli kez sahneye çıktığımı söyleyince gözü dönüyor. İnanamıyor. Sayıyı yanlış anladığını sanarak tekrar ettiriyor.

-Nasıl oynuyorsunuz ikiyüzelli oyunu?

-Matine, suare, turne... Deli gibi oynuyoruz işte Osvaldo!

-Çok mu izleyici var?

-Hayır. Hepsi ayrı günlerde, ayrı saatlerde gelmeyi seviyorlar.

Playas del Este'deyiz gene, okyanus kıyısında düğün sahnesi çekilecek. Hava günlük güneşlik, Okyanus sakin bugün. Dün akşamki isyanım sonucu bu sabah dokuz otuzda aldılar bizi otelden. Elli kadar kadınlı, erkekli figürasyon var. Ayrıca hepsi birbirinden güzel, karnaval giyimli, kıç baş ortada oniki dansçı kız. Orkestra da var. Set karmakarışık. Çikolata rengine boyanıp Carlos olmam gerek. Neriman makyaja girişme derdinde ancak sette öyle hazır bir durum yok. İlkay hanım kumsaldaki bir koltukta çay içiyor, yanında başka bir koltukta Asuman cep telefonuyla mesaj alıp mesaj veriyor. Gelen uzun mesajları yer yer gülümseyerek, arasıra kahkaha atarak okuyor, yepyeni bir uzun mesaj yazılımına koyuluyor. Rasim denizde, yüzüyor. Düğün sahnesinin çekileceği yerde hummalı hazırlık sürüyor. Zafer, Saçı belinde Ahmet ve 13. Dev Adam Yavuz eksik tamamlıyorlar. Yeni edindiği hasır fötr şapkasının altında, yüzünde her zamanki tebessümü, kameraman Veli fazla gelen ışığı kesmek için palmiyeler arasına bezler gerdiriyor, İnyo bir palmiyenin tepesine ulaşmaya uğraşıyor. Güvercin hindistan cevizi ağacının tepesine erişmiş bile, bir yandan kendi yerken, ona buna da ağaçtan kopardığı hindistan cevizleri atıyor, öte yandan ona atılan ipi tutma çabasında. Yemek molasından önce pek bir şey çekilebilecek gibi görünmüyor. Zeki ağbi, bir köşede Fethi ve Necmi'ye bir şeyler anlatıyor, çok gülüyorlar. Sinan Çetin, elinde çok işlevli isviçre çakısı, hindistan cevizinin suyunu içme çalışmalarında. Arasıra okyanusa bakıyor. Sanırım şu an kafasından geçen şey; Miami'ye kaçmış bir kübalı ailenin, buradaki fertleriyle bir televizyon programında buluşacağı, kendisinin Miami'den smokinle sunacağı salya sümük bir canlı yayın. Küba'ya kaçmışlarla, Küba'dan getirilmişler şaşkın birbirlerine bakıyorlar stüdyoda. Kucaklaşın bakiim şöyle, diyerek omuzlarına vuruyor Sinan... Böyle şeyler düşündüğünden eminim, hindistan cevizinin suyunu içişinden belli. Hatta bu film olur lan, fikrine erişmiştir. Akşam yemeğinde bana bunu senaryo olarak yazmamı önerebilir. Hindistan cevizinin bedava oluşu, tüm bu yemişlerin herkesin oluşu konusuyla hiç ilgili değil.

-Herşey hazır olunca boyarsın beni Neriman. diyerek yürüyüşe çıkıyorum sahilde. Kumsalın arka tarafında bir derenin üstündeki küçücük köprüden geçerek ulaşılan, göl kıyısında bir açık hava kahvesine ulaşıyorum. Amigonun biri göl kıyısındaki iskeleyi onarıyor. İskeleye bağlı iki tane kano var. Dev bir keçiboynuzu ağacı sarkıyor gölün üstüne, keçiboynuzlarının boyu elli, altmış santim. Sanki keçi değil de, geyik boynuzu. Bir ekspresso kahve söylüyorum.

Türk kahvesi gibi ufak bir cezveyle pişirdiği kahveyi getirip fincana boca eden senyorita:

-Pelicula?

diye soruyor, heyecanla. Film yerine bu sözcüğü kullanıyorlar. Onaylıyorum. Çekimi izleyip izleyemeyeceğini soruyor.

-Si senyorita!

Çok seviniyor. Dev keçiboynuzlarına dalmış, keyifle puro tüttürürken asistan Defne gelip beni buluyor, sete davet ediyor. El ediyorum kahveci senyoritaya, o da takılıyor peşimize. Defne olağan sinirli yürüyüşüyle bizden epey önde gidiyor, senyoritayla biz daha Akdeniz, gayet rahvan bir ahenkteyiz. Senyorita türkçe bilmediği için af diliyor. Ben türk olduğum için özür diliyorum. Ulaşıyoruz çekim yerine.

Zeki ağbinin hiçbir lafı yok bu sahnede, düğünde nikah kıyan papazı jest ve mimikle oynuyor, hepimizi güldürüyor, halinden memnun. Sinan'ın da lafı yok. Yanımda oturuyor. Kravatıyla madalyalarımı siliyor, sürekli rolünü büyütüyor. Fakat bugün dünden başarılı, gelecek vadediyor; aferin Sinan! Aslında hiçbirimizin lafı yok, hepimizin bulunduğu genel ve kalabalık düğün sahnesi çekilecek.

Veli ışık düzeltiyor, reflektör düzeltiyor, gene gayet ağır ilerliyor iş. Prova yapıyoruz. Kübalı figürasyon sürekli kıkırdıyor. Bir şişman senyora gülme krizine giriyor.

Kübalılar bile güldüğüne göre filmimiz çok komik ağbicim!
diye seviniyor Tayfun. Daha sonra anlaşılıyor ki, prova edilmekte olan sahneye değil, figürasyon grubunun arasında oturan, filmde fulbol takımının antrenörünü oynayan, onların ünlü komiği, televizyon starı Hilario Peña'nın fısır fısır yaptığı esprilere gülüyorlar. Kıvırcık kır saçlı, orta yaşlı, fıldır gözlü bir adam. Ne söylese, gülüyorlar.

Güneş batmadan tamamlanıyor çekim. Herkes toparlanıyor, benim makyajımın silinmesini bekliyor oyuncularla dolu minibüs. Neriman bir yandan, Besey bir yandan, ben ortadan, sil sil çıkmıyor bu çikolata rengi fondöten.

Çok zor çıkan bir malzeme bu...
diyor Neriman. Kulağımın içine, parmak aralarıma kadar boyanmışım. Arkadaşları bekletmemek için, bir tomar makyaj silme mendili alarak atlıyorum minibüse. Havana'ya kadar siliniyorum.

-Duş almadan kolay kolay çıkmaz o!
diyor Neriman.

-Bu kadar özel bir fondötenin özgün bir silicisi yok mu Neriman?

-Vardır, ama bizde yok.

-Yani birine sürülecek ve bir daha hiç silinmeyecek diye mi düşündün?
sorumu yanıtsız bırakıyor.

-Çok zor işmiş bu Rasim ağbi. Ben bir daha hayatta filmde oynamam!
diye yeni başladığı oyunculuktan şikâyet ediyor, yorgunluktan bezmiş Alev, yanında oturan Rasim'e.

-Haklısın Alev. Gelecek yıl resim sanatını dene, güçlüklerini şöyle bir elekten geçir, olmadı öbür yıl heykeli denersin!
biçiminde yanıtlıyor Rasim, onun açık farkla auta giden sözlerini.

Minibüsün radyosunda çalan küba şarkısına yer yer eşlik eden Rebekka'yı neredeyse azarlıyor Sinan:

-Ne anlıyorsun şu küba müziğinden, hiç anlamıyorum Rebekka!
Sonra bana dönüp:

-Evde de var bu küba müziklerinden. Devamlı alıyor. O evde yokken ben kırıyorum o CD'leri!
diye dert yanıyor.

Deli gibi silinmeyi sürdürüyorum. Sil sil bitmiyor fondöten. Bu çikolata rengi makyajın film boyunca başıma belâ olacağını algılıyorum.

-Hişşt arap!
diye dalga geçiyorlar benimle.

-Arabın İntikamı'nı biliyorsunuz değil mi?
diyorum, rahat bırakıyorlar beni.

-Neymiş arabın intikamı?
diye soruyor, meraklı Neriman.

-Shakespeare'in Otello'su. Otello'yu filmde oynayan herif bu makyaja çok gıcık olarak, yatırıyor makyajcıyı yere ve setin ortasında saatlerce ırzına geçiyor!
deyince ben, Neriman'ı şuh bir gülme alıyor, Havana'ya kadar durup durup gülüyor bu işe.

-Makyajcı yardımcısına bir şey yapmıyor mu?
diye sorunca Besey, minibüste herkesin siniri bozuluyor, toplu gülme krizi.

23 / ALFREDO AKBAŞ

Cardenas Sokağı / Dış-Gün

Gene en yoksul mahallede, Cardenas sokağındayız. Karnaval sahnesi de burada çekilecek. Karnavalı düzenleyen bir şirket var, onlara ciddi para ödenmiş. Birebir gerçek bir karnaval yapılacak film için. Figüran bulucu, mama kılıklı şişman kadın gene kıçını devirerek dolaşıyor ortalıkta. Kuaför kızlar Celina ve Yanai bir sokak berberi gibi tezgâh açmışlar makyaj karavanının önüne, figüran kızlara saç baş yapıyorlar. Yol boyunca şaryo rayları döşeniyor. Sokak karmakarışık ve çok kalabalık, hazırlıklar acelesiz koşuşturmalar biçiminde sürüyor. Balkonlarda aynı insanlar, on gün önce bıraktığımız yerdeler. Sanki geçen zaman içinde hiç kımıldamamışlar. Sokakta tek değişiklik, köşebaşındaki zemin kat evinin bir yerine sıva yapan, Aydemir ve Erdinç Akbaş kardeşlerin ortancası olduğuna karar verdiğimiz, her ikisine de acayip benzeyen, ağzı sönmüş sigaralı amigonun kaldırımda harç karması. Onu ilk gördüğümüz gün öyle kalakalmıştık Rasim'le. Akbaş kardeşlere benzerliği acayip. Erdinç'in az biraz yaşlısı, Aydemir'in birazcık genci. O gün kendisini Alfredo Akbaş ismiyle vaftiz etmiştik.

-Ne zaman bitecek bu herifin sıva işi?

diye soruyor Tayfun.

-Biz başlayana kadar biter, daha hazır değiliz. diyor Yüksel. Sonra Alfredo Akbaş'ı daha canlı çalışmaya teşvik için, yanına gidip;

-Haydi amigo Akbaş, sallanmayalım, çabuk sıvayalım!
türünden türkçe söyleniyor, el kol işaretleri yapıyor, saatini gösteriyor. Amigo Akbaş bir an durup ona ters ters bakıyor, ispanyolca bir şeyler söylüyor, aynı ağırlıkta işini sürdürüyor. Yüksel alttan alıyor:

-Tamam amigo Akbaş, bi şey demedik, **No lento! Presto! Presto!**
diye kollarını havada çevirerek, işi hızlandırmasını istiyor. Saat ondört otuz, sokağın ortasında dikilmiş kahve içiyoruz. Gece çalışacağımız için bu sabah çekim yoktu. Geç kalktım. Kahvaltıya inmedim. Odamda marketten aldığım peynir, zeytin ve sütle kahvaltı ettim. Don Kişot okudum biraz, aşağı inip kahve içtim. Saat onüçte çıktık otelden.

Dün akşam, Zeki ağbinin babalamasıyla, yemeği Havana'da bir balıkçı lokantasında yemeye karar verdik. Sinan:

-Benim davetlimsiniz!
dedi. İtiraz etmedik:

-Sağol Sinan. Çok açız!
Zeki ağbinin internetten bulduğu El Rincon de Pepe isimli yere gideceğiz, Sinan, Rebekka ve Rüzgâr Çe-

tin, Zeki ağbi, Jülide, Necmi. Ekibin en iyi ispanyolca konuşanı olarak, yedi kişilik minibüs taksinin önüne, çikolata renksiz sürücü amigonun yanına oturuyorum. En ispanyolca bilirliğim diğerlerinin bu dilde tek kelime bilmemesinden kaynaklanıyor. Gitmek istediğimiz yeri belirtiyorum sürücü amigoya. Kendisi, söz konusu Pepe'nin yeri ve katedral çevresindeki benzeri lokantaların çok turistik ve gereksizce pahalı olduğunu, eğer deniz ürünleri yemek istiyorsak, bizi çok güzel ve ucuz bir lokantaya götürebileceğini dile getiriyor. Yeminsiz bir çevirmen olarak durumu ekibe ilettim.

-Oğlum herif bize bi üç kaat açıyor olmasın?
dedi Zeki ağbi.

-Biz Pepe'den şaşmıyalım ağbicim. Boktan bir yere götürür bizi şimdi bu herif, sinirimiz bozulur.
dedi Sinan.

-Bunun bi arkadaşının yeri vardır, bizi oraya götürüp avanta alacaktır.
dedi Necmi. Pepe'nin yeri konusundaki ısrarımızı bildirdim sürücü amigoya. Herif bizi daha hesaplı ve güzel yere götürmek konusunda kararlı.

-Uzak mı orası?

-Hemen iki sokak ilerde.
diye yanıtladı sürücü amigo. Peki o zaman, dedik. Götürsün oraya, bir bakalım, beğenmezsek katedralin oraya gideriz.

İki sokak ötede, üstünde isim yazmayan büyük demir kapısı bir avluya açılan küçük şirin bir bahçe içinde, verandalı tek katlı bir ahşap ev. İki çikolata renkli genç kadın verandaya çıkıp güleryüzle karşıladılar bizi. Güzel bir yer. Verandada ve oraya açılan küçük salonda masalar var. İçerde bir masada iki kişi yemek yiyor. Istakoz var mı? Var. Beyaz şarap? Var. Güzel. Sürücü amigoya, sadece iki dolar tutan taksi parasını verip teşekkür ediyoruz. Büyük bir yuvarlak masanın çevresine oturuyoruz. Önce deniz ürünlerinden nefis mezeler, arkasından muhteşem ıstakoz ve balık ızgaralar geliyor. Bizi kandıracağını düşündüğümüz sürücü amigonun, delikanlı olduğu ve bizi Ma My's isimli bu lokantaya getirerek bir kıyak yaptığı anlaşılıyor. Böyle amigolar da var işte!

Mason olduğunu kimseden gizlemeyen Zeki ağbi;

-Mason olduğunu söyleyebilirsin, ama başka birinin mason olduğunu açıklayamazsın!

kuralını belirttikten sonra, Havana'da bir mason derneği olduğunu, Küba'da çok mason bulunduğunu söylüyor. Şaşırıyoruz, çelişkili geliyor bize bu durum. Meğer devrim sırasında Fidel'in silah arkadaşlarından biri olan Oscar Alcade önemli bir masonmuş. Devrime büyük katkıları olmuş. Masonlar devrim sürecinde Fidel'e destek vermiş ve sonrasında varlıklarını sürdürmüşler. Akşam yemeğinde masonluk üzerine gelişiyor muhabbet. Üstat Orhan Hançerlioğlu'nun doyumsuz sohbetine tanık olmuş biriyim. Mason arkadaşlarım var. Masonluk hakkında bilgi sahibiyim. Zaman zaman;

-Gel seni bizim locaya alalım.

dedikleri oluyor.

-Mason olmasam, sek Ferhan olarak kalsam, sanırım masonluk için de çok hayırlı olur kardeş! Ayrıca bizim tiyatroda kırksekiz tane loca var!

diye yanıtlıyorum. Buradaki cemiyete gitmek için takım elbise bile getirdiğini anlatan Zeki ağbi, kübalı kardeşleriyle tanışmanın heyecanı içinde.

Kır saçlı, çikolata renkli üçlü bir müzik grubu geliyor lokantaya. İki gitarcı, bir eli marakaslı şarkıcı, amigo amcalar oldukça yaşlılar. Yılların derin çizgileri var, devrim öncesinden kalma yüzlerinde. Çalıp söylemeye başlıyorlar. Önce, aranağmesine hepimizin katıldığı **Guantanamera**, sonra **Comandante Che Guevara**... Bir sürü versiyonu var bu şarkının. Uzun havası bile var. Bunlar da farklı söylüyorlar. Melodi aynı, ritm farklı. Kimi zaman, yer yer melodi de farklı. Değişmeyen tek şey sözler. Halk türküleri gibi işte. Çünkü bu bir halk türküsü, kübalıların onun öldürülmesinden sonra yaktıkları, aşkla söyledikleri bir ağıt. Aranağmesine katıldığımız bu şarkıyı, özellikle "Comandante Che Guevara" satırını biz devrimci bir marş gibi söylüyoruz, kübalılarınki hiç de öyle sert değil, çok yumuşak ve hüzün dolu...Che, onlar için kendi ülkelerinin özgürlüğü adına savaşmış bir arjantinli kahraman. Devrimci takımın oluşumu sırasında Fidel ona belirli bir rütbe verince, bu kübalılar arasında huzurluk yaratmış. Bunun üzerine Fidel *"ülkelerinde doğmadığı halde kanını onun için seve seve akıtmaya hazır olan kişilere "* teşekkür eden bir konuşma yapmak zorunda kalmış, Meksika'daki devrim öncesi hazırlık günlerinde.

Cep telefon trafiği sonucu lokantaya, Almanya'dan az önce Küba'ya ulaşan Vural Öger, Kübalog Hüseyin, Alev, Figen, Ayça, Neriman ve Gökhan geldiler. Masa salonu işgal edecek biçimde büyüdü.

-Eskiden çok ucuzdu, çok güzeldi buralar.

diyerek Havana'nın yirmi yıl öncesini anlattı Vural bey. Sevil Sert ile bir caz klübünde buluşma sözümüz olduğu için, Sinan, Rebekka, Rüzgâr, Necmi ve ben oradan kalktık. Bizim yuvarlak masanın hesabını Sinan ödedi. Daha doğrusu oğlunun cebine bir tomar para sokmuş;

-Öde oğlum!

dedi. Rüzgâr çıkardı demeti, kimi dolarları bıraktı, yeniden cebine soktu neredeyse hiç incelmemiş demeti.

La Zorra isimli ünlü caz klübünde buluştuk Sevil'le, oraya ulaşan Tayfun da bize katıldı. Küçük, loş ve hoş bir bar, toplam yirmi masa yok. Sıkı sıkıya dolu. Bir yerlere iliştik, kocaman bardaklarda margaritalar getirdi garson senyorita. Mandolin ve gitar çalan bir italyan ikili dinledik. Çok başarılıydılar. Esas baba orkestra sahneye yerleşirken gece güne dönüyordu Havana'da.

-Nereye gidiyorsunuz? Asıl şimdi başlıyor!

diyen Sevil'i orada bırakarak otele döndük. Sinan caz klübünde de hesabı ödedi. Rüzgâr ödedi yani. Güzel. Teşekkür ederiz. Aramızda en zengin sensin Sinan, tabii ki sen ödeyeceksin. Antikomünist ağanın eli tutulmaz. Üstelik komünist bir ülkede bulunuyoruz. Kimde para varsa o verecek. Oğlanın cebindeki bir tomar dolar hepimizin Sinan yoldaş!

Sokakta çekim hazırlığı sürüyor, saat onbeş oldu. Döşenen şaryo rayları sökülüp başka bir yere taşınıyor. Bu sokağa adı verilen Cardenas, 1956'da Meksika'nın eski cumhurbaşkanı imiş. O sırada Meksika'da devrimi planlarken hapse düşen Fidel ve Che ve arkadaşlarını hapisten kurtaran, bir anlamda Küba devriminin gazını veren adammış. Che'nin bir sözü geliyor aklıma: *"Sokakları başka bir çağa ait görünmez tozlarla kaplı. "* Çok eskilere gidiyor kafam. Che ile Fidel'in Meksika'da ilk karşılaşmaları. Birlikte hapse girişleri. Hepsi azad olduktan sonra içerde kalan Che'nin serbest bırakılması için Meksika polisine ve adaletine ciddi rüşvetler vermeler, niçin?

-Bırakın beni, gidin. Ben Arjantinliyim, bir biçimde yırtarım. Sonra dünyanın bir yerinden gelir, size katılırım.

diyen Che'ye;

-Seni bırakmayacağım!

diyerek Fidel'in Che'yi bekleyişi ve Granma isimli tekneyle devrime doğru yola çıkış.

Bu muhteşem hikâyeyi düşünüyorum sokağın ortasında, duvardaki boyası dökülmüş Che resmine bakarak.

Hava kararmadan önceki sahnenin çekiminden vazgeçilerek gece için hazırlığa başlanıyor. Avare geçiyor zaman Cardenas sokağında. Ağır ağır sıva yapmayı sürdürüyor Alfredo Akbaş, ağzında sönmüş sigarası.

24 / PROLONJE KAHVALTI

Büyükelçilik konutu / Dış-Gün

Aralığın ondördü, pazar. Tatil günümüz. Hava zaman zaman yağmurlu, gökyüzü gri kara. Büyük bir bahçe içinde geniş ferah bir ev. Bahçeyle hemzemin kocaman bir teras, terasın önü havuz. Gökyüzüne tırmanmış palmiyeler, adını bilmediğimiz ağaçlar. Hiç görmediğimiz rengârenk çiçekler. Saçı belinde Ahmet'in, tohumundan götürsek bizim bahçede yetişir mi, duygusundayız hepimiz.

-Fakat bunların tohum zamanı değil işte!

diye hayıflanıyor Ahmet. Ucu bucağı görünmüyor, havuzun arkasından başlayan bahçenin. Usasığmazcasına güzel, cennet gibi bir yer. Büyükelçilik konutundayız. Büyükelçi olası geliyor insanın. Altışar kişilik, altı tane beyaz örtülü yuvarlak kahvaltı masası hazırlanmış terasa. Yan odada mükellef bir kahvaltı açık büfesi, çeşit çeşit reçeller, zeytin, türk peynirleri, haşlanmış yumurtalar, sucuğundan, pastırmasından kıymalı ve peynirli pidesine kadar var. Vefa ağbi ve zarif eşi Ferzan allahına kadar bir türk kahvaltısıyla ağırlıyorlar bizi. Bizim usûl demlenmiş çaylar içiyoruz yaldızlı ay yıldızlı porselen fincanlardan. Cubanacan semtindeyiz, genellikle elçilik konutlarının olduğu eski güzel evler var sokakta. Yanımız Amerikan Büyükelçiliği konutu. Fidel'in evi iki sokak ötedeymiş. Pek yakına yerleşmiş amerikalılar. Uydudan gözetliyorlardır onlar o evi. Fidel de biliyordur bu durumu, o evde, ona göre takılıyordur. Bu yüzden birden fazla evi var demek ki. Comandante, suikast atlatma uzmanı.

Uyanan geliyor. Aslında sabah onbirde bekleniyorduk, ancak geceki karnaval çekimi sabah beş buçukta bittiği için ekip perişan. Biz onüçte ulaşan, Neriman, Besey, Rasim ve Necmi'den oluşan bir küçük grubuz. Vural Öger, Zeki ağbi, Jülide, Kübalog Hüseyin, Alev ve arkadaşı Figen bizden önce gelmişler.

-Yahu nerdesiniz? Sabahtan beri pidelerin etrafında kedi gibi dolanıyorum, öldüm açlıktan!
diye özel kahkahasıyla karşılıyor her geleni Vefa ağbi. İlkay hanım, Asuman, Çetin ailesi ve ağır ağır gecenin yorgunluğunu atamamış teknik ekip geliyor. Sevil Sert ve Küba'daki türk öğrenci Bertan'ın da katılımıyla saat ondört suları tamamlanıyor kırk kişiye yakın takım. Kahvaltı özlemiş ekip deli gibi saldırıyor açık büfeye. Beyaz smokinli türk bir garson mutfaktan muntazaman takviye yapıyor odadaki uzun masaya. Altışarlı gruplar halinde oturuyoruz masalara. Ev sahipleri, tek tek bütün masaları dolaşıyorlar. İlkay hanım Ferzan hanımla daha önceden tanışıyormuş, derin muhabbete giriyorlar. Hayran kaldığımız evin güzelliğinden söz ediyor herkes. Lan şöyle bir evim

olsa, ütopik duygusu hepimizin beynini tırmalıyor.

Çekim saatinin sabaha sarkmasından ötürü karnaval sahnesinde oynayamayan büyükelçimize maç sahnesinde bir rol bulunuyor.

Genel muhabbet bugün Tikrit'te bir özel sığınakta ele geçen Irak devrik lideri Saddam Hüseyin üstüne. Henüz televizyon izlememiş olan bizler genel bilgiyi büyükelçimizden alıyoruz.

N'apıcak acaba şimdi Amerika Saddam'ı? Sanırım yargılanacak. Amerika'nın savaş sebebi nükleer silahlar bulunamadı Irak'ta. Neyle suçlanacak Saddam?

-Bütün dünya gördü ki Saddam'ın gözünün üstünde nükleer bir kaşı var!
mı diyecek Amerika'nın başkanı kovboy?

-Halkına eziyet ediyordu!
diyecek belki. Olabilir. Sana ne? Sana mı kaldı Irak halkını ve bütün dünya halklarını kurtarmak? Bunun için Irak halkının fikrini aldın mı?

-Gel bize hükümet ol, ey Amerika!
mı diyor ıraklılar?

Zeki Alasya ve Vural Öger sıkı bir tarih muhabbetine giriyorlar. Tarihimizde olup bitmiş garipliklerin bugün hâlâ, sinemamızda ya da tiyatromuzda işlenemediğinden dem vuruyor Zeki ağbi.

Artık kübalı olmuş, orada yaşayan Sevil Sert, soyadının tersine müthiş yumuşak, hoş, güzel bir kadın. Havanalı bir arkadaşı olmuş, öylece gelmiş, takılmış buraya. Seviyor Küba'yı, bu adada olmaktan çok mutlu.

Akşamüstüne dek süren çok keyifli kahvaltı bitiminde Hüseyin büyükelçimize, gerek bugünkü ağırlama, gerekse işin başından beri çekimler için sağladığı kolaylıklar için teşekkür eden, güzel ve duygulu bir konuşma yapıyor. Sonunda hepimiz alkışlıyoruz.

-Yapmayın, ağlatacaksınız beni çocuklar!
diyor, gözleri dolmuş Vefa ağbi. Ayrı bir alkış da ev sahibesi Ferzan hanıma. Alkışlar, her nedense:

-En büyük Türkiye!
biçiminde slogan atmaya dönüşüyor.

-Yavaş olun çocuklar, yan büyükelçiliklerden Saddam'ın yakalanışını kutluyoruz sanacaklar!
diyerek gülüyor Vefa ağbi.

Küba'nın geleceğinden konuşarak tamamlanıyor sohbet. Herkesin merakı Fidel'den sonrası.

-Fidel'den sonra iş bitmiştir ağbicim.
diyor Kübalog Hüseyin. Bu düşünceye katılmayanlar var.

-Bir ihtiyacınız olursa lütfen beni arayın. Yirmidört saat emrinizdeyim. Burası sizin eviniz.
diyerek kapılardan uğurluyor bizi dünyanın en kral büyükelçisi, adam gibi adam Vefa ağbi. Zaten öyle olmasa niçin Erol Günaydın'ın dostu olsun? Erol ağbi adam olmayanla görüşmez ki. Taksiyle otele döner-

ken, Dışişleri'mizin yıllardır sarsılmayan klasını düşünüyorum. Askeri darbelerden sonra oraya, buraya asker elçiler gönderilmişse de, paşalar emekli olup darbeler seyreldikçe, koruyabilmiş demek ki Dışişleri takımı belirli bir üst düzey çizgiyi.

Fidel'den sonrası n'olucak? Edindiğim izlenim, sezgim diyor ki; bir şey olmayacak, başka birisi geçecek başa. Belki biraz daha genişleyecek yönetim kadrosu ama kübalılar bu düzeni savunacaklar, çünkü doya doya yaşadıkları bağımsız kübalılıktan gurur duyuyorlar.

Bütün gece bavul topladım. Chateau Miramar otelinden sabah erken ayrıldım, Marilin'le öpüşemeden, Deborrah'a şöyle bir doğru dürüst sarılamadan. Kabakıç Elizabet resepsiyondaydı, kabaca vedalaştık. Kübalog Hüseyin arabasıyla beni Cubanan semtinde, saray sahnelerinin çekileceği otele getirdi. Yol boyunca bağlantılı çilingirim Rolando'dan kurtulmuş olmanın sevinci içinde puro tüttürüyorken, Kübalog gittiğimiz yerin muhteşem, gerçekten saray gibi bir otel olduğunu, tarihi ve çok güzel bir binanın otele çevrildiğini, çok rahat edeceğimi, bize orada sadece yedi oda verildiğini, bütün oyuncu arkadaşların orada kalamayacağını, kendisinin de bir odası olduğunu anlattı.

Bir görevlinin her iki yana açtığı görkemli demir kapıdan giriyor arabamız, orman gibi bahçenin ortasındaki yoldan, klasik yunan heykeli taklitleri arasından taş yapının mermer sütunlu kapısına geliyoruz. Dev palmiyeler, tropikal ağaçlarla çevrili, sömürge döneminden kalma iki katlı bir saraycık. Hüseyin içeri dalıyor. Ben elimde bavul, çanta, peynir, zeytin, ekmek gibi şeyler içeren market naylon torbası, beklentideyim. Bir an önce odama kavuşmanın derdindeyim. Otel kapıcısı, bavul taşıyıcı falan yok ortada. Bavulumu mermer merdivenlerden sürükleyerek giriyorum içeri, resepsiyon aranıyorum, yok. Mermer zeminli, sütunlu, güzel bir giriş holü, bir kemer altından avluya açılıyor, sağ tarafta geniş bir mermer merdiven ikinci kata çıkıyor. Sol tarafta şık bir salon. Eşyalar tamamen antika. Ortalıkta kimse yok. Avluyu turalamış Hüseyin geliyor. Resepsiyon soruyorum.

-Yokmuş!

diyor. Avlu tarafından beyaz önlüklü, elinde tozbezi temizlikçi kadın geliyor. Hüseyin ona odalarımızı soruyor. Bir süre konuşuyorlar, sonra kadın önde, Hüseyin peşinde, ben onları, bavul beni izleyerek her biri farklı mermerden yapılmış sütunlarla çevrili, dört köşesinde binaya açılan büyük kapıların bulunduğu avlunun sağ dibindeki kapıdan geçerek üç nolu odanın kapısına ulaşıyoruz. Kadın cebinden çıkardığı bir anahtar kümesinin içinden seçtiği anahtarla kapıyı açıyor, buyur oluyorum. Oda çok güzel ve geniş, ahşap, çekmeceli bir çalışma masası, iki büyük yatak, pancurlu kocaman pencereler arka bahçeye bakıyor. Banyo ferah fezâ, elbise dolabı ideal. Keyifle yerleşiyorum. Peynirimi, zeytinimi buzdolabına koyuyorum. Giysilerimi asıyorum, çamaşırlarımı çekmecelere tıkıştırıyorum.

Ekip avludaki çekim için hazırlık halinde. Asistanlara beni taciz etmemelerini, odama yerleşme çalışmaları içinde bulunduğumu bildiriyorum. Onların da daha fazlasını istedikleri yok zaten, burdayım, ellerinin altındayım. Elimde ispanyolca sözlük, oda kapısını açan kadınla odamdaki eksikler konusunda görüşme halindeyim. Şampuan yok, sabun yok! Kadın bir yandan istediklerimi getirirken, bir yandan da geceyi burada geçiremeyeceğimi anlatmaya uğraşıyor. Ona **attore principale** olduğumu belirtiyorum. Baş rol oyuncusu olmam kadını çok etkilemiyor. Nasıl yani? Küba'da kime söylesem çok şiddetli saygı uyandıran bir sıfatım bu benim. Cahil kadın, **attore principale** kavramını edinememiş. Kübalog Hüseyin ortada yok. Kadının cehaletinden şikâyetimi Güner'e açıklıyorum. Konuyu irdelemeye koyuluyor.

Avluda çekim başlıyor. Avlunun ortasına bir büstüm yerleştirilmiş. İlk kez görüyorum, oldukça başarılı, bana benziyor. İlk planın ikinci tekrarında yağmur başlıyor. Çekime ara veriliyor, yemek molası.

Giderek anlattıklarının birbirini tutmaması, ve yakaladığımız kimi yalanlarından ötürü bu sabahtan itibaren ismi Yalan Rüzgârı Hüseyin olarak vaftiz edilen Kübalog yemek sırasında bana açıklamalarda bulunuyor. Meğer burası onun sandığı gibi beş yıldız bir otel değil, Fidel'in önemli misafirlerini ağırladığı devlet konukeviymiş, örneğin bana verilen odada Yaser Arafat misafir olarak kalmış. Öyle bir konuk olduğunda burada hizmet eden bir personel bulunuyormuş. Bu gibi durumlar dışında, akşam belirli bir saatte kapanırmış, zaten burada akşam dokuzdan sonra çalışma şansımız yokmuş! Biz burada Yaser Arafat konumunda değil de, film çekimi yapan ekibin kiraladığı mekanda bulunuyoruz. Eski otele dönmem gerekiyor. Bana gene Chateau Miramar'da bir oda ayırtılmasını söylüyorum. Üç nolu odanın sadece çekimler boyunca bana verilen bir yer olduğunu algılıyorum. Olsun bu da bir şey, sokak ortasında dikilmekten iyi. Günlerce çalışacağız burada. Sette böyle bir odam olması güzel. Başka mekanlarda böyle bir şansım yoktu. Kamera arkasında bir yere dikilip ya da bir sandalyeye çöküp rolünü düşünmek, söyleyeceğin sözleri düşünmek olası değil, mutlaka bir kafa konfeksiyonlayan bulunuyor. Yardımcı yönetmen Yüksel bunların en tehlikelisi, beklenti sırasında yanaşıp, sigara paketini uzatarak;

-Yak bi sigara ağbicim!

diye, öbür elinde çakmak hazır, konuya girip kendi memleketi olan Muğla'nın Ula yöresinden gülünç olaylar anlatıyor, oranın şivesiyle.

-Yüksel, niçin ütülüyorsun şimdi kafamı? Bak birazdan çekime gireceğiz.

-Ağbi, böyle boş boş bekliyorsunuz. Ben canınız sıkılmasın, oyunculuğunuz düşmesin diye sizi eğlendirmeye uğraşıyorum.

diye gülüyor.

-Söyleyeceğim lafları düşünüyor, içimden onları tekrar ediyorum, rahat bırak beni Yüksel.

cümlesiyle uzaklaştırmam, beş dakika sonra yepyeni bir Ula hikâyesiyle başıma çöreklenmesine engel olmuyor. Bu bakımdan iyi oldu bu oda; Yüksel'siz bir alan. Ayrıca burada gün boyu bir rolden bir role geçeceğim için çikolata renkli makyajımdan ötürü sürekli duş almam gerekiyor, böyle bir odanın zorunluluğu var. Sinir bozucu olan saatlerce uğraşıp yaptığım bavulu, yeniden yapmak. Sabah bir otelden çıkış yapıp buraya geliyorum, akşam buradan çıkış yapıp sabah ayrıldığım otele giriş yapacağım. Ne kadar hıyarca. Yalan Rüzgârı Hüseyin'in buranın otel olmadığını bilmeyerek, elimde bavulumla, zeytinimle, peynirimle beni buraya getirmesi de az salakça değil tabii.

Şakır şakır yağmur yağıyor, dış çekimler yarına kaldı, iç sahneler çekilecek.

-Bana Küba'da hiç yağmur yağmaz, dediler! diye, boş boş gökyüzüne bakıyor Tayfun.

-Kim söyledi, Hüseyin mi?

-Gayet tabii ağbicim.

Havana'da aralık ayı hep yağmurlu olurmuş. Her gün belirli saatlerde yağmur yağıyor. Hüseyin'in bunu bilmemesi de acayip. Hiç aralık ayında gelmemiş demek ki Küba'ya. Bu ne biçim Kübaloji? Filmimizin geri plandaki adı: Şans Kapıyı Zorlarken Kapı Gayet İddialı!

Yemekten sonra odaya geldiğimde yatağın üstünde gezinen bir dev kertenkele ile karşılaşıyorum. Dikkatle inceliyorum tipi, kertenkele değil, bu bir iguana. Hayvan gibi bir şey! Hayvan zaten. Açtığım pencereden odaya girmiş. Onu görünce geceyi burada geçirmeyeceğime seviniyorum. Kendisini İgoş adıyla vaftiz ediyorum. İgoş daha vaftiz töreni tamamlanmadan, kulağına üç kez İgoş diye fısıldanmadan kaçıp geniş yatağın altına saklanıyor. Gözden ırak olması daha sinir bozucu.

-İgoş, yavrum, gel buraya!

gibi yaklaşımlarıma yanıt vermiyor. Odadan çıkacağını ve yuvasına gideceğini umarak bütün pencereleri açıp sete dönüyorum.

Öğleden sonra iki plan arası, yayıldığım odadaki eşyamı yeniden bavullamakla uğraşıyorum. İgoş ortada yok. Her odaya gelişimde sesleniyorum. Yanıt vermiyor. Çıkıp gitti mi acaba? Yatağın üstüne bir not da bırakmamış. Kimbilir ne hoş kadınlar gelip geçmiştir bu odadan, Yaser Arafat'tan ve benden önce. Yaser'in böyle bir numara yaptığını sanmıyorum. Benim de İgoş'tan başka vukuatım yok. Ayrıca onunla aramızda bir ilişki olmadı, sadece arkadaşız. Chateau Miramar oteline aynı akşam geri dönüşün tek teselli veren yanı aşkım Marilin ve hayatımın kadını Deborrah'a kavuşacak olmam. Onların aşkıyla tutuşarak yeniden tıkıştırıyorum bavula herşeyi. Bir tabağa peynir koyup bırakıyorum yatağın ayak ucuna, belki İgoş'un karnı açtır diye.

Otel / İç-Gece

Yüklendi tıkıştırdığım bavulu Güvercin, ben çantayı sırtladım, bindik minibüse devlet konukevinin önünden, Chateau Miramar oteline geri döndük. Resepsiyonda Marilin.

-Sizi gitti dediler, çok üzülmüştük.

-Seni çok özledim, geri döndüm **mi amor!** Aşkım Marilin dönüşümden çok mutlu, fakat gündüzden otele bana bir oda ayrılması için telefon edilmiş olmasına rağmen, resepsiyonun böyle bir konuyla yeni karşılaştığı gözümlendi. Marilin kapısı bağlantılı çilingir Rolando olmadan açılamayan, terkettiğim 310 nolu odayı isteyip istemediğimi sordu.

-Hayır. Bu otelde geri kalan gecelerimi Rolando'suz geçirmek istiyorum.

Çikolata renkli aşkım başka bir oda bulmak üzere bilgisayarın faresini sıvazlamaya başladı. Çok sıvazlamalı bir otel burası. Asansör sıvazlamalı, rezervasyon sıvazlamalı. Güvercin tepemde dikilip durmasa ben de Marilin'i sıvazlayacağım.

-Sağol Güvercin, teşekkür ederim.

dedim. Bara doğru uzaklaştı. Tam Marilin'le başbaşa kalacağız, arasan bulunmaz Rolando peydahlandı.

-Buenos noches Rolando!

Otelde oda durumu gayet sıkışık. Zaten kırk kişi bizim ekip. İkinci katta bir oda isteyip istemediğimi sordu aşkım.

-Kapısını tek başıma açabileceğim bir oda mı?

-Evet.

-Tamam Marilin.

Rolando bavulu yüklendi kahramanca, asansör beklentisi muhabbetine geçtik. İki asansörden biri, bir haftadır bozuk. Önüne kullanılmaz işareti koymuşlar, iptal edilmiş. Bozuk olmayan asansör geliyor, biniyoruz. Usul usul ve gayet geç kapanıyor kapısı, artık kapanmayacağından emin olduğunuz bir an.

-Nasılsın Rolando?

-Bueno! Ya siz?

-Bueno Rolando.

-Nasıl gidiyor **pelicula?**

-El continua Rolando. **Pero, mucho** yağmur!

Uygun sıvazlamalar sonucu asansör bizi ikinci kata ulaştırıyor, yeni odama getiriyor beni Rolando. Eskisinden çok küçük, boğucu bir oda. Denize bakmamakla kalmıyor, önümdeki terasın ardındaki palmiye ağaçlarına, daha çok terasın yüksek korkuluklarına bakıyor. O odada kalamayacağımı belirttim. Durumu anlayışla karşıladı Rolando, birlikte resepsiyona geri indik. Marilin üzgün, Rolando süzgün. Yeniden bilgisayar aleyisselama danışma sıvazlamalarına koyuldu, çikolata renkli aşkım, fransızca uzun uzun özürler dileyerek. Bir oda buldu, ancak o da, anahtarı tarafından açılamayan, Rolando bağlantılı bir odaymış. Demek başka oda kapılarında da var Rolando'suz açılamama durumu. Ben bir puro yakarken Marilin yeni bir oda araştırmasının sıvazlamasına başladı. Rolando'yla ispanyolca bir şeyler konuştular. Kimi odaların kapılarının açılıp açılmadığını sorduğu anlaşılıyor, Rolando'nun yanıtları hep olumsuz baş sallamalı. Demek ki bir sürü odanın kapısının kolu Rolando'ya mahkûm. Marilin'in sıvazlayan eline dalmış, puromdan kısa aralıklı nefesler alıyorum. Bilgisayarın faresini sıvazlayışında müthiş bir cinsellik var. Ellerinin çok güzelliği de işin cabası.

-Faren olayım abla!

cümlesinin ispanyolcasını, bunun fransızcasının bir anlamı olmadığını düşünürken, puroyu yarılıyordum ki, aşkım üçüncü katta Rolando bağlantısız 303 numarayı keşfetti.

-Teşekkürler **mi amor!**

Asansör sıvazlama uzmanı Rolando, pek bekletmeden ulaştırdı beni üçüncü kattaki odaya. Biz kapıyı açarken, bitişik kapı aralandı, İlkay hanım göründü.

-Buenos Noches İlkay hanım!

-Buenos Noches ayol! Buraya mı geldin? Hani orada kalacaktın?

-Geceyi bir iguana ile geçirmek istemedim İlkay hanım.

Anahtar kapıyı açtı! Çok sevindim. Böyle bir mucize karşısında Rolando da sevindi. Niye sevinmesin, her açılmayan kapı başına belâ oluyor. Girdik içeri, Rolando'ya teşekkür ettim, sıkı bahşiş verdim gitti. Peynir, zeytinli market çıkınımı yerleştirmek üzere mini bar bakındım. Odada buzdolabı yok! Yeri var, buzdolabı kaldırılmış. Bavulu ve çıkınımı bırakarak sinirle çıktım odadan. Asansörde, Marilin'i görünce sinirimin geçeceğini de göz önünde bulundurarak, eski odam Rolando bağlantılı 310 numaraya razı oldu gönlüm. Hiç olmazsa denize bakıyordu o oda ve mini barı vardı. Resepsiyona ulaştım, Marilin'in başı kalabalık. İki yeni gelmiş müşteri ile ispanyolca bir şeyler görüşüyor. Görüşmenin bitmesini beklemeye koyuldum. Aşkım, onlarla süren çok gereksiz görüşmesi sırasında bana gülücük ve göz süzmesi yöntemiyle;

-Bi dakka, şu herifleri yol edeyim, hemen kollarına atılacağım sevgilim!

demek ister duygularını aktarmayı ihmal etmedi. Lafları bitince o adamlar Rolando ile asansöre yöneldiler. Marilin'e son gittiğim odada mini bar olmadığını ve o odayı beğenmediğimi, kapısı açılmayan eski odam 310 numaraya razı olduğumu ve kendisine bağlılığımı açıkladım.

-Malesef! O odayı az önce asansöre binen

beylere verdim.

dedi çok üzülerek ve bana bağlılığını bildirerek.

-Nasıl yani? 310'un kapısı onarıldı mı?

-Hayır. Öylece kabul ettiler.

Otelde bozulan hiçbir şey onarılmıyor, devreden çıkarılıyor.

-Asansör?

-Bozuk.

-Evet ama, kaç gündür bozuk.

-Evet.

diyorlar, büyük bir doğallıkla görevliler.

-Otelin patronu yok ki şikâyet edesin!

diye iç geçiriyor Yalan Rüzgârı Hüseyin. Onarım yöntemi olmadığı için bozulan bozulmuş olmakla kalıyor, B planı uygulanıyor! Sonunda Marilin bana beşinci katta, biraz havalandırma gürültüsü olan, denize bakmayan bir oda buldu. Çıktım baktım odaya, anahtarı kapısını açıyor, oldukça geniş ve ferah, buzdolabı var. Denize bakmasın n'olucak, odada oturup denize bakacak vaktim mi var? Hemen benimsedim 503 numarayı.

Uzandım yatağa açtım Don Kişot'u, yarım sayfa okuyamadan uyumuşum. Yorgunluğumun ninnisi havalandırma gürültüsü.

Fidel ile randevumuz n'oluyor? Görüşebilecek miyiz? Ona sormam gereken şeyler giderek çoğalıyor. Bizi kaç dakika kabul eder? Sete gelecek mi? Ne zaman gelecek? Sağlık nedenleriyle bütün randevularını iptal etmiş! Bu Hüseyin'in bir yalanı mı? Gerçek mi? Bizim alınmış bir randevumuz var mıydı? Hiçbir zaman bilemeyeceğiz. Dün Hüseyin cebinden eski siyah beyaz bir fotoğraf çıkarıp gösterdi. Yirmi yıl önce çekilmiş, Fidel, Vural Öger, Hüseyin ve kübalı yetkililer.

-Biz palavra atmıyoruz burda, kendisiyle bir kaç kez görüştük ağbicim.
diye gerindi. Biz de görüşebilsek iyi olurdu. Ona sormak istediğim bir kaç soru vardı, soramadım içimde kaldı.

Barda sadece Güvercin var, lokanta bölümünde yalnızım, şarap içmekteyim. Sinan Çetin yurda döndü, hepimiz daha özgür ve komünist hissediyoruz kendimizi. Gecenin ilerlemiş vakti. Kimisi yatmış, kimisi Havana'ya gezmeye gitmiş. Otel lobisi bomboş, baston kılıklı gitarcı sanki yoğun izleyicili bir konserdeymiş gibi kendini paralıyor. Güvercin arasıra eşlik ediyor ona. Havana'da bu kadar kötü gitar çalana rastlamadım. Gitarcı olamaz bu herif. Belki de kimbilir hangi şeker kamışı fabrikasında bilmemne mühendisiydi, **melasse** ile **begasse**'yi birbirine karıştırdığı için buraya gitarcı olarak sürgün geldi...

Resepsiyonda hayatımın kadını Deborrah var. Bu gece nöbetçi. Uzaktan kesiyorum onu. O da beni kesiyor arasıra. Ne zaman kavuşacağız biz bu kadınla? Nasıl kavuşacağız yani?

-Bi dakka benim odaya gelebilir misin Deborrah?

diyemem ya. Onu bir akşam yemeğe götürmeliyim. Örneğin Hotel İngilterra'ya. İsterse o otelde kalırız, yok bizim eve gidelim derse onun evine gideriz. Marilin'i de yemeğe götürmem gerek. İkisini de çok seviyorum. Üçlü bir yemek olamaz herhalde bu. Ayrı ayrı götürmem daha doğru olur. Bütün bu işleri sıraya sokmam lazım, şurda iki haftamız kaldı.

Otel kapısından Güner giriyor, resepsiyondaki Deborrah'la bir şeyler konuşuyor, barın önündeki gürültülü konserin içinden geçip lokantaya ulaşıyor, oturuyor masama.

-Şu bizim onbeş dolar maaşları ne zaman ödeyecekler Güner?

-Malesef o paraları alamıyacakmışız ağbi.

-Neden?

-O para bizden vergi olarak kesiliyormuş!

-Para ülkeden çıkmıyor yani!

Ayıpettin be Fidel, çerçeveletecektik biz o onbeş dolarları! Görüşebilsek örneğin, bunu söylerdim ona. Güner, bir kadeh şarap teklifimi kibarca reddediyor, yorgun olduğunu söyleyerek yatmaya gidiyor.

Güvercin ve gitarcı birlikte **La Paloma**'yı söylüyorlar. Bu da gençlik şarkılarımızdan biri. Hiç anlamını bilmeden ezberleyip ne kadar çok söylemişizdir, plakçalarda dingildeyerek dönen kırkbeşlik eşliğinde. Sözlerini tam algılayamadığımız yerleri öğrenmek için sürekli baştan dinlemeler sonucu plak bozulmuş, biz **La Paloma**'nın ne demek olduğunu öğrenemeden de, şarkının modası geçmişti zaten. Sadece ismi kalmış aklımda. Meğer güvercin, demekmiş ispanyolca. Bu yüzden bütün garson kızlar tarafından, sevecenlikle, **La Paloma** adıyla çağırılan Güvercin Mehmet için çalıp söylüyor gitarcı. Bar ve lokanta bölümünün allahı Margarita da katılıyor zaman zaman şarkıya. Bizimki zurna gibi. Onu ilk kez böyle sarhoş görüyorum. Üstündeki Che resimli kırmızı tişorta sürekli içki dökülüyor kadehinden. Gitarcının da ayık olduğu söylenemez.

Otel kapısından hepsi Che Guevara tişortlu Zafer, Saçı örmüş Ahmet, 13. Dev Adam Yavuz, Her Boku Bilen Birol ve Che Guevara bereli Gökhan giriyorlar gülerek, eğlenerek. Çakırkeyif oldukları, bir alemden geldikleri belli. Asansör önü beklentisinde neşeyle birbirlerine iyi geceler dileyip, lüzûmundan fazla öpüşüp odalarına çıkıyorlar.

Gitarcıya eşlik etmekten sıkılan Güvercin, yalpalıyarak giriyor bardan lokanta bölümüne, bana sırıtarak kadeh kaldırıp kapıya en yakın masaya çöküyor.

-I don't no ağbicim!

diyor ve bir süre, bilmediğinin ingilizcesini durup durup tekrarlıyor. Neyi bilmiyor, o anlaşılamıyor. Tatlı bir tip. İşinin eskisi ve ustası. Çözemeyeceği sorun yok. O duvarı ordan yok edin, denilse, anında yok eder o duvarı.

-Onu yapamayız ağbi!

yok sözlüğünde.

-Bi dakka ağbi.

deyip girişiyor işe.

Dün gece pahalı bir ispanyol şarabı açtırıp sıkı bahşiş bıraktığım için nemrut kadın Margarita'nın yüzü gülüyor bu akşam. Benimle aşk halinde. Her an beni dansa kaldırabilir. Ciddiyetinden beklenmeyen böyle panik atakları var Margarita'nın. Adama sert sert bakarken, birden çalan müziğe uygun adımlarla masaya yaklaşıp, şak diye dansa kaldırıp, sertçe kendine doğru çekiyor adamı. Daha çok Kübalog Hüseyin'e yaptığı bir numara bu. Bana hiç yapmadı. Bu akşam yapacak gibi bir hali var. Zaten pek aday yok bu gece, Güvercin ve ben varız. İngilizce olumsuz beyanatına son veren Güvercin'in şu an sızmış olduğu göz önünde bulundurulursa, tek adayım. Ben aslında Deborrah'tan bekliyorum o sertçe kendine doğru çekmeleri, fakat onda bu beklenen saldırganlık yok. Bir şişe daha söyledim o şaraptan, uçarak mutfak bölümüne gitti Margarita.

Güvercin aniden ayılarak;

-Ah... Aaaah!

diye inlemelere, masalara vurmalara geçiyor. Sevinçle şarabımı getiren Margarita onu masada bateri solo çekmemesi konusunda uyarıyor.

-Hayrola Güvercin, n'oldu?

diye soruyorum.

-Sorma ağbi!

diyor ve uzun süredir kendisine bunun sorulmasını bekleyen, artık sabırsızlanmış bir sarhoş olarak giriyor konuya. Meğer karnaval sahnesinde figüranlık yapan kübalı bir kıza abayı yakmış. Aşk değilmiş aslında. Seviyormuş onu, insan olarak. Kendisi de, ailesi de çok iyi insanlarmış. Bir süredir set sonu, her akşam bir marketten alışveriş edip elleri naylon torbalar onların evine gidiyormuş, yemek yapıyormuş, birlikte yiyorlarmış. Bizimki tamamen iç güveysi durumunda.

-Güvercin, niçin Fidel'in bakması gereken aileye sen bakıyorsun? Senin güvün ne, ercinin ne? Manyak mısın sen?

-Manyağım ağbi!

diyor, bir sarhoşun ağlamaya geçmesinden önceki haliyle. Kısa bir suskunluktan sonra gözünden yaş gelerek;

-Çok zor durumdalar ağbi, hiçbir şeyleri yok! diye salya sümük makamına geçiyor.

-Özgürlükleri var Güvercin. Ev kirası, doktor parası, ilâç parası, okul parası, yol parası, elektrik parası, su parası gibi sorunları yok. Yarın, neyi, nasıl ödeyeceğim gibi endişesi olmayan bir sakinlik ve dinginlik var bakışlarında, surat ifadelerinde ve gülümsemelerinde. Sen bunu görmüyor musun?

-Görmüyorum ağbi!
diye hüngür hüngür ağlamaya başlıyor. Bara gidip yeni bir içki söylüyor. Bulut gibi. Bıraksalar, bu gece bütün Küba'yı kurtarmak istiyor. Bırakmıyoruz. Küba'nın **La Paloma** gibi bir kurtarıcıya gereksinimi yok. Şöyle ki; koy Güvercin'i bugün Fidel'in bulunduğu yere, herşey daha kötü olur.

Gene de Mehmet Güvercin'in Küba'ya ağlaması duygulandırıyor beni. Hepimiz türküz şurda. Ağlamaya yer arıyoruz. Alıp şarap şişemi, bara geçip oturuyorum yanına. Hiç öyle bakma bana Margarita, dansın gecesi değil. Özür dilerim Deborrah bu gece seninle olamayacağım. Görmüyor musunuz, gözyaşı damlıyor Güvercin'in Che resimli kırmızı tişortuna.

Devlet konukevi / İç ~ Dış-Gün

Devlet konukevinde çekimdeyiz, pat Vural Öger geliyor, Hüseyin'le birlikte. Merhaba diyor bizlere, daha başka bir şey diyemeden Hüseyin'in cep telefonu çalıyor. Açıp birisiyle ispanyolca konuşuyor Kübalog, Vural Öger'e, göz ve el işaretleri yapıyor. Bir kenara çekiliyorlar bahçede. Öger telefonu alıp ingilizce bir şeyler konuşuyor, sonra telefonu kapatıp Hüseyin'e:

-Bakan bekliyormuş, hemen gidelim!

diyor. Hızla uzaklaşıyorlar konukevinden.

Sanırım Küba'da film dışında başka bir işi daha var Öger'in. Belki de Hüseyin'in düşünü kurup sürekli gevelediği, beş yıldızlı otel projesi. Görüşülecek olan da herhalde Turizm Bakanı. Savunma bakanıyla ambargo konusunu görüşecek değiller ya!

Sette hazırlık sürüyor, oyuncu takımı konukevinin çift taş merdivenle yan bahçeye inilen terasında çay, kahve muhabbetindeyiz. Hepimiz de bir mahmurluk var, afyonumuz tam patlamış denilemez. Dün gece Rasim, Asuman, Necmi, Fethi, kostümcü Ebru ve onun Zuzu diye hitap ettiği yardımcısı Zuhal'le La Zorra caz klübüne gittik. Bize o gece gitmemizi tavsiye eden Vefa ağbi ve eşi Ferzan da oradaydı. Baktık diğer masalarda bizim ekipten, Zafer, 13. Dev adam Yavuz, Saçı at kuyruk Ahmet, Neriman, Besey, Ayça, Güner, Veli... Daha önce bir kızla nişanlanıp onu bize tanıştırmış olan Cillop Cüneyt, bu gece bambaşka bir sarışın kızla sarmaş dolaş barda, çok mutlu.

-Tanıştırayım ağbi, nişanlım!

Cüneyt sık nişan sevenlerden demek ki, ya da nişansız ilişki sevmeyenlerden. Neredeyse tam takım oradayız, caz klübün yarısını biz işgal ediyoruz. Roberto Fonseca y Temperamento grubu çalıyor sahnede. Ellerimizde margaritalar, yerimizde duramıyoruz. Çok iyi çalıyorlar. Fonseca 26 yaşında müthiş bir piyanist, dünyanın en iyilerinden sayılıyormuş. Bu çok yetenekli, çikolata renkli, uzun boylu, yakışıklı genç adam geçen yaz İbrahim Ferrer'in İstanbul konserinde virtüöz olarak büyük alkış alan dâhi piyanist. Nefesli çalgıların birini bırakıp öbürünü çalan Javier Zalba da müthiş. O da Ferrer'in İstanbul konserindeki takımdaydı. Bueno Vista Social Club'un üyesiymiş her ikisi de. Fonseca büyükelçimizi çok iyi tanıyor. Sahneden ona teşekkür etti, bizim takıma hoşgeldiniz, dedi. Onların İstanbul turnesini Vefa ağbi sağlamış. Büyükelçimiz sıkı caz meraklısı, Ferrer'le tanışıyormuş, sık sık evine gider gelirmiş.

-Bizi de götürebilir misiniz?

diyoruz.

-Elbette çok memnun olur. Cumartesi ya da pazar olabilir, bana saat söyleyin, telefon açıp randevu alayım.

diyor. Bu baba şarkıcıyla tanışma duygusu keyiflendiriyor bizi. Sahneden inince Fonseca yanımıza geliyor, hepimizle fotoğraflar çektiriyor. Gün doğarken ulaşıyoruz otele...

Bunun mahmurluğu bütün ekipte gözleniyor. Esneyen esneyene. Arka arkaya kahveler içiyoruz. Zeki Alasya kendisine uzatılan barbunyaca senaryoya gözleri fena halde büyümüş olarak boş bakıyor. Filmde barbunyaca konuşacağını şu an öğreniyor ve bunalıma giriyor:

-Bu senaryo benim ispanyolca bildiğim göz önünde bulundurularak mı yazılmış? Nasıl ezberliyeceğim ben bunları yahu? Ne demek bunlar?

Demir bahçe kapısından arabayla caddeye çıkışımız sahnesi çekilecek. Oyuncular hazır, fıstık rengi chevrolet hazır, Rasim direksiyonda, caddedeki trafiğin kesilmesi bekleniyor. Kübalı asistan Silvyo ona buna ispanyolca emirler yağdırarak koşturuyor. Kesilecek trafik ana caddelerden biri, ancak bunun için yazılı iznimiz var. Trafiği bu işle görevli polis ekibi kesiyor. Başlıyor çekim. Biraz daha hızlı çıkın, yolu ortalayarak gelin, çerçeveden çıkarken kameraya yakın olun gibi komutlarla defalarca çekiliyor bu sahne. Kesilmiş trafik upuzun bir konvoy oluşturuyor. Ne klakson çalan var, ne bir şey. Öyle kuzu kuzu bekliyor arabalar. Yarım saat sonra tamamlanıyor sahne, polis yolu açıyor, akıyor trafik, geçen arabalar arasında siyah bir mersedes var. **Comandante** filmindeki araba! Meğer Fidel de konvoyda bekleyenler arasında.

-Helâl olsun Fidel!

dedirttiriyor gene hepimize. Ona kimi gün bozuluyoruz, kimi gün öyle bir uygulama karşısında kalıyoruz ki gözlerimiz yaşarıyor. Küba'da oturmamış şeyler, çözülememiş sorunlar var, bunun yanında çok güzel şeyler de. *"Devrimci düşüncenin içinde belli bir yüzde oranında ütopya olduğundan, amaçların tümüne ulaşılamaması olası! "* diyen Comandante, sessiz sedasız geçip gidiyor bizim setin içinden.

Sabah konukevindeki odama girdiğimde İgoş'u epey arandım, bulamadım. Gece pencereyi açık bırakmıştım, sanırım yuvasını özleyip o da terketti dün gece 3 nolu odayı. Tabak içinde bıraktığım peynire de ellememiş. Belki de kübalıların giremediği marketten alınmış bu peynire alışkın değil hayvan.

Öğlende havuz başındaki masalarda yenilen set yemeği keyifliydi. Bizim ekipten bir kaç kişi zeytinyağı satın alarak, o fasulye öyle pişirilmez, o soğan öyle doğranmaz, ver bakim sen şu bıçağı, o pilav öyle yapılmaz, az biraz müsaade et ahçı amigo, biçiminde pişirme işine el koymuşlar. Doğru dürüst kuru fasulye ve pilav yedik. Rasim marketten aldığı küçük hıyar turşularından ikram etti masalara. Kübalılar da çok sevdiler bu lezzeti, karavananın dibini kazıdılar. İlk kez sette yemek bitti! Tabağını gene doldurmak isteyenlere, elde kepçe boş tencere önünde boyun büküp;

-Finito!

demek zorunda kaldı koyu çikolata renkli sıska ahçı senyorita.

Öğle paydosunda sete Bertan ve haso puro bulucu arkadaşı Ricardo geldiler. 3 nolu odaya aldım onları. Ricardo elindeki çantadan değişik puro kutuları çıkardı. Bunların gerçek ve faturalı olduğunu söyledi, istediği para yasal fiyatın dörtte biri. Gösterdikleri örnekmiş, hangisinden kaç tane istiyorsak parasını verecekmişiz, puroları sonra getirecekmiş. Ya getirmezse? Bertan Ricardo'nun güvenilir biri olduğunu söylüyor. Hiç de öyle bir tipi yok, fırlamanın biri. Bir yaz Türkiye'ye gelmiş. Çat pat türkçe sözler biliyor, kimi küfürler biliyor. Fethi ve ben bastırıyoruz paraları. Ricardo paraları alıp, sanki bir daha hiç görüşmeyecekmişiz gibi pis pis sırıtarak çıkıp gidiyor odadan, polisiye bir filmdeki kötü adam gibi.

Öğleden sonra çekimlerinde önce Kuddusi oluyorum, dublörüm Osvaldo Carlos oluyor, daha sonra tersi. Çikolata rengi boyadı elimi, yüzümü, kulağımın arkasını, içini Neriman. Çekim bitince duş almak üzere odanın o güzel banyosuna girdim. Sıcak su yok! Nasıl olur? Musluklar ters mi bağlanmış? Öbür musluğu deniyorum, o da soğuk. Niye ters bağlansın zaten, tesisatçı amigo türk değil ki. Beyaz bornozu giyerek çıktım banyodan, odayla ilgili temizlikçi kadını buldum. O derdimi anladıysa da, ben onun dediklerinden hiçbir şey anlamadım.

-Bir dakika!

dedi ve uzaklaştı. Bornozla bekliyorum odada. Az sonra konuyla daha ilgili uzun boylu, kır saçlı, sıska bir amigo geldi. Banyoya geçti, küvetin musluğunu açtı ve bana akan suyu göstererek;

-Bak sorun yok! Akıyor!

gibisinden bir şeyler söyledi. Derdimin suyun akıp akmaması değil, sıcak akmaması olduğunu çat pat ispanyolcamla ve el kol işaretleriyle anlattım. Konuyu çakozlayan adam, kolundaki saati göstererek bir şeyler anlattı. Önce hiçbir şey anlamadım. Amigo ısrarla saatini göstererek, eliyle iki saat sonra, işareti yaparak bir şeyler daha anlattı. Sonunda erdim ki sıcak su, bir sistem açıldıktan iki saat sonra devreye girebiliyormuş.

-Bugün **impossible**, fakat **mañana** tamam!

diyerek, gene saatini göstererek gitti amigo.

Acaba dün gece yanlışlıkla burada kalsam kimbilir neler gelecekti başıma? Sıcak su yok. Oda servis yok. Resepsiyon yok. Benden başka, İgoş dışında kimse yok yani koskoca sarayda. Görevliler saat 21.00'de kilitleyip gidiyorlar. Geceyi orada İgoş'la geçirdiğimi ve sabahleyin set çalışanları gelene dek bir kahve bile içemeyeceğimi düşündüm, düşüncemden ürktüm.

29 / ŞEKER KAMIŞINDAN DEFTER

Havana / Dış-Gün

Tatil günü, Malecon'daki sanat pazarındayım. Kıvır zıvır şeyler almaktayım. Pazarın dip tarafındaki sahafları dolaştım. İspanyolca bilmediğine sinirleniyor insan, ama gene de kitap almadan edemem. Çocuklar için hazırlanmış, resimli bir "Don Kişot" kitabı buluyorum, 1960 baskısı. Okuyamasam da resimlerine bakarım. Che'nin hiç rusça bilmediği halde, rus elçisinden rusça kitaplar istemesi geliyor aklıma. Hiç pazarlıksız alıyorum kitabı. Küba devriminin çizgi romanları, 1860 baskı kitaplar arasında kaybolmuşken, birden bir tezgâhta değişik boylarda üç tane defterimsi şey görüyorum. Bana mı öyle geliyor? Bunlar da mı kitap? Hemen saldırıyorum kapağı küba bayraklı defterimsi şeye, açıyorum içini, evet boş sayfalar! Bu bir defter. Ne biri, üç defter! Hemen üçünü birden alıyorum. Kapağı şeker kamışının daha kalın bir yerinden, yaprakları şeker kamışının ince kıyım tarafından üretilmiş defterler bunlar. Dünyalar benim oluyor. Defterim biteli bir kaç gün olmuştu. Resepsiyondan aldığım dosya kağıtlarına yazıyor, onları ikiye katlayıp defterin arka iç kapağına iğneliyordum. Bu ayrıca resepsiyondan sürekli topluiğne rica etmeyi gerektiriyordu. Kabakıç Elizabet en son iğne talebimi hiç hoş karşılamayıp bir kaşını kaldırarak;

-N'apıyorsunuz bu kadar iğneyi?

diye nerdeyse azarlamıştı beni.

-Kıçıma batırıyorum. Sen de dene, çok zevkli oluyor. Hatta sen yorgan iğnesi de deneyebilirsin, kıçın çok müsait. Ne demişler, iğneyi müşteriye, çuvaldızı kendine!

diye yanıt vermek istemiştim ona, ancak bunu söyleyebilecek ispanyolca nerde? Sadece:

-Lazım!

diyebilmiştim.

Kızlarıma deniz ürünlerinden, palmiye ve başka tropikal meyva çekirdeklerinden yapılmış kolyeler almak üzere, incik boncukculara doğru yürürken, Mehmet Güvercin'e rastlıyorum. Yanında sözünü ettiği çikolata renkli kübalı kız. Havana'yı dolaşıyorlar elele. Ona hediyeler almış ve almayı sürdürüyor. Çocuk gibi mutlu. Kız daha da mutlu. Güvercin, büyükelçimizle görüşmüş, evlilik işlemleri için başvuru yapmış. Kız kağıtlarını hazırlıyormuş.

-Evleniyoruz!

diyor ağzı kulaklarında.

-Sadece arkadaşız, diyordun.

-Aşık olduk ağbi!

diyor, bütün bir aileye ve o mahalleye bakmayı iş edinmiş Güvercin. **La Paloma** ailesini kutluyorum, mutluluklar dileyip, kızlarıma kolyeler alıp caddeye çıkıyorum pazar yerinden. Malecon'dan bir "limon" a binerek Devrim Müzesi'nin yolunu tutuyorum. Mobiletin üstüne yarım limon biçimi bir korunak yapılmış, mobilet faytonumsu bir hal almış, golf sahalarında golfcüyü vurduğu topun gittiği yere taşıyan arabamsı taşıtlara benzer, iki kişilik ucuz taksiler bunlar, ismi limon!

Eski başkanlık sarayı devrim müzesine dönüştürülmüş. 1918'de yapılmış, kemerli, kubbeli, üç katlı bir saray. Olduğu gibi korunmuş, pırıl pırıl. 1956'da Batista'yı devirmek amacıyla buraya saldıran genç öğrenci grubunun attığı kurşunların izleri var duvarlarda. Müze bugüne dek bu konuda okuduklarımın görsel, belgesel gezintisi.

Meksika'dan yola çıkan bu bir avuç genç, sanki muhteşem bir devrime ulaşacaklarından emin ve bütün bu serüvenin ilerde bir müzede belgeleriyle sergilenmesi gerekeceğini biliyormuş gibi, Küba'nın tarihini yazdıklarının bilinciyle kare kare fotoğraflamışlar devrimi. Bütün bu fotoğrafları ve belgeleri sık sık yer değiştirdikleri dağlarda, o savaş curcunasında nasıl koruyabilmişler? Che'nin fotoğrafçı olmasından ötürü mü? Hepsini o çekmemiş ki. Duvarın tavana yakın bölümünde kırmızı bez üstüne kabartma kocaman beyaz harflerle **El Triunfo De La Revolucion** yazılmış. Devrimin Zaferi. Yazının altında neredeyse duvarı kaplayan, devrimcilerin bir grup fotoğrafı. Fidel, Che, Raul Castro, kovboy şapkalı Camilo Cienfuegos ne kadar gençler! Fotoğrafın sağında devrim sırasında kullanılan değişik bayraklar, solunda bugünkü Küba bayrağı.

25 Kasım 1956'da Meksika'dan yola çıkıyor küçücük bir yat. Güvertede sekseniki kişiler. Devrim yapmaya gitmek için oldukça küçük bir ordu, ama o tekne için fazla kalabalıklar. Ya batsaydı Granma? Küba devrimi diye bir şey yok. Allah yardım etmiş işte bu allahsız yoldaşlara! 2 Aralık'ta Granma teknesiyle Küba'ya ayak basıyorlar, silahlı olarak. Batista'nın askerleriyle yapılan çarpışmaların ardından hayatta kalan onaltı kişi diktatörlüğe karşı savaş sürdürdükleri Sierra Maestra dağlarına geri çekilmişler. Önce dağ köylüleri, sonra bütün Küba katılıyor onlara. Yirmibeş ay sonra gerçek oluyor devrim. Bir masal sanki. Gerek Che'nin, gerek Fidel'in söylediği gibi kimi zaman şansın, rastlantıların da yardımı olmuş devrimin ateşlendiği günlerde. Bu uzun savaş boyunca ön saflarda savaşan Fidel, hiç yaralanmamış bile. Onu tanrı korumuş olamaz, adamın öyle bir inancı yok. Nedir bu kafiri koruyan gizil güç peki? Yoksa tanrı, eğer varsa, namaz kılanı koruyorken, kılmayanı da o derece koruyacak denli adil mi? Belki de tanrı, eğer varsa, bizleri kollarken namaz kılan ya da kılmayan biçiminde değil de, iyi insan, kötü insan diye tasnif ediyor olabilir. Kafir fakat iyi insan, beş vakit namaz kılar fakat namussuzun biri!

Devrimi başarmış ve Havana Hilton'u karargah edinmiş takımdan çatlak sesler de çıkıyor.

-Ne zaman seçim olacak?

diyen var. Demokrasi isteyen var, Comandante'nin silah arkadaşları arasında.

-Şimdilik seçim olmayacak. Demokrasi denilen şeyin inanılmaz dev bir aldatma olduğunu düşünüyorum.

diyor Fidel.

-Karşı devrimcilerin hepsini idam edelim.

diyor pratik çözümcü, şair doktor Che Guevara,

-Menemen'i yakın!

diyen Atatürk gibi.

Otel / İç-Gece

Otele geldim, kapıcı yok, resepsiyon bomboş, ilerledim lobide, tüm otel çalışanları barda toplanmış, barın küçük televizyonunda kahkaha, çığlık bir şey izliyorlar. Yanaştım bara, yüzüme bakan yok. Hepsi, maç izleyen türkler gibi televizyona kilitlenmişler, ne desen duymuyorlar. Ekranda olup biten bir güldürü dizisi. Yapay gülme efekti yok, buna gerek de yok zaten, herkes birbirinin gülmesini susturuyor, devamını duymak için. Anlaşılan sıkı gülmece bir durum. Biraz dikkat edince farkettim ki, başroldeki oyuncu bizim filmde antrenör oynayan Hilario Peña. Kahkahadan kırılıyor otel çalışanları. Hilario iyi bir oyuncu, çok tempolu, espri satmayı, satmakla kalmayıp her komiğin bilmediği, katlamayı, sağmayı biliyor. Zaman zaman da, televizyonda çok zor olan epik oyunculuğu kıvırıyor, herif evinde gibi. Oysa olay mahkemede geçiyor. Hilario yargıç, bir de pişekârı savcı var. Savcıyı oynayan oyuncu cüce denilecek denli kısa boylu. Hilario'nun kürsüsü yüksek, savcınınki boyuna göre.

Küba televizyonunun tek dizisi imiş. Her hafta sonu yayınlanan mahkeme parodileri, her hafta değişik sanık ve tanık ve avukatlar. Televizyonda bu dizi gösterildiğinde Küba'da olay dururmuş. Küba televizyonu zaten gün boyu deli gibi yayın yapmıyor, gayet **la tarde** saatlerde başlayan yayın gece yarısından önce bitiyor. Yirmidört saat televizyon izleme salaklığı yok. Uydu, çanak anten gibi şeyler yasak. Eğitici, devrimci bir yayın düzeni var. Küba pop starını falan aramıyor. Küba kimseyi gözetlemiyor, Amerika uydu aracılığıyla Fidel'i gözetliyor. Kimi gün yayının uzun bir bölümünü Fidel'in konuşmaları oluşturuyor, bir saat, iki saat, üç saat...

-Şimdi yaşlandı, eskiden sekiz saat konuşurdu! diyorlar.

Hilario'nun dizisi uzun sürmedi. Arada reklam yok, az sonra durumu yok, niye saatlerce sürsün, fırt diye, gayet tadında bitti. Otel çalışanları işinin başına döndü, bar ferahladı. Zeki Alasya geldi, takım elbise, boyunbağı.

-Hayrola ağbi, dernekten mi?

-Evet ulan. Rezil olduk. Benden başka takım elbiseli, kravatlı adam yoktu, hepsi don, fanila, terlik durumu.

Zeki ağbi, iki dirhem bir çekirdek gitmiş Allende caddesindeki mason derneği adresine, eski püskü, camları kırık bir bina, kapının girişinde kırık dökük bir sandalyede oturan yaşlı çikolata renkli amigoya danışmış.

Fanila terlik pantalon, kapıcı sandım önce, fakat Küba'da kapıcı olmaz! Kendine gel oğlum Zeki, dedim kendi kendime, amigoya, **do you speak english?**, dedim.

Mason derneğinin üçüncü katta olduğunu öğrenmiş ondan. Asansör beklerken atlet, şort ve lastik pabuç giyimli bir adam gelmiş yanına. Birlikte üçüncü kata çıkmışlar. Zeki ağbi ona mason olduğunu açıklamış.

-Ben de. Hoşgeldiniz!

demiş spor kılıklı mason amigo. Buyur etmiş içeri, bilgi vermiş, broşür vermiş, ayrıca Zeki ağbiye çok şanslı olduğunu, bugün büyük üstadın da burada bulunduğunu söylemiş.

-Tanışabilir miyim?

demiş,Zeki ağbi heyecanla.

-Tabii, şimdi gelir.

demiş spor kılıklı mason amigo. Az sonra sokakta kapı girişinde sandalyede oturan yaşlı çikolata renkli amigo gelmiş, meğer büyük üstat oymuş.

-Güzel insanlar. Sohbet ettik. Adreslerini aldım, İstanbul'a gidince onlara bir şeyler göndericem.

dedi Zeki ağbi.

-Takım elbise, boyunbağı falan mı?

dedim. Kahkaha attı:

-Hayır!

Mason cemiyetini ararken, değişik caddelerden geçerken birdenbire Atatürk büstü ile karşılaşmış ve çok şaşırmış, fotoğrafını çekmiş. Dijital makinesinde bulup gösteriyor bana. Bizim ilkokul bahçelerindeki büstlerin bir benzeri. Sanırım bizden istenmiş, bizimkiler bir adet göndermişler. Kübalı bir heykeltraşın eseri değil. Altında ispanyolca olarak, bağımsız Türkiye Cumhuriyeti'nin kurucusu olduğu ve hem ispanyolca hem türkçe *"Yurtta sulh, cihanda sulh "* yazıyor. Duygulandık.

-Daha acayibi, bütün Havana'yı dolaştım, bir tane Fidel Castro heykeli yok!

dedi Zeki ağbi. Havana'daki heykellerin çoğu köleliğe son veren devrimin kahramanlarına ait eski heykeller. En çok Jose Marti heykeli var, Che ve devrim şehitleri için yapılmış anıt ve heykeller de var, ama Fidel heykeli yok.

Birer şarap söyledik, Fidel'in sıhhatine. Bizim sıhhat zor durumda, içki orucunun boku çıktı. Beslenme sıfıra çok yakın. Zeki ağbinin durumu kıyak. Onun, iki üç günde bir işi oluyor. Jülide'yle sürekli:

-Bugün Havana'nın neresini gezsek?

derdindeler. Ben her gün çalışıyorum.

-Bu tip filmlerde küçük bir rolün olucak, Küba'ya turist takılacaksın oğlum. Başrol çok boktan bi şeydir, her sabah ezanında sete çağırırlar adamı, sinek kaydı tıraşlı olarak. Sete sabahın körü sinek getirip suratta kaydıran çok yönetmen gördüm ben, ondan sonra yönetmenliği tercih ettim.

diyerek önemli bir öğüt veriyor bana Zeki ağbi.

Rasim ulaşıyor bara, elinde bir sürü ambalajlanmış resim. Sanat pazarındaki ressamların hepsini mutlu etmiş.

-N'oluyor, galeri mi açıcaksın?

-Çok güzel resimler ağbi ve çok ucuz.

-Tamam da, senin oda dörtten fazla duvarlı mı? Nereye asıcaksın?

-Bilmiyorum. Yarın gidip on tane daha alıcam. Mimlediğim resimler var!
diyor Rasim. Zeki ağbi:

-Kesin resim galerisi açacak bu herif!
diye onunla dalga geçerken, Rasim:

-Ağbi aslında hiç fena iş değil, beraber açalım mı, ikimiz de Kadıköy'de oturuyoruz.
diye bulaşıyor, her işe balıklama dalma sevgisiyle donanmış Zeki ağbiye.

-Evet lan. Niye açmıyoruz?
diye hemen ortak oluyor işe Zeki ağbi. Galerinin adını ne koyalım, muhabbetine geçiyorlar.

Hava raporundan sonra kapanıyor Küba televizyonu. Don Kişot okumak üzere odama yöneliyorum. Bozuk olmayan asansör önünde sıvazlama beklentisine geçiyorum. Resepsiyonda hayatımın kadını Deborrah beliriyor, asansöre doğru yürürken hemen o tarafa dönüyor adımlarım ayağımda olmayan nedenlerle.

-N'oldu bizim Don Kişot balesi yerleri?

-Tamam.

-Birlikte gidiyoruz değil mi?

-Evet.

-Seni seviyorum Deborrah.

-Ben de seni.

Deborrah'lı, çok terbiyesiz bir düş görmek üzere hızla çıkıyorum odaya.

Çikolata rengi boyalıyım. Devlet konukevinin uçsuz bucaksız salonundayız. Hilario ile karşılıklı tek sahnemiz. Uzun bir ispanyolca tiradım var. Tek planda çekilecek. Ezberim tamam, biliyorum. Fakat bilmediğin bir dildeki ezber ne derece tamam olabilir? Aradan bir kelime unuttun mu, öyle kalakalıyorsun. Aslında söylediğim sözlerin anlamını biliyorum, onlarda takılmıyorum, ismimi de söylemem gerek bu tiradın içinde, onu beceremiyorum! İsmim çok uzun, oniki kadar ön ve göbek adım var. Aradan Pablo'yu bir unutuyorum, takılıyorum. Neydi benim Gonzalo'dan sonraki göbek adım? Bir kaç kez prova yapıyoruz. Tamam, hazırım. Sanırım ismimi biliyorum. Fakat Veli hazır değil, ışık düzeltiyor, puro yakıp dolanmaya başlıyorum yüksek tavanlı salonda.

-Burda sigara içilmiyormuş ağbi, tavandaki resimler açısından!
diye fısıldıyor kulağıma Yüksel.

-Biliyorum Yüksel. Benden başka kimse içmezse pek bir şey olmaz resimlere. Sen içme örneğin ve bana bir küllük bul!
diyorum, puromu söndürmeyerek.Yüksel devrimci bir aşkla küllük görevine yöneliyor.

İçinde bulunduğumuz küçük saray 1929'da

yapılmış. Leonardo Morales isimli mimarın eseri. Yaptıran, buradan dünyaya puro satan amerikan vatandaşı Marc Pollack. O dönemin Havana'sı muhteşem bir eğlence yeri, Amerika'nın arka bahçesi. Kumarhaneleri, batakhaneleri, meyhaneleri, mafyası meşhur. Daha ortada aids falan yok, olsan olsan bel soğukluğu. O da böyle bir iklimde ferahlatıcı sayılır; belin serin başın dinç! O sıralar burada iş yapan amerikan vatandaşlarının da Havana'ya egemen mafyayla en azından dirsek teması olmak zorunda. Mafia ile ortak Machado'nun kanlı vahşet dolu askeri diktatörlük dönemi... Burdan durup dururken puro sattırtmazlar elin amerikan vatandaşına! Ya işin içindedir ya da bu işten belirli bir avanta alır mafya. Bu saraycıkı yaptırmış ve burada yaşamış olan bay Pollack, soyisminden giderek sızma zeytinyağı yöntemiyle düşünürsek, polonyalı olabilir. Büyük olasılıkla da musevi. Hitler tufasından sonra vın Amerika! Kimbilir ne sefalar sürdü o adam buralarda... Devrimden sonra saraycık kısa bir süre Brezilya büyükelçiliği olmuş, daha sonra devlet konukevine dönüştürülmüş. Pollack'ın Miami'de oturan torunları, yeniden buraya kavuşmak için Küba'daki düzenin son bulmasını sabırsızlıkla bekliyorlarmış. Daha çok beklersiniz ciğerim, bir gün Fidel ölünce kimse size, buyrun sarayınıza, demeyecek. Siz de torunlarınıza; bizim Havana'da çok güzel bir sarayımız var, diye masallar anlatmayın. Bizlerin de dedelerinin, Mısır'da ne konakları varmış her yer osmanlıyken ve fakat bildiğim kadarıyla Mısır'dan miras edinen hiçbir türk olmadı! Bunlar masal olarak güzel öyküler işte. Padişah orayı dedemin dedesine vermişmiş! Tamam da ortada padişah yok, onun arap harfli tapusu hiçbir şey ifade etmiyor, Mısır kendi bağımsızlığına ulaşmış, buralar mısırlıların denilmiş. Bizimki gayet mısırsız bir emperyalist hikâyesi. Artık Mısır mısırlıların, Küba kübalıların. Herkes kendi çöplüğüne, **go home!**

-Hazır!

diyor Veli, tamamen unutmuş durumdayım çok uzun ismimi.

-Neydi benim bütün ismimlerim?

Hilario'nun amorsundan çekilen bir plan, onun ensesi görünüyor, ama gerek provada, gerek çekimde bana suratıyla, gözüyle muhteşem bir oyun ve moral veriyor. Kusursuz ve alçakgönüllü bir profesyonel. İlk çekimde hiç teklemeden oynuyorum.

-Bravo!

diyor Tayfun. Hilario elimi sıkıp kutluyor. Veli yeniden çekilmesini istiyor. Şaryo hareketinde bi şey olmuşmuş. Ayrıca ışıkta da sorun varmış, bumun gölgesi giriyormuş. Işık ekleme çalışmaları başlıyor.

-Niye giriyorsun lan sen bumun gölgesi?

diye bozuluyorum Okan'a.

-Ben girmiyorum ağbi, bumun gölgesi!
diyor, sanki bumu başka biri tutuyormuş gibi. Puromu ateşleyip dolanmayı sürdürüyorum bay Pollack'ın kimbilir ne özel purolar tüttürdüğü artık sigara içilmez salonda.

Miras bekler torunları olduğuna göre bir evliliği var. Belki de karısından kaçıp geldiği zula bir eviydi burası onun.

-Ben Havana'da puro işlerine bir bakıp geliim **darling**!
diyerek karısına, vın Havana'ya geliyor, zaten Polonya'dan Amerika'ya gelişte vın turizme yatkınlık kazanmış Pollack bey amca. Sarayın güzel bir fuhuş yuvası olarak, büyük bir zevkle ve ciddi para harcanarak gerçekleştirildiği somut olarak gözümleniyor. 1930'ların Havana'sında hafif şehir dışında, pek gelişmemiş olan Cubanacan semtinde, yüksek taş duvarlarla çevrili küçük bir ormanın içinde zula bir yer. Ayrıca, madem Amerika'da evin, karın, çoluğun çocuğun var, niçin buraya her mermeri dünyanın başka bir ucundan, binbir zahmetle getirilen bir saray yaptırıyorsun? Demek ki lüzumsuz bir para da var ortalıkta. Mimar Morales de iyi para götürmüştür bu işten.

-Afrika'da bir pembe mermer var Mister Pollack, ondan getirtmemiz şart!

-Getirtiriz Morales, sen bozma moralini!
Morales ibne olabilir mi? Olabilir. Çünkü avluyu çev-

releyen onaltı sütun için, onaltı ayrı yerden mermer getirtiyor. Söz konusu mermerlerin uzun bir deniz yolculuğu sonucu buraya ulaştığı da göz önünde bulundurulunca, böyle bir kaprisi yapsa yapsa bir ibne yapabilir, diye düşünüyor insan. Pollack bey amca da acayip;

-Siktir ulan ibne, hepsi aynı mermerden olsa n'olur?

demiyor ve o mermerleri getirttiriyor. Demek ki bay Pollack'da para bok gibi. Puro işi dışında da işleri var belki. Belki de amerikan casusu. Herhalde bir şükran duygusunun sonucu, Amerika'nın kendilerini Hitler'den kurtardığına inanan museviler amerikalılardan daha amerikancı, daha ülkücü. Machado'nun kanlı diktatörlük zamanı oldukça karışık bir Batista öncesi dönem; komünist parti kurulmuş, öğrenci olayları, grevler, derken bir darbeyle düşüyor diktatör, kısa bir özgürlük hükümetinden sonra, başka bir darbeyle Batista geçiyor başa. Bay Pollack'ın yaşadığı zaman dilimi karmakarışık darbeler yılları Küba'da, dolayısıyla kendisinin bir CIA ajanı olması da çok zayıf bir olasılık değil.

-Hazır!

diyor Veli. Ne hazırı be? Tam çözmek üzereyiz bu sarayın sırrını. İyi tamam hazırız, peki.

-Neydi benim ismimlerler? İsimlerim arasında Morales yok değil mi?

-Yok ağbi.

-Niye olsun benim öyle Morales bir halim mi var?

diyorum, kimse bir şey anlamıyor elbette. Gülenler de oluyor, neden bilmem?

Bir kaç tekrardan sonra tamam oluyor o plan. O tiradı atlattığımdan çok, Hilario'yu tanıdığıma seviniyorum. Çay molasında, sarayın bahçesinde birlikte oturuyoruz, hemen dost oluyoruz. Onun ingilizcesi, benim ispanyolcam kadar, benim ingilizce gayet ingildek, pek bir şey konuşamıyoruz. Bu dostluğumuza engel olmuyor. Birbirimize elektronik posta adreslerimizi veriyoruz. Nece yazışacaksak?

Sarayın ikinci katının terasını çevreleyen korkuluklarda ve ikinci bir terasta mazgallar olduğu dikkatimi çekiyor. Oralardan korunaklı biçimde ateş edilebilmesi için düşünmüş bunları ibne olduğu kesin mimar Morales. Bay Pollack'ın burada küçük bir koruma timi de vardı herhalde, o karışık günlerde. Kendisi CIA ajanı değilse bile karanlık bir işin ya da bizzat mafyanın içinde olduğu kesin, yoksa hiçbir musevi alıp sattığı purodan kazandığıyla, ibne mimarın muayyen günler stresi yüzünden afrikadan mermer getirtmez.

Setten otele geldim. Otelin kapısından içeri girmeye uğraşan İnyo'nun kucağında iki büyük malzeme sandığı var, dayanmış kapının önüne, sandıkların ardında kaybolmuş, çenesi üstteki sandığa dayalı, sadece kafası görünüyor, kaşıyla gözüyle kapıcı amigoya kapıyı işaret ederek:

-Open the close!

dedi. Kapıcı kapıyı açtı, İnyo ingilizce teşekkür etti. İngilizce konusunu da kendine göre çözmüş bulunduğunu düşünerek sırıttı. Aslında herşeyi çok güçlü beden diline borçlu. Elinde iki kasayla kapıya dayanıp kapıcıya o kaş göz işaretlerini ettikten sonra, adamın kapıyı açmaktan başka bir şey düşünmesi söz konusu değil. Üstelik amigo kapıcı zaten, işi kapıyı açmak. İnyo'nun ingilizcenin sınırlarını zorlayan cümlesinin hiçbir işlevi yok, kapının açılışında. Ayrıca kapıcı amigo ingilizce biliyor mu bakalım? Hepimiz ispanyolca girişçıkışıyoruz onunla. Muhabbetimiz sabahları;

-Buenos dias!

geceleri;

-Buenos noches!

kıvamında. Göğsünde yazmadığı için adı bilinmiyor, onun adı kapıcı amigo.

Kapı açılınca derdini ingilizce anlatmış olmanın gururuyla dalıyor otele İnyo. Özünde çok da yanlış değil, ingilizceye yeni ufuklar açacak cümlesi; kapalıyı aç!

Lobi acayip soğuk, delicesine çalışıyor soğutucular. Klima nezlesinden devrim şehidi olacağız bu Küba'da. Resepsiyonda fransızca anlayıp ispanyolca yanıt veren Maria var. İspanyolca iyi akşamlarlaştık. Çantamı bırakmak üzere beşinci kattaki odama çıktım. Odayı açacak kart anahtarı daha deliğine sokamadan, hamlemle açılıverdi kapı. Açıkmış yani. Temizlikçi kadın açık unutmuştur diye düşünerek girdim içeri, kapattım kapıyı, kapanmıyor! Kilit dili yuvasına girer girmez hızla geri çıkıyor. Kilidin dili ile yuvası arasında cinsel bir uyumsuzluk söz konusu. Gidip elbise dolabındaki şifreli kasayı açtım, pasaportum, kredi kartlarım yerinde. Çekmeceleri kurcaladım, kaybolan bir şeyim yok. Üstüme bir kazak giyindim. Kapıyı açık bırakarak yemeğe indim. Resepsiyonda sıkıntıyla dikilen, fransızca anlayıp ispanyolca cevap veren Maria'ya, odamın kapısının kapanmadığını anlattım, önce anlamadı, sonra algıladı. İlgileneceğini söyledi.

-Ben yemeğe geçiyorum Maria, kapımın sorununu halledin ya da başka bir kattan açılan ve kapanan bir kapı sökün, 503'ün kapısına takın, beşinci kattaki odamın 213 numaralı olmasının ne benim için, ne otel için ne de kapı için bir sorun olacağını sanmıyorum. Ben odamın beşinci katta olduğunu biliyorum, resepsiyon 213'e 503 muamelesi yapabilir, 213'ün kapısı da birden üç kat yükselmenin haklı ve gururlu sevincini yaşar!

Kafasını epey bulandıran bu öneriyi tuhaf bir sessizlikle karşıladı Maria, bir köşede dikilmekte olan Rolando'yu çağırdı, ona bir şeyler söyledi, Rolando söylenerek, başını sallayarak asansöre yöneldi, ben lokantaya. Fethi, Rasim ve Asuman'lı masaya oturdum. Neredeyse boyundan büyük bir puroyu içmekte olan Fethi, Ricardo'nun purolarımızı getirdiğini bildirdi gururla:

-Purolarınız benim odada, istediğiniz zaman getirebilirim.

-Teşekkür ederim, çıkarken alırım. Odam tekin değil, kapısı kapanmıyor.

-Açılmıyordu, şimdi kapanmıyor mu?

dedi Asuman, mesaj çalışmalarını sürdürdüğü cep telefonundan başını kaldırmadan.

-Açılmayan eski odam. Bu yenisi kapanmıyor. Kapanmadığı için açılıp açılmama gibi bir sorunu yok. Soruyu laf olsun diye sorduğu için yanıtı da dinlemedi, cep telefonuna gelen mesajı okuyarak gülümsedi, yanıt yazmaya koyuldu.

Margarita ılıman çorba ve piliç getirdi. Rasim bugün gene değişik tablolar almış, çok mutlu. Resim galerisi konusunu ciddiye aldı galiba. Fethi'ye zorla bir sürü tablo aldırmış.

-Sen niye o kadar çok aldın?

diye soruyorum.

-Rasim ağbi istedi!

diyor.

-Türkiye'de hepsini satın alıcam ondan. Galerinin kimi nakliye işlerini Fethi'ye yaptırıyorum.

diye sırıtıyor Rasim.

-Kim? Hiçbirini satmam valla. Ben de galeri açmayı düşünüyorum.

diye boyundan büyük purosundan fırt alıyor Fethi, puronun ucundan tüten dumanın oluşturduğu halkaların içinden üflüyor ağzındaki dumanı. İnsanı imrendirerek içiyor puroyu;

-Biz burda puro içiyoruz kardeşim!

dercesine.

-Bu oklava boyut purolardan da geldi bana, değil mi?

diye soruyorum Fethi'ye.

-Tabii ağbi, odamda, hemen takdim edebilirim.

-Birlikte çıkalım, ben de ordan odama çıkarım.

diye kalkıyorum tatsız tutsuz yemeği yarım bırakıp. Rasim ve Asuman'a iyi geceler diliyoruz. Asuman başını cep telefonundaki mesaj çalışmasından kaldırmadan, iyi geceler diliyor Fethi'yle bana, ve bizle kalkıp gittiğini zannettiği, yanında oturan Rasim'e. Fethi'nin üçüncü kattaki odasına uğrayıp üç kutu puromu aldım, beşinci kata çıktım. Odamın önüne geldiğimde, kapımın kilitlenmiş olduğunu gördüm, soktum anahtarı, açmıyor! Resepsiyona indim elimde üç kutu puroyla. Maria yeni anahtar yaptı, asansör başına geldim, bir iki sıvazladım, hiç oralı değil. Alışılmıştan uzun süre beklenti sonucu Rolando'ya haber verildi, o gelip asansör düğmesini bir iki sıvazladıktan sonra küfür olduğunu sandığım bir şeyler söylendi, telsizle başka birini aradı. Bana, ikinci asansörün de bozulduğunu, bir süre beklemem gerektiğini anlattı. Bara geçip bir kahve söyledim, elimde üç kutu puro. Kutulardan birini açıp upuzun puroyu yaktım. Dışardan gelip asansör deneyenler bozuk olduğunu öğrenince bara yöneldiler, barda birikmeye başladık. Sıkılanlar ufak ufak merdivenden çıktılar. İkinci katta kalan var, üçüncü katta kalan var, ben hıyar gibi beşinci kattayım. Bir süre kerizce asansör onarımını bekledikten sonra, otelimizde bozulan hiçbir şeyin onarılmadığını düşünerek, ağır ağır merdivenlerden çıkmaya karar verdim. Ancak yeni verilen anahtar da kapıyı açmazsa ne yapacağım? Yeniden geri inilecek. İnmesi bir şey değil, yeniden beş kat çıkılacak. Gayet sinir dingildetici bir durum. Barda otursam içkiye başlayacağım, hiç niyetli değilim, gidip yatmak istiyorum. Bir süre lobide dolandım, sonunda çaresiz yazıldım merdivenlere elimde üç kutu puro, yavaş yavaş çıktım beş katı, kapıma ulaştım, umutsuzca soktum anahtarı yatay deliğine, tabii ki açmıyor! Hassiktir! Niye açsın zaten? Yeniden aşağı inmek çok saçma olacak. Kat koridorunun ucundaki çatı lokantadan sesler geliyor. Oraya girdim bir puro satıcısı gibi elimde bir açık iki kapalı kutu puroyla, birileri yemek yiyor. Barda Helena var. Ona durumu anlattım, resepsiyonu aramasını rica ettim. Aradı.

-Şimdi geliyor birisi.

dedi. O birisinin gelmeyişi yirmi dakika sürdü. Anlamsızca dolandım kapımın önünde, purolarımı gezdirdim koridorda.Tekrar bara gittim, kimsenin gelmediğini belirttim. Helena bir kez daha resepsiyonu aradı. Neden sonra, zaman zaman otel girişinde koyu gri takım elbiseyle gezinen, kulağında telsiz alıcısı bulunan, polis olduğu söylenen, koyu çikolata renkli amigo geldi, yeni bir anahtar uzattı. Hayret o anahtar kapıyı açtı. İki saatlik bir çaba sonucu odama girebildim. Yarın hiç mi çıkmasam acaba odadan, girmek bayağı sorun oluyor.

Devlet konukevi / İç-Gece

Devlet konukevinin ikinci katında, yüksek tavanlı, bir duvarı buzlu camlı pencere, üç duvarı kitaplık kocaman bir çalışma odasındayız. Bir büyük, bir küçük iki ayrı çalışma masası, dört kişilik bir oturma bölümü. Kitaplığı dolduran eserler Fidel'in ve Jose Marti'nin değişik dillere çevrilmiş kitapları, Küba'yla ilgili kitaplar. Ziyareti sırasında burası Arafat'a çalışma odası olarak verilmiş.

Okey oynadığımız sahne çekilecek, Carlos'un makamına dönüştürülmüş bu çalışma odasında. Zeki ağbi, Rasim, Necmi, esnemekteyiz. Saat gecenin sıfırikisi, hepimiz yorgunuz, ancak bu çekim bu gece bitmek zorunda. Sabahtan önce çıkmak zorundaymışız konukevinden, iznimiz o kadarmış. Yarından sonra burada kalacak önemli konukları varmış Fidel'in. Hüseyin işin ağır ilerlemesine sinirleniyor. Her an kronometre çalışıyor. Kübalılar çoktan ek yevmiyeye geçtiler. Çünkü sendika sekiz saatin üstündeki çalışmaya ek yevmiye istiyor. Türkiye'de konu, set işçilerine;

-Dayanın arkadaşlar! Bitiriyoruz! Ha gayret!

deme yöntemiyle yürüdüğü için, evdeki hesap Küba'nın çarşısına dar geliyor, bütçe şiştikçe şişiyor. Hüseyin sette kimsenin moralini bozmadan, herkese çok nazik davranarak, hafif sinirli gülmeler içinde, işi hızlandırma derdiyle:

-Hadi ağbicim! Çok güzel oluyor filmimiz ağbicim! Herkese teşekkür ederim!

gibi laflar ederek, hızlı hızlı ve gerektiğinden fazla dolanıyor setin ortasında.

-Sizi ordan alabilir miyiz Hüseyin bey! Şu an görüntüdesiniz!

diye uyarıyor onu Veli.

Bugün set saati ondört olarak ilan edilmişti, çünkü dün gece sıfırüçte bitti iş. Kübalıların onbir saat kuralı var. Kübalı teknik ekip iş bittikten onbir saat sonra çalışmaya başlıyor. Sette iş bitince evine gidecek, yemek yiyecek, kitap okuyacak, yatıp kalkacak, kahvaltı edecek, sete gelecek. Bu süreyi onbir saat olarak belirlemiş sendika. Hep buna göre, ama tam saatinde geliyor teknisyen amigolar, hiçbir zaman geç kalmıyorlar. Onlar gelmeden set kurulamıyor. Ancak set öncesi hazırlıklar, kamera yeri, açılar, makyaj gibi işlerden ötürü bizim iki saat erken gitmemiz öngörüldü. Geldik buraya öğlende, konukevinin dış kapısı kilitli. Onu açmakla görevli amigo da dün gece sıfırüçte gitti, elbette ondörtte gelecek, keriz gibi geri döndük otele, saatin ondört olmasını bekledik. Filmin geri plandaki ismi: Şans Kapıda Kapı Duvar!

Büyükelçimize telefon edip İbrahim Ferrer'e

gitmek için gün ve saat veremeyeceğimizi belirttim, üzülerek. Çünkü iş planı tamamen karıştı. Kimin hangi gün, kaç saat boş vakti var, gibi bir plan yok önümüzde artık. Her an, herkes sete çağırılabilir, yağmura göre, rüzgâra göre, işin gidişatına göre... Ferrer'le de görüşmek kısmet olmuyor.

Ekip oldukça yorgun ve hastalık çok moda. Sesci Hasan, İlkay hanım, Aziz hasta olarak otelde yatıyorlar. Sette bütün boşlukları İnyo dolduruyor. Klaketi veriyor, bumu tutuyor, ışık düzeltiyor, sanki devamlılıktan sorumluymuş gibi, parmaklarımdaki yüzüklerin doğru olup olmadığını kontrol ediyor:

-Bu yüzük bu parmakta mıydı ağbi?

-Siktir git İnyo!

Bu herifin hemen herşeyi öğrenerek hızlıca sınıf atlama, hatta zıplama telâşı, giderek sinir matkaplayıcı olmaya başladı.

Yedi kez çekildi bir plan, sekizinci tekrardan önce hasır şapkasını geceleri de çıkarmayan kameraman Veli, yeniden ışık düzeltmeye koyuldu.

-Daha önceki yedi çekimde ışık kötü müydü Veli?

-Hayır ağbi.

-E sen, neyi düzeltiyorsun şimdi?

-Beni bıraksanız sabaha kadar ışık yaparım ağbi!

-O durumda çekimler ne zaman yapılacak Veli?

O plan bitiyor, karşı açı için kamera yeri ve ışık değişiyor, puroyu puroya ekliyoruz. Kitaplıktan Jose Marti'nin şiirlerinin fransızcasını aldım, karıştırıyorum. Türkçeye çevirisi zor, fransız dilinde gürül gürül akan şiir. Bu fransızcanın şairin ana diline çok yakın olmasından kaynaklanıyor.

" Acıyla sunuyorum seçimine şu iki belirtiyi
Bak bunlara! Seç birini!
Bir boyunduruk birincisi
Başı eğik ve uysal bir öküz eder taşıyanı
Bir zenginin emrindedir sıcak samanda yatar
Ömür boyu eksik olmaz yulafı
İkincisi parlayandır öldürendir bir yıldızdır
Işık saçar ve balıkçılar kaçar
Işık saçan yalnız yaşar... "

-Ağbicim bırakalım kitap okumayı falan, çekelim gidelim şu sahneyi!

diyerek gereksizce bana bulaşıyor gözü saatte Hüseyin.

-Işık bekliyoruz Hüseyin!

-Işık hazır değil mi Veli bey?

diye beni rahat bırakıp kameramana yöneliyor. Kullandığımız jeneratörün yakıtının bittiği, yakıt beklendiği anlaşılıyor. Hüseyin küplere binecek, çevrede küp yok! Bu gibi elektrikli ortamların uzman dağıtıcısı Güner, gülümseyerek plastik bardaklar içinde birer

cuba libre sunuyor ekibe. İçkisinden bir yudum alınca sakinleşiyor Kübalog, ikinci yudumdan sonra en mülayim haline ulaşıp yanıma geliyor:

-Ben size bir şey demek istemedim ağbicim, yanlış anlamayın... Hatalı bir davranışım olduysa özür dilerim... Gerekirse sabaha kadar sürsün çekim. Olmazsa bir hafta daha kalırız Havana'da. Ben filmimizin çok iyi olmasını istiyorum. Söylemek istediğim bundan ibaret.

-Anlıyorum Hüseyin. *"Bir şeyi söylemenin en iyi biçimi, onu yapmaktır "* demiş Jose Marti. diyerek kapatıyorum büyük şairin divanını.

Noel akşamüstüsü. Noel'in başka ülkelerdeki gibi tantanalı bir kutlanışı, asal bir önemi yok burada. Lokantanın cam kapısına beyaz fıs boyayla, gelişigüzel biçimde **"Bienvenudo 2004"** yazılmış, yeni yıla hoşgeldin, deniliyor. Ayrıca ışıklı çam, Noel baba, çan, haç gibi takıntılar yok. Kimse kiliseye gidip mum yakma telâşında değil. Sadece tatil. Kimse kimseye:

-Neşeli Noeller!

demiyor. Sabahtan beri, hangi kübalıyı bu biçimde kutladıysak, çok garipsedi.

-Sizde Noel var mı?

diye sordular şaşkınlıkla. Olmadığını belirtince:

-İyi tatiller!

dediler.

Lobide bir masada Güvercin ve yenge senyorita oturuyor. İnyo resepsiyonla bar arasında telâşla gidip geliyor, **La Paloma**'ların masasına oturuyor, saatine bakıyor, odasına çıkıyor, geri geliyor, resepsiyonun önünde dikiliyor. Okyanus tarafındaki son masada oturuyorum, bir Noel şarabı açtırmış olarak Havana'da gün batışına karşı. Bar görevlisi Helena televizyondaki filmi izliyor. Lobi bomboş. Kübalı teknisyenler bu akşamdan başlayan tatilleri dolayısıyla işin erken kesilmesini istediler, vakitlice denildi paydos, yarın tatil. Ekip küçük hücreler halinde Havana'ya dağıldı. Sadece İlkay hanım odasında, tesbit edilemeyen hastalığının nekahat dönemini geçiriyor. Az önce ziyaret ettim, başında doktor var.

-Nesi var?

diye sordum ispanyolca.

-Hiçbir şeyi yok!

dedi doktor amigo.

-Bakın doktor bir şeyi yok, diyor.

dediğimde;

-Bir şey yok olur mu? Ölüyorum ayol!

diye şarladı İlkay hanım.

Batamadan kül rengi bulutların arkasında kayboluyor güneş. Akşam çöküyor, deli dalgalar birbiriyle yarışıyor kıyıya ulaşmak için. Kimisi arkadan hızla gelip önündeki dalgayla sarmaş dolaş olarak, kabararak, köpürerek vuruyor sahile. Güvercin kızın elini sıkı sıkı tutmuş, pek bir şey konuştukları yok, bizimki arasıra yanağına bir öpücük konduruyor senyoritasının. Uzun uzun ve gülümseyerek bakıyorlar birbirlerine. İki güvercinin gaga sürtüşmesi gibi, burnunu kızın burnuna sürtüyor bizimki. İnyonunki senyorita giriyor otel kapısından, el sıkışıp öpüşüyorlar. Konuşma yerine sırıtma var. İnyo onu kolundan tutup **La Paloma** çiftinin bulunduğu masaya götürüyor. Tanıştırıyor, oturuyorlar. Kübalı kızlar kendi aralarında ispanyolca konuşurlarken, Güvercin'le İnyo renkli türkçe şakalaşıyorlar. Uzun sessizlikler oluyor masada. Suskunlukları bakışıp gülüşmeler izliyor. İnyo ingilizceyi zorlarken, hiç ingilizce bilmeyen İnyonunki sırıtıyor.

Aslında kızların bu otele girmesi yasak. Noel tatili münasebetiyle bir sakinlik, özgün bir laçkalık var zaten otelde, bu durum Güvercin'e duyulan sempatiyle beslenerek hoşgörüye dönüşmüş. Kübalı iki kız girmeleri yasak otelin lobisinde içki içiyorlar bizimkilerle. Hayatımın kadını patroniçe Deborrah'ın da otelde olmaması bu hoşgörüye yardımcı olmuş olmalı. Resepsiyonda aşkım Marilin var, o da birazdan gidecek, başka birine devredecekmiş nöbeti. Bir akşam benimle yemeğe çıkacağına söz vermişti, bu akşamı önerdim, gene yan çizdi, ama gitmeden yanıma uğrayıp biraz sohbet edebileceğini söyledi. Belki de hayır demeyi, saygısızlık olarak kabul ediyorlar. Olumlu kikirdemelerle geçiştiriyorlar işi. Bir süre sonra olay olumlu gelişmediğinde anlıyorsunuz gerçek yanıtın hayır olduğunu. Kimi toplumlarda var böyle bir gelenek. Japonlarda var örneğin hayır yerine, saygıdan evet kullanımı. Belki de ada halkına ataları kızılderililerden miras bir görenek... Korkarım Marilin bana, benim ona olduğum kadar âşık değil.

Güvercin ve İnyo ellerindeki sözlükleri deli gibi dolanarak kimi kelimeler bulup gösteriyorlar kızlara, kızlar gülüyor, bizimkiler de gülüyorlar. Sonunda bir biçimde anlaşıp birlikte kalkıyorlar, çıkıp gidiyorlar

Havana'nın Noel gecesine doğru.

Marilin üniformasını çıkarmış, beyaz önden düğmeli bir bluz, krem rengi bir eteklik giymiş gelip oturuyor karşıma. Bir şey içmek istemiyor. Masama oturmaktan da tedirgin, ona pis bakan bardaki Helena'yı kesiyor. Sanırım otel çalışanlarının müşteriyle lobide bir masada oturması da yasak, bu yüzden tedirgin biraz, yarım kıç oturuyor koltukta. O da bir yasak deliyor bu akşam. Boynundaki gümüş zincirin ucunda bir haç var.

-Dindar mısın sen?

diye soruyorum.

-Hayır, anneannemden kalma bir haç bu, bana uğur getirdiğine inanıyorum.

diye yanıtlıyor gülerek. Annesi ve erkek kardeşi Miami'ye kaçmış, babası, kız kardeşi ve anneannesiyle o burada kalmış.

-Sen de gitmek ister miydin Miami'ye?

deyince, bir an duralayıp;

-Bilmiyorum.

diyor. İktisat okumuş, sonra fransızca okumuş. Otelden önce çalıştığı işlerde çok az para alıyormuş, burada bahşişler de olduğu için eline daha çok para geçiyormuş.

Küba'da çok güzel ve iyi döşenmiş evler, köşkler gördüğümü, oralarda kimlerin yaşadığını soruyorum. Devrim sırasında kimi varlıklılar Fidel'i desteklemişler ve kaçmamışlar. Fidel'e işimize ve varlığımıza dokunmazsan burada kalırız, yoksa alır paramızı gideriz demişler devrimden sonra. Fidel onların varlıklarına dokunmamış, işlerini sürdürüyor ve devlete yüklü vergi ödüyorlarmış. Ayrıca Küba'ya mal getiren yabancı firmaların temsilcileri de çok güzel villalarda, köşklerde yaşıyorlarmış.

Fidel'den sonrasını soruyorum.

-N'olacağını çok iyi kestiremiyorum, ama düzenin değişmeyeceğini biliyorum.

Fidel'in arkasında, devrimi savunacak güçlü bir takım olduğunu söylüyor. Ayrıca kübalının Amerika'ya kafa tutan bağımsızlıktan gurur duyduğunu, bu konumdan kolay kolay vazgeçmeyeceğini, çözümü amerikanlaşmakta aramayacağını dile getiriyor. Taksi şoförlerinin faturasız para aldıklarını, sokakta bir sürü adamın kaçak puro sattığını, pazarda kimi tiplerin bir dolar dilendiğini anlatıyorum.

-Turizmden sonra oldu. Bunları sadece turistlere yapabilirler. Turizme açılmadan önce böyle şeyler yoktu. Ama Küba, ülkemize önemli para getiren turizmden geri dönemez.

diyor. Şu an içinde bulundukları genel sıkıntıyı da:

-Periodo especial!

diye özetliyor Marilin. Özel bir dönem!

-Ne zamandan beri sürüyor bu özel dönem?

-Babamın dediğine göre, devrimden beri. Kırkbeş yıldır yani.

35 / EL YAZISINDAKİ CİNSELLİK

Havana şehir merkezi / Dış-Gün

Otel / İç-Gün

Havana'da alışveriş oldukça zor. Dükkana girdiğinizde pek yüzünüze bakan olmuyor. Sizin de bir yüzgörümlüğü şansınız yok, uzun süre ilgi ve şefkat bekliyorsunuz.

-Şu tişortun bir numara büyüğü var mı?

Boş bakıyor kadın. Kısa bir süre sonra olumsuz baş sallıyor.

-Bunun geniş bedeni var mı?

Baş sallamalar hep olumsuz. Kiminin orta boyu yok, kimisinin küçük boyu yok. Bu onları hiç ilgilendirmiyor, satmak gibi bir istekleri yok. Dükkan devletin, onlar devlet memuru. Tişortlar bunlar, ister al ister alma.

-Bir de şuna bakabilir miyim? Şu vitrindekini çıkarabilir misiniz!

gibi istekleri hiç hoş karşılamıyorlar. Alasını geçiriyorlar insanın. Bezerek hiçbir şey almadan çıktık tişortçudan Zeki ağbi, Jülide, Rasim ve ben.

Sanat pazarının karşısındaki teras bara oturduk, yemek söyledik. Havana'da zorunlu tatil günümüz. Kübalılar Noel'in ertesi günü çalışmıyorlar. Zeki ağbi ve Jülide bu akşam uçağıyla yolcular. Biz beş gün daha buradayız. Biraz sonra ordan geçen Neriman ve Besey gelip oturdular, az sonra Fethi damladı, masamız büyüdü. Çikolata renkli bir müzik grubu çalıyor, söylüyor teras barda. Yemekte konu gene, karaborsadan aldığı iki kutu puroyu faturasız olduğu için gümrükten geçiremeyeceği endişesini bir haftadır yaşayan Zeki ağbinin sorunsalına odaklandı.

-Faturasız çok zor ağbi! Bizimkilerin hepsi faturalı.

diye babalıyor onu Rasim.

-Bana niye fatura vermedi eşşolueşşek?

diye sızlanıyor.

-Biz o eşşolueşşekten almadık ağbi!

diyorum, giderek dertleniyor Zeki ağbi:

-Ben o eşşolueşşeği nerden buldum? Hayır, kendim içsem gam yemiyicem. Ben hiç içmem ki, ona buna hediye ederim diye aldım.. Niye alıyorum? Ne salağım!

Sonra yeni bir şişe şarap söyleyerek dağıtıyor kasvetini:

-Amaan... Alt tarafı alırlar puroları gümrükte, hapse atacak değiller ya!

-Yoo, kaçakçılığa girer. Burda ağır suçmuş. Belki hapis olmaz ama, bir kaç gün tutuyorlarmış havaalanında! Kimden aldın? Nasıl bir adamdı? Nerde aldın? Kaça aldın? Görsen o adamı tanır mısın? Öyle uzun bir soruşturma yapıyorlarmış yani...

diye üstüne gidiyor Rasim. Zeki ağbi boş bakmaya başlıyor. Saatine göz atıyor, kaç saat sonra havalimanında olacağını hesaplıyor, uzaklara bakıyor. Hiç içmezken, birinin masadaki paketinden bir sigara alıp hızla yakıyor.

-Hayır, o kadar para verdik biz o purolara...
diye söyleniyor, ona fatura vermeyen eşşolueşek amigonun kulaklarını çınlatmayı sürdürüyor. Herkes şaşkınlıkla bakıyor ona, en şaşkın Jülide:

-Sen sigara içmezsin ki Zeki!

-Evet ya! Niye uyarmıyorsunuz? Manyak mısınız? Niye sigara içiriyorsunuz bana?
diye sinirle söndürüyor sigarayı:

-Versene şurdan bir puro!
diyor Jülide'ye.

Saçı belinde Ahmet uğruyor masamıza, bir tohumcu bulmuş, bir sürü tohum satın almış, gözünün içi gülüyor. İlk kez 13. Dev Adam Yavuz yok yanında. Gözümüz onu arıyor. Zeki ağbi sonunda, az önce pazarda kendisine:

-Puros?
diye yanaşan amigodan boş fatura vermesi şartıyla, bir kutu daha puro almaya karar verdi. Diğer kutuları da bu faturaya yazarak huzura erecek. Söz konusu çikolata renkli amigoyu beş metre arkadan takip ederek kayboldu ara sokaklarda. On dakika sonra yüzü gülerek, elinde bir kutu puro ve boş faturayla gelip

oturdu masaya. Derin bir oh çekti. Yeni bir şişe şarap söyledi masaya:

-Bu masanın hesabı benden arkadaşlar!

Kalabalık masa itiraz ettiyse de:

-Hayır kardeşim, ben ödeyeceğim. Birazdan gidiyorum, elimde bir sürü küba parası kaldı, nerde harcayabilirim ben bunları!

diyerek cebinden çıkardığı amerikan dolarlarını gösterdi. Faturanın nasıl doldurulacağı konusuna kısa bir süre taktıysa da, bende doldurulmuş bir fatura olduğunu onunkini de aynen doldurabileceğimi söyledim, huzura erdi, neşesi yerine geldi. Çalgıcıların söylediği şarkıya eşlik etmeye başladı.

Bu sırada yan sokaktan gelerek meydanı basan yedi tane küçük çocuk, ellerindeki teneke kutular, sopalar, zillerle sıkı bir salsa ritmi tutmaya koyuluyorlar. Bizim terasın çalgıcıları mecburen onların ahengine uymak zorunda kalıyorlar. Ortalığı birbirine katıyor fırlama çocuklar.

Elimde kaldı iki adet Don Kişot davetiyesi. Ben de onun derdindeyim. Bu akşama iki yerim var, gelmek isteyen yok. Tamamen Deborrah'ın yüzünden. Çünkü aslında birlikte gitmemiz planlanmıştı. Baleyi izlemek istediğim ona iletildiğinde, kaç kişilik yer istediğimi sormuştu.

-Yalnızım. Sen de gelmek istersen iki kişilik olsun!

demiştim. Fingirdemiş, gözlerime hoş bakmış;

-Olabilir!

demişti. Ben kaç gündür, bale çıkışından sonra hayatımın kadını Deborrah'la geçireceğim güzel gecenin düşünü kurmaktaydım, bugün kapımın altından bir not atılmış, fransızca. Deborrah imzalı. Bu akşam Don Kişot balesine iki kişilik yerim ayrılmış, tiyatronun girişinde "Chateau Miramar'dan gelen türk aktör" dememem yeterli olacakmış. Malesef kendisi gelemeyecekmiş! Yapma ya! Tamamen sevişgen duygular uyandırıyor insanda hayatımın kadını Deborrah'ın kıvrımlarında cinsellik vurgulayan el yazısı. Gelememesi çok saçma. Demek bu gece de gerçekleşemiyor giderek geciken kavuşmamız.

Yalnız gidecek değilim ya, diye düşünüp önce Rasim'e önerdim.

-Bale bana ağır gelebilir ağbi!

dedi. Necmi ve Fethi pek oralı olmadılar. İlkay hanım başından beri istiyordu fakat "vurgun yediği" günden beri odasından çıkmıyor, çok hasta! Sette üç tane dublörü var, Magalis, Sandi'nin karısı ve Besey. Genel planlarda İlkay hanımın elbisesini giyip peruğunu şapkasını takan amorstan kayınvalide oluyor. Kendisi filmi izleyince çok şaşıracak, bizzat bulunmadığı, ilk kez göreceği bir sürü sahnesi var. Asuman'a önerdim Don Kişot balesini, birilerine sözü varmış. Önüme gelene öneriyorum:

-Bu akşam Don Kişot balesine iki kişilik yerim var. Gelmek ister misin?

-No! Gracias!

İnyo'yu mu davet etsem acaba?

Fırlama çocuklar gürültüleriyle bir ara sokakta yitip giderken, biz de kalktık, iki taksiye atlayıp otele döndük. Odaya çıkıp buldum puro faturasını, lobiye indim, aynı biçimde doldurdum Zeki ağbinin boş faturasını. Bendekine benzer bir imza çaktım altına.

-İyi günlerde kullanın efendim!

diyerek uzattım Zeki ağbiye, çocuk gibi sevindi. Hüseyin onları havalimanına götürmek üzere hazır. Yol etmek için kapıya çıktık, öpüştük. Jülide arkaya bindi, Zeki ağbi öne binerken, bugün satın aldığı birbirinin üstüne takılmış sekiz adet hasır şapkayı, kostümcü Ebru'ya uzattı.

-Bunlar da film kostümleriyle birlikte gelsin İstanbul'a canım!

Hasır şapkalardan da kurtulmuş olarak keyifle bindi öne. Pencereden bize el sallamaya, komiklikler yapmaya başladı. Tam araba hareket ettiğinde:

-Sana düzenlediğim faturada damga yok, polise gösterirken o köşeyi baş parmağınla kapat!

dedim, birden sapsarı oldu neşeli yüzü, gülmesi suratında dondu kaldı, çıktı çerçeveden Kübalog Hüseyin'in kiralık arabası.

Grand Teatro / DışGece ~ İç-Gece

Hotel İngilterra / İç-Gece

Saat tam ondokuzda geldik taksiyle Gran Teatro'nun önüne. Taksi parasını ödemek için çantasını açtı.

-Saçmalama!

diyerek uzattım şoför amigoya onbeş doları. İndik. Girişte bekleyen yirmi kişiye yakın bir kalabalıkımsı var. Kapı henüz açılmamış. Gençten biri yanaştı bize;

-İt's full!

dedi.

-We have a reservation!

diye yanıtladım, sağ kaşımı hafif havaya kaldırıp öbürünü biraz aşağı indirerek. Herif dudak büktü. Dudak büküşü çok başarısız, üstelik dudağa benzemiyor ağzının alt üst çerçevesi. Hıh! Bizim iki kişilik rezervasyonumuz var, yok dudak salak. Ayrıca sana ne? Kapının ondokuz yirmide açılacağını belirtti. Kim bu tip? Niye bize hiç yer yok gibi bir bilgi veriyor? Karaborsacı mı, bu yok dudak salak? Küba'da karaborsa bilet olabilir mi? Bilet yok ki karaborsası olsun. Salak işte! Üstelik dudağı yok.

Yirmi dakika orada dikileceğimize, bitişikteki Hotel İngilterra'nın barına geçtik, birer **cuba libre** söyledik. Otelin barlı lokantası çok şık. Garsonlar, barmen, herkes smokinli. Dört bir yanda gümüş şamdanlarda mumlar yanıyor, genç bir piyanist barın karşısındaki kuyruklu piyanoda Çaykovski çalıyor. Hızla içtik içkilerimizi.

-Bir tane daha içer misin?

diye sordum, itiraz etmedi. Smokinli barmen boşları aldı, dolu bardaklar koydu önümüze.

Böyle bir otelde de kalabilirdik aslında, değil mi Hüseyin bey? Havana'ya bir daha gelirsem kesin burda kalırım. Miramar'dan Havana'ya gel git, otuz dolar. Taksi kullanmam, otele otuz dolar fazla veririm. Geçen gün lobisinde içki içtiğimiz Ernest Hemingway'in dört yıl kaldığı Ambos Mundos oteli de çok güzel.

Cep telefonuma mesaj geldi, Zeki ağbinin arkadaşı Jülide'den: "*Ağbi, faturanın naylon olduğu anlaşıldı. Senin ismini vermek zorunda kaldık. Zeki'yi götürdüler. Hüseyin yüzerek Miami'ye kaçtı. Bari beni kurtarın!* ". Mesajdan gümrükten başarıyla geçtikleri anlaşılıyor. Ben de cevaben; "*Korkmayın! Ben size hapiste bakarım. İçerde adamlarım var! Fidel.* " mesajını gönderdim.

Saat ondokuz yirmide yazıldık tiyatronun giriş kapısına, gene kapalı. Bekleyen sayısı biraz daha artmış. Ondokuz otuzda açıldı kapı. Girişin solundaki gişe kapalı, dipteki ikinci kapının ağzında yaşlı bir kadın duruyor. Kimi izleyici bir yeşil kart göstererek giriyor, kimisi hiçbir şey göstermeden, elini kolunu sallayarak, iyi akşamlar dileyerek giriyor, kimisi kadını başıyla selamlıyarak geçiyor. Sıra bize gelince Chateau Miramar Oteli'nden gelen aktör olduğumu, ispanyolca belirttim. Kadın bizi içeri alarak, kapının yanında beklememizi söyledi, fuayede dikilmiş çikolata renkli şişman bir kadına seslendi. Şişman kadın elindeki sigarasından bir duman çekip üfleyerek ağır ağır ona yanaştı. Yaşlı kadın yanına yanaşana bir şeyler anlattı. O sırada ben de puromu yaktım. Çikolata renkli şişman bize dönüp baktı, beklememizi söyledi ve sigaralı eliyle puromu göstererek, burada içilmez anlamında bir el işareti yaptı. Burada içilmiyorsa onun elindeki ne? Söndürdüm puroyu, anlamsızca birbirimize baktık. Bir iki dakika sonra kısa boylu, gözlüklü, karga kılıklı başka bir kadın geldi yanımıza ve onu izlememizi söyledi. Peşinden gidip kimi koridorlar ve merdivenler arşınladıktan sonra, ikinci katta müdüriyet gibi bir yere ulaştık. Kadın bizden adam başı on dolar istedi! Nasıl yani? Davetli değil miyiz? Değiliz demek ki. Verdim yirmi dolar. O bize bir davetiye ya da biletimsi bir şey, herhangi bir yer fişi vermedi. Yirmi doları bir çekmeceye ya da kasaya değil, doğrudan ceketinin sağ cebine koydu. Onu izlememizi söyledi, gene düştük peşine. Bizi salona aldı, ikinci kattaki yan localardan birine oturttu. Yirmi doları o ablanın iç ettiğini, ya da ablalar arasında kırışıldığını düşündüm.

Tiyatro binası 1837'de italyan mimar Antonio Meucci tarafından yapılmış. Kırmızı koltuklu, üç kat localı, balkonlu altıyüz kişilik güzel bir salon. Soğutucu şiddetli çalışıyor. Salon buz gibi, gösterinin başlamasına epey var. Müzisyenler orkestra çukurunda akort ve alıştırma yapıyorlar, nefesliler aletlerini ısıtıyorlar. Tiyatronun barını keşfetmeye karar verdik. Fuayeye indik, avlu barı hemen bulduk. Binanın ortasında bir avlu. Oldukça kalabalık. Gösterinin ilk gecesi. Ama ortada bir prömiyer şıklığı yok. En şık ikimiziz. Herkes sıradan kılıklarda. Ortada Televole kameraları yok. Kimsenin giyindiğine 10 üzerinden not verilmiyor. Bir masa bulduk, oturduk.

-Ne içersin Neriman?

-Farketmez!

-Farketmezin ispanyolcasını bilmiyorum Neriman. İspanyolcasını söyleyebileceğim, bilinen bir şey içsen?

Gösterinin başlamasına beş dakika kala gelip yerimizi aldık locada. Tam başlayacakken bütün seyirciler ayağa kalkıp birinci balkonu alkışlamaya başladılar, o sırada açık mavi elbiseli, şapkalı yaşlı bir kadın gelip balkonun ön sırasına oturdu. Onun için olduğu anlaşılan alkışlar, durumu daha sonra farkedenlerin de katılımıyla dakikalarca sürdü. Kadın kalkıp selam verdi. Önemli eski bir balerinleri herhalde, diye düşündük.

Birinci perde oldukça uzundu. Ya da gayet sıkıcı oluşu bize bu duyguyu verdi. Klasik bir reji, pek de başarılı olmayan bir ekip. Sanki daha önce görmüştüm bu baleyi. Özellikle Don Kişot ve Sanço çok renksizdi. Dulcinea rolündeki kız başarılıydı. Balenin müdürü de olduğu anlaşılan, Alicia Alonso'nun rejisinde bir buluş, herhangi bir yenilik yoktu. Sanırım başlangıçtan önce uzun uzun alkışlanan abla oydu. Oldukça sıkıcı bulduğumuz birinci perde sonunda, soğutucunun kemiklerimizi sızlatmasının da etkisiyle çıktık Gran Teatro'dan, yeniden Hotel İngilterra'nın barlı lokantasına gittik Neriman'la, doğru dürüst bir yemek yedik. Filmden, setten konuştuk.

-Olmaz ki ağbicim... Yap makyajı diyorlar yapıyorum. Hiçbir sahne çekilemeden yemek molası veriliyor. Yemekten sonra haydi yeniden makyaj. O kadar makyaj yaptık bari yalandan bir plan çekin!
diye gündelik şikâyetlerine geçti Neriman.

-Haydi makyaj malzemesi ziyan oldu, senin güzel hatırın için ayrıca negatif ziyanlığına ne gerek var Neriman?

-Ben malzemenin derdinde değilim, emeğime yanıyorum ağbicim...
diyerek şikâyetnâmesinin ana bölümüne girişti Neriman...

Lokantanın yüksek tavanından sarkan dev

kristal avizeyi, tavan süslerini inceleyerek puromu tüttürmeye koyuldum. Aptal Deborrah! Bu akşam baleye gelseydi, hayatımızın gecesini burada yaşayabilirdik. Bu otelde kalabilirdik. Akşam Chateau Miramar'dan ayrılırken, lobide dikilmiş duran amerikalı kılıklı ve fakat kübalı, ayı gibi, kel bir herifle tanıştırdı beni:

-Kocam!

Nasıl ya? Deborrah bunu bana nasıl yapabilir? Korkarım Deborrah bana, benim ona olduğum kadar âşık değil.

Filmde Küba'yla ilgili yazı ya da burayı belirleyici şeylerin görülmemesi koşuluyla bu adada çekim izni alınmış. Doğrusu da bu zaten. Bizimki Küba'da geçen bir öykü değil, benim oynadığım diktatör, tabii ki Fidel değil. Senaryonun ingilizcesini okumuş bulunan kübalı asistan Sylvio bu konuya özel dikkat gösteriyor, ben ondan titizim.

-Hooop, yanına parkedeceğim arabanın plakası Küba! Görünür o orda!

diye uyarıyorum, bundan hiç hoşnut olmayan bizim asistanları. O arabaya da kamuflaj barbunya plakası takılması gerek. Bunun için, sanat grubu aranıyor. Saçı düğümlemiş Ahmet tohum peşinde, 13. Dev adam Yavuz sanat pazarında, Zafer kimbilir nerde?

-Tamam görmeyelim o arabayı!

-Görmeyin kardeşim. Onu diyorum işte!

Sylvio gelip teşekkür ediyor bana.

-Rica ederim Sylvio, ben senden daha Sylvio!

1959 model, üstü açık bir chevrolet'nin direksiyonundayım, motor denilince basıp gaza stadın giriş kapısının yanındaki tellerin önüne parkedeceğim. Müzelik arabanın sahibi kara kuru sinir amigo kontak anahtarını bana vermemekte direniyor. Çikolata renkli değil, ama beyaz da sayılmaz, oldukça esmer bir herif.

-Hazır mısın?

diye sesleniyorlar.

-Ben hazırım, araba hazır değil! Amigo anahtarı vermiyor!

-Niye dikiliyor zaten o herif arabanın yanında? Hemen alın o amigoyu ordan!

diye bağırıyor Tayfun. Amigo hiç oralı değil. Nereli acaba? Camagüey'in köylerinden olabilir. Tipi öyle yani. İspanyolcası da oldukça kötü, hiç anlaşamıyoruz.

Camagüey, ismi kızılderililerden kalan tek yerleşim bölgesi, bu yüzden ispanyol alfabesinde olmayıp bizim alfabemizde bulunan ü harfi ile yazılıyor ve sadece bundan ötürü Küba alfabesinde yer alıyor bu harf. Bir tek, Camagüey yazarken lazım, başka hiçbir işe yaramıyor. O yörede çok kullanılıyordur elbette. Camagüey aynı zamanda çikolata renklilerle, ispanyollarla karışımın en az olduğu bölgeymiş. Kızılderili kökenini kırık dökük de olsa koruyabilmiş bir nebze.

Güner gelip adamla ingilizce konuşuyor. Adam olumsuz baş sallıyor, vermemekte direndiği anahtarı, anahtarlığında çeviriyor. Özgün bir kızılderili inadı sergiliyor, kara kuru sinir, Camagüey'in köylüsü amigo. Sylvio çağırılıyor, görüşüyor onunla, sonuç olarak filmin çekimi için anahtarı vermek zorunda olduğunu algılıyor ve hiç istemeyerek uzatıyor. Arabasını film için kiralamış, bundan para kazanacak, o parayla hemen gidip ateş suyu alacak, ama kullanmamızı istemiyor! Belki de rolümde gözü var, o kullanmak istiyor sürekli tozunu aldığı emektar chevrolet'yi. Küskünce anahtarı veriyor, fakat çerçeveden çıkmıyor. Sylvio koluna girip kamera arkasına alıyor ü harfi kökenli kızılderili amigoyu, nihayet çekilebiliyor bu plan.

Havana'nın merkezine yakın küçük bir futbol sahasındayız. Tek tarafı tribünlü bir mahalle stadı. Tribünlerin karşısında bir skor tabelâsı. Durum sıfır sıfırı gösteriyor. Pırıl pırıl parlıyor sıfırlar. Elektronik bir yazı değil, ama öyle gibi duruyor. Merak edip gittim tabelânın yanına. Arkasına dolanınca şaşırıp kaldım. Yuvarlak deliklerden oluşan levhaya yatay olarak sokulan, silindir meyva suyu ya da kokakola kutularından oluşuyor sayılar. İzleyicinin gördüğü kutunun kıçı. Bütün öğleden sonra güneş alan bir yere yapılmış skor tabelâsı. Pırıl pırıl parlıyor, güneşte bir yansıtıcıya dönüşen kutu kıçları. Bu metalik parlak daireler altalta, yanyana dizilerek sayıları oluşturuyor, nokta nokta asansör yazıları gibi. Gol olunca, bir bir çıkarıyor kutuları görevlisi, başka deliklere sokarak sıfırı, bir yapıyor. Müthiş bir buluş. Fakat çok gollü maçlarda mahfoluyordur skor tabelâcı amigo. Daha sıfırı, bir yapamadan, şak ikinci gol, şak karşı gol, çıldırır herif. En sevdiği maçlar sıfır sıfır berabere bitenler olmalı. Elini kutuya bulaştırmadan efendi gibi romunu içiyordur.

Tribünde bin kişi civarında figüran var. Her yaştan değişik renkli erkekler, aralarındaki tek kadın; onlara bir şeyler anlatan figüran bulucu mama kılıklı şişman, sette sadece figüran gerektiğinde gördüğümüz, ismini bilmediğimiz domuz bakışlı senyora. Hiç gülmeyen bir kadın, sürekli küsmüş gibi bakıyor herkese. Her Boku Bilen Birol çok zengin olduğunu, acayip güzel bir evde oturduğunu söylüyor. Zengin olur tabii, Partagas fabrikasından da demetlenmiş puroları pencereden sokağa atan oydu! Figürasyon işinden de bir biçimde para götürüyordur mutlaka. Sıkı para götüremediği işlere takılacak tip değil.

Gol kralı rolündeki Fethi hayatında hiç topa ayak sürmüş değil, herhangi bir alıştırma da yapmıyor. Yatmış uyuyor sahanın ortasında. Çekim sırası gelince de hayatının ilk frikiğini barajın üstünden doksana gönderiyor, gol! Herkes apışıp kalmış durumda, en şaşkın Fethi, öyle bakakalmış ağlara gönderdiği topun ardından. Hayatının ilk vuruşu doksandan gol oluyor. Tayfun çok mutlu, kameraman Veli üzgün; Fethi'den böyle bir vuruş beklemediği için topu takip etmemiş. Yeniden çekiliyor frikik, ikinci kez golü buluyor Fethi! Formasını çıkarıp havada sallayarak tribünlere doğru koşuyor. Kılık değiştirerek halkın arasına karışmış, sakallı, gözlüklü, kasketli diktatör Carlos olarak bulunuyorum tribünlerde. Gol sevinciyle ayağa fırlayıp yanımdakilerle kucaklaşırken sakal ve gözlük düşecek, halk Carlos'u tanıyacak. Bu sahnenin çekimi sekiz kez tekrarlanıyor, bir türlü Tayfun'un istediği gibi olmuyor. Bine yakın figüranın susturulması, disipline alınması da kolay değil. Yüksel elinde megafon tribünün önünde koşuşturuyor:

-**Silencio!** Az biraz **silencio** allahaşkına!

diye bağırıyor.

-Öyle bir aşkları olduğunu sanmıyorum, paralama kendini Yüksel!

diyorum. Tekrar tekrar çekiliyor o plan. Her çekimden sonra sakal yapıştırılıyor. Tayfun diktatörü tanıyan çevresindekilerin korkmasını istiyor, yanımdaki amigolarda öyle bir korku yok, sırıtıyorlar, yere düşen sakala bakıp gülüyorlar. Aslında sarılıp kucaklaştığım adamı büyükelçi Vefa ağbi oynayacaktı, fakat o sahnenin çekim saati net olarak bilinemediği için, gelemedi. Çok istediği halde filmde oynayamamış oluyor. Tayfun ve Sylvio yanımıza geliyorlar. Yönetmen figürasyona ve özellikle, yanımda pişmiş kelle gibi sırıtan çikolata renkli şişman amcaya, istediği surat ifadesine örnek olarak, mesela birden karşısında Fidel'i gördü, o biçim korkması gerekiyor, diyor. Sylvio mütebessim yapıyor çeviriyi, amca kahkaha atıyor. Bir şeyler söylüyor. Tayfun ne dediğini soruyor.

-Fidel'i görünce niye korkalım? O bizim Fidel!

demiş çikolata renkli şişman amca.

Hilario da var stadyum çekimlerinde. Hazırlık beklerken birlikte oturuyoruz, bir şeyler konuşmak istiyorum bu kübalı başarılı ve deneyimli oyuncuyla. Bize bir çevirmen lazım. Birden alman yapımcı Frank'ı görüyorum sette. Hem fransızca, hem ispanyolca konuşuyor. Gidip ondan rica ettim çeviri işini, geldi yanımıza.

-Nedir televizyonda yaptığı şey, onu öğrenmek istiyorum.

Frank ispanyolca sordu, Hilario yanıtladı, alman fransızcaya çevirmeden anladım yanıtı.

-Mahkeme parodileri.

-Mahkemede konular nedir?

sorumu;

-Her bölümde değişik sanık ve tanıklar ve gülünç olaylar var. Savcı onlarla daha sert, ben biraz halkın avukatıyım. Halkın başına gelen adli haksızlıklarda, halkın yanında yer alıyorum.

diye yanıtladı.

-Fidel bozulmuyor mu buna?

diye sordum.

-Hayır. Sanırım o da izliyor ve bir hukukçu olarak kıs kıs gülüyordur. Hilario halkın avukatı, adalet sistemiyle dalga geçiyor. O dalga geçilecek bir şey bulamadığı gün adalet sistemimiz yerine oturmuş olacaktır, diye düşünüyordur. Sanıyorum yani, çünkü hiç tutuklanmadım.

deyip kahkaha atıyor. Onun kahkahası dindikten sonra çeviri bana ulaşıyor, bu kez kahkaha sırası bana geliyor.

-Hiçbir şey eskisi kadar katı değil artık. Eskiden siz gelip burada film çekemezdiniz, biz o filmde oynayamazdık.

diye ekliyor Hilario. Zaten *"düşünceler öldürülemez"* i düstur edinmiş adam, Hilario Peña'ya nasıl dokunsun? Sinan Çetin'in burada düzen eleştirilemez düşüncesi de çürümüş oluyor böylece. Hemen telefon edip bildirmeli kendisine, şu an Türkiye'de saat sabahın dördü, uyandırsam mı onu düşünde reklam filmleri gördüğü güzel uykusundan?

Tulûat yapıp yapmadığını soruyorum. Çok yaptığını, savcıyı canlandıran rol arkadaşıyla yıllardır karşılıklı oynadığını, yeri geldiğinde onun da tulûat yaptığını, televizyon başında izleyiciyi diri tutanın biraz da bu doğaçlamalar olduğunu, bu diziyi yıllardır sürdürdüğünü anlatıyor. Onların tiyatrosu da özünde ispanyol olup bizim orta oyununa çok benzeyen **commedia del arte**'den geliyor.

Hilario ile son görüşmemiz bu. Onun çekimleri bugün bitiyor. Küba usulü kucaklaşıp birbirimizin her iki omuzuna vurarak vedalaşıyoruz Havana'nın komik-i şehir Hilario Peña'yla.

Havana'da son akşamımız. Çekimler bitti, herkes bavul yapma derdinde. Az önce bitirdim ben işi, yarın sabah el çantamı tıkıştırıp çıkacağım havalandırma sesli odamdan. Kostümcü Ebru ve Zuhal bütün filmin giysilerini, Zafer, Saçı alından bir iple bağlamış Ahmet ve 13. Dev Adam Yavuz filmin bütün aksesuarlarını sandıklamak zorunda oldukları için derin endişe içindeler.

-Sabaha kadar sürer bizim işimiz!

diyor Zafer, avucundaki kabuklu fıstıkları barın üstüne koyarak.

-Sabaha bitmez, ama uçağa yetişir!

diyor 13. Dev Adam Yavuz ve dikliyor içkisini. Dikkat çekici bir biçimde hızla içiyor bu akşam. Meğer uçak korkusu varmış, zurna olmadan binemezmiş, bu akşamdan geçmiş sıkı içki kürüne. Saçı alından bir iple bağlamış Ahmet bir cebinden iç fındık, öbür cebinden leblebi çıkarıp koyuyor fıstıkların yanına. Türkiye'den getirilmiş zulaların kalanı son akşam ortaya dökülüyor. Ebru yardımcısı Zuzu'yla onu koydun mu, bunu koydun mu, muhabbetinde. Asistan Çiğdem şu ana kadar Küba'da yaşayamadığı tatil duygusuna erişmiş, gülümseyerek içkisini yudumluyor. Defne gene gergin nedense, belki de bu gece kimseye:

-Sabah beş buçuk kalkış!
diyemeyeceği için üzgün.

-Bavula sığanları koydum, ortada kalanları makyaj malzemesi sandığına tıkıştırdım, iş bitti ağbicim.
diye şuh bir kahkaha atarak bara ulaşıyor Neriman. Peşinden yardımcısı Besey gelip ilişiyor yanına.

-Gece yatarken yapıcam bavulu ağbicim. Aslında bir şey yapmıyıcam, herşeyi tıkıştırıcam.
diye kendini avutuyor Necmi.

-Ben dünden yaptım.
diye geriniyor Rasim titiz bir ev kadını gibi. Ayça'nın odası yıkılıyormuş! Kafayı yiyecekmiş ağbicisi! Bu gece akmak istiyormuş, kopmak istiyormuş! Bavul takılamazmış ağbicisi! Alev bavul işini bitirmiş;

-Laptopumu alıp çıkıcam odadan!
diyor.

-Getirdiğim bütün giysileri temizlikçi kadınlara hediye ettim şekerim.
diyor bavulunu toparlamayı başarmışlardan İlkay hanım.

-Nedir bu telâşınız ağbicim? Uçağımız yarın akşamüstü, sabahleyin toparlarız.
diye puro tüttürüyor topal gol kralı Fethi. Odası savaş alanı gibi. Toparlanabileceğini sanmıyorum. İlk futbolculuk denemesi sonucu her iki bacağının işe alışık olmayan kasları düğüm olmuş durumda. Ayakları davul

gibi şişmiş. Sürekli adale gevşetici merhemler sürüyor. Gol kralımız yürüyemiyor! Ne bavulu? O merhemleri bile toparlayamaz o! Üstelik sıkı alışveriş ettiği için yarın iki yeni bavul alması gerekiyor.

-Ne bavulu ağbicim, bırakın bu işleri!

diye kahkaha atıp dikliyor **cuba libre**'leri, genel bir paydos duygusuna erişmiş Yüksel. Ses kayıt Hasan ve bumcu Okan bavul muhabetine hiç bulaşmayarak muntazam fındık ve fıstık yiyorlar. Hasır şapkalı Veli, Cillop Cüneyt ve Serkan bir resim sergisi açılışındaymış gibi, ellerinde kadehleri dolanıyorlar barın önünde. Che bereli Gökhan dalgınca puro içiyor, belki de İstanbul'da sürecek olan çekimleri düşünüyor. Çekimlerden alışverişe vakit bulamamış Tayfun geliyor, elinde sanat pazarından satın aldığı resimlerle:

-Bunlar nasıl ambalajlanacak Rasim ağbi?

-Kendisi sarmadı mı?

diye soruyor resim işleri uzmanı Galeri Rasim.

-Hayır ağbicim, parayı aldı, bunları rulo yapıp verdi elime.

diye dert yanıyor Tayfun. Galeri Rasim elleriyle sarma işareti yaparak;

-Enrolamos, diyecektin.

diyor.

-Dedim ağbicim, demez miyim, filmde geçtiği için bildiğim tek ispanyolca kelime! **Enrolamos** dedim, herif bana **no enrolamos**, dedi.

diye yanıtlıyor Tayfun.

Kübalıların giremediği otelimizin barında dizilmiş oturuyor filmin kübalı teknik ekibi bizimle birlikte. Sylvio, Johanna, Frank, Vladimir, İvan, İgor, Hiram, sette pek az gördüğümüz kübalı yapımcı şirketin yöneticisi koca göbekli Sandi ve karısı içkilerini yudumluyorlar, hiç girmedikleri otelin içini inceleyerek. Bizimkiler resepsiyonu, kapıcıyı kafaya almışlar. Ne Deborrah var bugün, ne de Marilin, resepsiyon Kabakıç Elizabet'e emanet.

-Son akşamımız, bu bir veda partisi. Filme emek veren kübalı arkadaşlarımızla birlikte olmak istiyoruz. Siz de davetlisiniz!

demiş otel personeline Güner. Disiplin sıfıra inmiş durumda otelde. Herkes sarhoş. Her Boku Bilen Birol barın iç tarafında Margarita ve Lilian'ın arasında şampanyalar patlatıyor, Margarita'yı öpüyor, Lilian'a sarılıyor, her ikisiyle ayrı ayrı sarmaş dolaş kendi fotoğraflarını çekiyor çok marifetli cep telefonuyla. Kabakıç Elizabet'e, kapıcıya, Rolando'ya şampanya götürüyor. Güner işin bitmiş olmasının huzuruyla mütebessim içkisini yudumluyor. Güvercin ve İnyo kübalı kızlardan ayrılmanın derin elemi içindeler. Yalan Rüzgârı Hüseyin ortada yok! Dört gün önce yurda dönen Asuman dışında neredeyse bütün ekip bardayız. Hüseyin de dönmüş olabilir mi?

Barın ortasında oturan Sandi çok güzel şarkı

söylüyor. Özgün, güzel ve geniş bir bariton sesi var, sanki operacı. O bitiriyor, Hiram başlıyor içli bir şarkıya. O da çok iyi söylüyor. Lilian ve Margarita'nın da katılımıyla **"Vamos A La Playa"** yı söyleyen bir koroya dönüşüyor kübalılar. Haydi kumsala gidelim, diyor bu popüler şarkı. Çift ses yaparak söylüyorlar. Margarita bir oktav tizden söylüyor. Şarkı söyleme sırası bize geliyor. "Üsküdar'a Gideriken" i deniyoruz, ilk dörtlükten sonra katılım azalıyor, daha sonraki satırları pek hatırlayan olmuyor. Katibimin neyi uzundu? Mendilin içine ne doldurmuştu? Derken bitemeden yarım kalıyor şarkı. Haldun Taner'in dediği gibi;

-Biz hiçbir şarkıyı baştan sona söyleyebilen bir millet değiliz!

Zar zor, Neriman'ın desteğiyle, "Kara Basma İz Olur" türküsünü söyleyebiliyoruz, hepimiz birbirinden detone. Anında uydurduğumuz ispanyolca versiyonu da var:

-E que pasa mañana...

Atilla bir elinde içkisi, öbür elinde kamera olayı belgeliyor. Aziz ve Hiram yanyana oturuyor, sürekli kadeh tokuşturuyorlar. Bizimki Hiram'a öğrendiği ispanyolca kelimelerle bir şeyler anlatmaya uğraşırken, kübalı da ona öğrendiği türkçe sözlerle yanıt vermeye çalışıyor. Çekimlerin başında hepimiz onlara ispanyolca günaydın, iyi akşamlar dediğimiz için, üçüncü günden itibaren onlar da bize türkçe, merhaba, günaydın, iyi geceler ve hassiktir, der hale gelmişlerdi.

Dört hafta boyunca bize iyice ısınmış olan kübalı ekip bu ayrılıştan üzgün, ikidebir kalkıp kalkıp sarılıyorlar bize, pata küte omuzlarımıza vuruyorlar.

-Gene gelin!

diyorlar. Biz neredeyse ağlayacağız, onlardan ayrılıyoruz diye.

Sabah odadan çıkarken, odamı temizleyen orta yaşlı, uzun boylu, kızıl saçlı Mercedes'e yatağın üstüne "**Gracias por todos!**" yazısı ve on dolar bırakmıştım. Akşam geldiğimde, odam düzelmiş, toparlanmış, yatağın üstüne şöyle bir not bırakılmıştı:
" **Senyor, muchas gracias a usted que tenga un buen viaje. Feliz fin de año próspero año nuevo y un pronto regreso. Besos y saludos sus canseras.**" Bayım, size çok teşekkür eder, iyi yolculuklar dileriz. Geçtiğimiz yılın sonunu kutlar, iyi yeni yıllar ve çabucak dönüş dileriz, sevgiler, selamlar, anlamındaki notun altında iki imza var: Mercedes ve Ona. Ona, öbür temizlikçi kadın. Yani ki Mercedes parayı lüp cebe atmamış, Ona yoldaşla bölüşmüş. Güzel insanlar tanıdık Küba'da.

Çıkışta kimse ne puro sordu, ne fatura.

-Adios amigo!

Polis kontrolünden geçtikten sonra barda son **cuba libre**'lerimizi içiyoruz, Tayfun, Rasim, Necmi ve Fethi'yle. Fethi birden endişeyle:

-Resimler nerde Rasim ağbi?

diyor. Rasim kaskatı kesiliyor, **cuba libre'**nin **cuba**'sı ağzında kalıyor, **libre**'sini püskürtüyor. Sabahtan beri kalın bantlarla, kablolarla, iplerle sarmalayıp bir omuz çantası haline getirdiği tabloları omzunda asılı değil. Otel çıkışında, tablo rulolarını nasıl taşıyacağını bilemeyen Fethi'ye:

-Onlar öyle taşınmaz!

diyerek aynı yöntemle ona yaptığı izci çantamsı ambalaj süngü gibi asılı duruyor Fethi'nin omzunda. Alnından vurulmuşa döndü Rasim. Tabloları polis kontrolünden önce uğradığı müzik mağazasında unuttuğunu hatırladı. Henüz gümrükten geçmemiş, malzeme yüklemesiyle ilgili Her Boku Bilen Birol'u cep telefonundan aradı. Birol gidip tabloları buldu, Rasim huzur içinde yeni bir içki söyledi.

Bu sabah birdenbire ortaya çıkan Yalan Rüzgârı Hüseyin Küba işini bitirmiş olmanın, Frankfurt'a dönmenin ve bizden kurtulmanın sevinciyle sarmaş dolaş, herkese her zamankinden daha nazik davranıyor. Sabah otel çalışanlarına Noel baba gibi, saatler, kıvır zıvır hediyeler dağıttı, bizlere pahalı purolar sundu. Gözlerinin içi gülerek **cuba libre**'ler deviriyor.

Güvercin, barın öbür ucunda Küba'da kalan sevgilisinden ayrılmış olmanın melankolisi içinde, pat küt deviriyor içkileri, daha şimdiden zurna:

-I love you ağbicim!

diyor. Bu cümlenin, bayan **La Paloma**'dan çok, hitabettiği ağbicisine bir aşk itirafı olduğunu düşünmeden, herkese bu cümleyi tekrarlıyor. Onu seviyor, herkese seni seviyorum diyor. Otobüse binmeden önce bir saat kadar otelin bahçesinde, okyanus kıyısında el ele dolaştılar bayan **La Paloma**'yla. Öpüştüler, koklaştılar. Otobüs hareket ederken zor ayırdık ikisini. Güvercin'in şu anki hali, sanki o kız ölmüş gibi, sevgilisinin cenazesinden geliyormuş gibi. Dokunsan ağlayacak. Onun yanında ayakta dikilmiş, sigarayı sigaraya ekleyen İnyo da gayet dalgın. Derin derin iç geçiriyor, sanki memlekete dönmüyor da, Küba'dan Türkiye'de askere gidiyor!

Malzemeyi yükletmiş, sırtından tonlarca ağırlık kalkmış Her Boku Bilen Birol geliyor, elinde tablolar yok. Rasim endişeyle tablolarını soruyor.

-Yüklettim ağbi!

-Niye yükletiyorsun ağbi? Al, gel dedim ben sana.

diye bozuluyor Rasim. Açacağı resim galerisinin duvar renklerini ve ışıklandırmasını düşünürken, omuzda taşınması gereken sermaye ortada yok. Sinir zımparalayan bir durum tabii. Aptal Birol, diye düşünüyor Rasim, bunu düşünmekle yetinip söylemiyor.

Aralığın 29'u, pazartesi. Gene bir Thomas Cook uçağındayız! Üstelik mimliyiz. Bizi Havana'ya getiren uçakta çok içki içip fazla şamata yaptığımız için isimlerimizi kara listeye almışlar. Hostesler pis bakıyor. Stivırt kel ve şişman, çok cins ve sinirli bir ibne. Uçağa girer girmez, ekipbaşını sordu. Güner'i bulduk. Onları naystumityulaştırdık. Herif bizimkine kafadan fırça ile girişti diyaloğa. Hiçbir ibne, hiçbir erkeğe bu kadar kötü davranmaz. Eşcinsel erkeklerin daha çok kadınlara gösterdiği bir tepki bu. Güner herifin tipi değil demek ki. Belki de bir alman eşcinsel olarak, Almanya'da bir türk erkeğiyle yaşadığı kötü bir serüven olmuş... Bir türkün Almanya'da karı bulamamak gibi bir zorluğu becerip hiç kulamparalığı yokken kendisine asılan bu ibneyle tek beden oluşu ve ilk karı bulduğunda onu terkedişi, yani karının olmadığı yerde ibneye "Herr Abdurrahman Çelebi" denilişi mantığıyla onunla geçirdiği beraberliğin sonunda;

-Karı varken seni niye becerelim lan?

diye kendisini ve eşcinselliği aşağılayan tavrı derin izler bırakmış olabilir bu kel ve şişman ibnede.

-Türklere içki servisi yapılmayacak!

diyerek bitirdi uzun ve sinirli ve ibnece söylevini. İçki yasağı koymaz bize. Sabahtan beri içiyoruz, hepimiz çakırkeyifiz ve çantalarımız ve ceplerimiz Havana Club rom şişeleriyle dolu. 13. Dev Adam Yavuz alkol sınır duvarını delip geçmiş durumda;

-Daha kalkmadık değil mi?

diye söyleniyor, sağ cebindeki içki şişesini diğer bütün ceplerinde arıyor... Thomas Cook'sa cook! Ben nerede sigara içeceğimi bilmiyor muyum? Hemen şarap getir bet alman kadın. Biz burada Business yolcusuyuz! Ayrıca böyle katanaların hostes yapılmaması lazım. Uçasını geçiriyorlar insanın.

Rasim business'ın en önünde, pencere kenarında oturuyor, yüklenen bavulları inceliyor;

-Benim resimler yüklendi, sizinkileri hiç görmedim İlkay hanım!

diyor muzırca. İlkay hanım anında bunalıma giriyor:

-Ayol hostese söyleyelim. Bir şeyler yapın çocuklar. Hüseyin bey resimlerim yüklenmemiş, sakın uçak kalkmasın!

İlkay hanımın bu hali, hepimizi ve en çok Rasim'i eğlendiriyor, çünkü İlkay hanımın resimlerinin Atatürk havalimanına salimen ulaşacağını ve Rasim'inkilerin Havana'da unutulduğunu, henüz hiçbirimiz bilmiyoruz.

Onyedi onbeşte kalktı uçak Havana'dan, adanın kuzeyindeki minik minik pıtırak gibi adalar üstünden batıya doğru uçuyoruz. Bu minik ve dip dibe adalar, deniz doldurularak yapılmış kara yollarıyla birbirine bağlanmış. Kalktıktan yarım saat sonra aniden inişe geçtik ve Cayacoco adasına indi Thomas Cook. N'oluyor? Böyle bir inişten hiç haberimiz yok.

-Uçak bozuldu herhalde İlkay hanım. Zaten dikkat ediyorum, kalkıştan beri pervanelerin biri çok düzensiz dönüyor, ikidebir tekliyor.

diyor Rasim, İlkay hanım panik atak geçiriyor. Uçaktan kimi yolcular iniyor. Yaşlı başlı çiftler biniyor. Hüseyin'in dediğine göre, burası çok sakin ıpıssız bir emekliler adasıymış. Kırk dakika kadar bekledik Cayacoco adasında, pencereden havalimanını inceledik. Yeniden havalandı Thomas Cook, adalar bitti upuçsuz okyanusun üstünde uçmaktayız. Kel ve şişman, çok cins ve sinirli ibne stivırt yemek dağıtıyor.

Yemekten sonra tuvalette bir sigara içip geliyorum. Yeni şarap söylüyorum katana hostese. Kerhen getiriyor. Türklere içki yokmuş! Business yolcusuyum, bütün o şarapların parasını ödemiş bir keriz olarak oturuyorum bu koltukta!

Gecenin zifirine girdi uçak. *"Devrimci düşünceler bunalımların anaları değil, kızlarıdır. "* diyen bizim Fidel'in adasından, bizim memlekete dönüşün uzun yolculuğu başladı. **Adios Cuba!**

Hacı komünist olarak Küba'da bir düş kırıklığım olmadı değil... Biraz buruk, biraz elemli dönüyorum Küba'dan. Devrimin kırkbeşinci yılında kimi şeylerin çözümlenemememiş olmasına üzüldüm. Ancak beni daha çok üzen şey, Mekke'ye gidip hacı olurken, şeytan taşlarken birbirlerini öldürüp oradan çok şehit vererek dönmelerine rağmen, Mekke hacılarında herhangi bir düş kırıklığı, en ufak bir elem duygusu olmaması.

Beyoğlu Pub / İç-Akşam

Beyoğlu Pub'a gelip oturuyorum alıştığım masaya. Daha ben şarabı yudumlayamadan Gömlekçi Ferit giriyor kapıdan, üstünde şık bir gömlek:

-Ooo, merhaba Ferhancığım. Hoşgeldin. Güzel miydi Küba?

-Güzeldi.

diye gülümsüyorum.

-Kızlar çok güzelmiş, değil mi?

diye gülerek, barın köşesindeki konuşlanma yerine tünüyor.

-Küba'da herkes güzel Ferit!

diyorum. O derhal futbol konusuna geçiyor ve bana:

-Eeee, n'olucak bu Galatasaray'ın hali ?

diyerek gevrek ve kocaman ve sarı ve lâcivert bir kahkaha atıyor. Belli ki Galatasaray futbol takımı bu hafta yenilmiş.

Ben senin gibi futbol manyak değilim ki Ferit'ciğim. Galatasaray Lisesi'nde okudum, sarıkırmızılığım ondan ibaret. Galatasaray futbol takımının mahfolması beni hiç ilgilendirmiyor, Galatasaray Lisesi mahfolursa dertlenirim. Futbola gıcık oluyorum, bu ayak topu koşuşturmasının bütün bir hafta ülkenin gündemini teşkil etmesine sinirleniyorum. Cumhuriyet gazetesi de futbol eki vermeye ve birinci sayfadan maç sonuçları sunmaya başlayınca, o gazeteyi okumayı bıraktım. Açıyorum sabah sabah, birinci sayfada sanki dünyanın çok önemli bir haberiymiş gibi başlık: " Fener yenildi!"... Bana ne ulan?

-Fener ne zaman yenilmiş ki?

diye diklendi Ferit.

-Mesela diyorum Feritciğim... Fener yenilmiş, Galatasaray yenilmiş, bana ne? Onu demek istiyorum.

-Galatasaray yenildi, Fener yenilmedi ki!

diye benimle muhabbeti kesip barın yanındaki masada oturan terlikçi Nafi'ye dönerek, mağaza vitrininin önemi, vitrin yapmanın bir sanat olduğu ve Vakko'da vitrin dekoratörü olarak çalıştığı günlerin anılarını kapsayan, daha önce dinlediğimiz şeyleri anlatmaya koyuluyor. Nafi bir süre dinledikten sonra, sesi gayet yüksek perdeden:

-Biliyorum Ferit!

dedi. Nafi'nin kısık volümü yok ve davudî bir sesi var. Bir şey anlattığı zaman bütün lokanta sanki onun masasında oturuyormuş gibi, net olarak onu dinliyor. Sanki yaka mikrofonu var Nafi'nin. Ferit yeni bir konuya giremeden, Nafi elindeki bir tek topuklu kadın terliğini masaya vurarak:

-Bu italyan olamaz ağbicim. Çin işi bu! Çinliler artık her boku yapıyor!

diye yayına geçerek, masasındaki adama çinlilerin taklit yöntemiyle, italyan terlik piyasasını nasıl allak bullak ettiğini anlatmaya koyuluyor.

-Nafi bey, yaka mikrofonunuzu kapatır mısınız?

diye bir yerinde kesiyorum hikâyesini. Çok kibar bir adam olan, saçları erken kırlaşmış Nafi, gülümseyerek bana dönüyor:

-Özür dilerim, benim sesim böyle! Kısma düğmesi yok!

diyerek kapatıyor, terlik konusunu. Ferit'i ve Nafi'yi yıllardır tanıyorum, eski Beyoğlu'nun değişik barlarından. Bar âdabı bilen, bar şakalaşması seven arkadaşlar. Nafi yeni bir duble rakı söylerken Ferit Papyonsevmez Garson'la, bir önceki gecenin hesabı geleneksel tartışmasına geçiyor:

-Benim dün geceden hesabım falan yok. Hesabımı ödedim ben.

-Ödemediniz Ferit bey!

biçiminde kapışıyorlar.

Setten geliyorum. Yeni yıl başladı. Filmin Türkiye sahnelerinin çekimi üç gündür sürüyor. Kübalı oyuncu Hilario Peña'dan elektronik posta geldi, iyi yıllar diliyor. Hiç elektronik postamatik değilimdir, ama ona yanıt yazdım. Setteki en büyük mavra, uçak yolculuğu boyunca İlkay hanımla;

-Sizin tablolar yüklenmedi galiba!

diye dalga geçen Rasim'in satın aldığı bütün tabloların Havana'da Jose Marti havalimanında unutulmuş olmasıydı. Bu sabah gelmiş resimleri, gayet neşeliydi.

-Küba'da hiçbir şey kaybolmaz ağbicim.

diye geriniyordu.

İnyo, ingilizce bir dijital sözlük almış. Sözün türkçesini yazıp ingilizcesini buluyor, çok mutlu. Mehmet Güvercin yengenin iki ay içinde geleceğini söylüyor, düğün günü almış, evlenmiş kadar olmuş, ağzı kulaklarında.

-Sen de evlenseydin İnyo!

dedim. Bozuldu.

-Lütfen bana İnyo deme ağbi.

-Peki İnyo!

dedim. Artık hiç İnyo demeyeceğim, İnyo'ya.

Şaraptan bir fırt alıyorum, bir küba purosu yakıyorum. Ferit ve Papyonsevmez arasındaki tartışma alevlenmiş durumda.

-Bu kadar içki içmiş olsam ben o merdiveni inemem be!

-Zor indiniz zaten Ferit bey.

-Hayır efendim, zor inme diye bir şey yok! Kilomdan ötürü ben her merdiveni yavaş yavaş inerim... Ne kadar içersem içeyim efendi gibi inerim ben merdiveni... Sonra Ferit zurna olmuş, merdiveni inememiş diye laf çıkaracaklar. Terbiyesizliğin alemi yok, getir adisyonu ve yolluk rakı istiyorum! Duble!

Yanımdaki masaya iri yarı, orta yaşlı, sarışın, takım elbiseli, boyunbağlı bir adam gelip oturuyor.

-Bir bardak şarap!

diyor. Şarap bardakla içilmez ki! Ayran mı bu? Kadeh denen bir şey var. Garsonun yerinde olsam kalın su bardağında getiririm şarabı. Rengini de belirtmedi. Kırmızı mı, beyaz mı? Ben garson olucam, dayarım rozeyi. Garson ben olmadığı için efendi gibi getirip koyuyor önüne bir kadeh beyaz şarabı.

Adisyon konusunu çözümlemiş, yolluk duble rakısına kavuşmuş Ferit;

-Bu rakı böyle gitmez ki, biraz mevya falan verin kardeşim! Küba'da mıyız, n'oluyoruz?

diye bana laf atıp, bir kahkaha patlattıktan sonra;

-Küba'da meyva çok bol, muzlar, yerlere sarkıyor Ferit ve muzlar herkesin!

yanıtına, gelişine vurduğunu düşünerek;

-Kızlar da, değil mi?

deyip uzun ve gevrek ve üç sıfır galip bir kahkahaya geçiyorken, onun kübik eleştirilerine birdenbire Bardakşarap bey de katılıyor, hem de Ferit gibi dalga geçerek, bir bar şakalaşması biçiminde değil, sıkı bir antikomünist olarak. Kendisinin Romanya'da yaşayan tatar asıllı bir türk olduğu özümseniyor. Komünizm döneminde büyük acılar çektiğini öfkeyle türkçe kompozisyonluyor.

-Nedir yani çektiğiniz acılar Bardakşarap bey? Romanya'da toprak reformunda babasının topraklarına el koyulması dile getirebildiği biricik büyük acı! Ona Fidel'in toprak reformunda en çok zarara uğrayanlardan birinin babası bay Castro olduğunu anlatıyorum. Bu bir toprak paylaşımı. Yani ki Fidel'in babasının olması gerektiğinden fazla toprağı varmış, kimilerinin hiç yokken. Tıpkı Bardakşarap beyin babası gibi.

-Siz mesela Bardakşarap bey, Romanya'da devrimi yapan olsaydınız, ilişmeyecek miydiniz babanızın topraklarına?

Romanya'da yaşadığı talihsiz Çavuşesku zamanının düşmanı olarak komünizme verip veriştiriyor Bardakşarap bey. O dönemin eleştirisi ideolojinin eleştirisi olamaz. Biz marksizmden söz ediyoruz, o Çavuşesku'dan.

-O Fidel'in heykellerini çok yakında devirecekler. Onu sakalından tutup sokaklarda sürüyecekler. Çok yakındır!
diyor boyun damarları şişerek.

-Küba'da Fidel heykeli yok Bardakşarap bey! Ona Küba'dan başka örnekler veriyorum, neredeyse dinlemiyor. Ben ona devrimci bir liderden, Amerika'nın burnunun dibinde, emperyalizmin ablukası içinde komünist düzeni savunmaya uğraşan doğru dürüst bir adamdan söz ediyorum, o bana sürekli Çavuşesku isimli mafya liderinden şikâyetlerini dile getiriyor. Hiç Küba'ya gitmemiş hayatında. Tavsiye ediyorum. O da bana orada bir ay değil, bir yıl yaşadıktan sonra değerlendirme yapmamı öneriyor. Ona kadeh kaldırıp, dikleyip şarabı kapatıyorum Bardakşarap bey konusunu. O da hesabını ödeyip gidiyor. Şarabımı yenileyen Papyonsevmez merakla soruyor:

-Nasıldı Küba?

-Güzeldi. Çok güzeldi.

-Hacı komünist oldunuz mu bari?

-Oldum elhamdülillah! Al sana getirdim bu şişeyi!

diyerek, Küba'dan getirdiğim Havana Club rom şişesini çıkarıp çantamdan, uzatıyorum.

-Ne bu ağbi?

-Rom. Zemzem yok Küba'da, rom var. Herkes bunu içiyor. Bir hacı olarak sana ordan rom getirdim canım kardeşim. Bununla abdest alınmayacak, oraya buraya sürülmeyecek, direk içiyorsun, direk cennete gidiyorsun, cennette kimlere kimlere rastlıyorsun; Marks, Lenin, Troçki, Marylin Monroe, Comandante Che Guevara!

-Sağol ağbi, o zaman ölürken içerim ben bunu.

diyerek alıyor elimden şişeyi ve sorularını sürdürüyor:

-Küba'da halk çok garibanmış, diyorlar...

-Küba'nın en sadık garibanı Fidel Castro! Maaşı 30 dolar, bi hortumlama durumu yok, bi yeşil üniforması var, bi tane lastik pabucu. Onun dışında herkes dümenini bulmuş, herkesin durumu çok iyi. Ayrıca Küba'nın IMF'ye bir dolar borcu yok!

Garson dalgınca uzaklaşıyor masamdan. Cep telefonum çalıyor. Arayan TKP'den genç bir arkadaş. Küba'da artık yıkıldı yıkılacak bir üniversitenin onarımı için kampanya açmışlar. Yardım istiyor.

-Nasıl bir yardım kardeş?

-Parasal olabilir...

-Hangi parasal, biz aylardır gazete ilanlarımızı ödeyemiyoruz canım kardeşim...

diyecektim, demedim, özetle:

-Parasal olamaz...

dedim.

-Evet... O okula yardım olabilir... Tanıdığınız insanlar olabilir, örneğin o okulun sıralarını yaptırırlar...

dedi, çekingen bir sesle.

-Tanıdığım insanlar, yani zengin arkadaşlarım Küba'ya yardım etmeyi düşünmezler. Onlar oradaki düzenin yıkılmasını bekliyorlar, Havana'da ev alacaklar. O arkadaşların gözünde biz aptal komünistleriz kardeş. Ayrıca TKP'nin Küba'ya yardımdan önde gelen konuları yok mu? Örneğin Ses Tiyatrosu'nun geleceği TKP'yi ne denli ilgilendiriyor? Fidel bize bir kıyak yapsa! İbrahim Ferrer'in bir konseri kaç para, benim "Ferhangi Şeyler" turnesi kaç dolar?

demeyi düşündüm, diyemedim komünizmin idealist heyecanını yüreğinde onurlu bir kuş gibi taşıyan bu güzel kardeşime. Tanıdığım insanlara sorma sözü vererek kapattım telefonu. Hangi tanıdığıma sorabilirim? Tanıdığın hali vakti yerinde olmalı elbette. Belki Sinan Çetin'e sorabilirim! Beni bürosunun duvarını süsleyen kasap bıçaklarından biriyle kovalar herhalde.

Papyonsevmez yeni bir kadeh şarap getiriyor, koyuyor önüme ve merakla soruyor:

-Gene gidecek misiniz Küba'ya?

-N'olucak? Fidel'e bi hediye mi göndereceksin?

-Hayır, haberim olsun... Belki ben de gelirim.

Ferhan Şensoy

Geriş, 13 Ağustos 2004

İÇİNDEKİLER

ORTAOYUNCULAR YAYINLARI

1. **ŞAHLARI DA VURURLAR**
   FERHAN ŞENSOY
2. **AFİTAP'IN KOCASI İSTANBUL**
   FERHAN ŞENSOY
3. **GÜNDESTE**
   FERHAN ŞENSOY
4. **KAZANCI YOKUŞU**
   FERHAN ŞENSOY
5. **AYNA MERDİVEN**
   FERHAN ŞENSOY
6. **DÜŞBÜKÜ**
   FERHAN ŞENSOY
7. **KAHRAMAN BAKKAL SÜPERMARKETE KARŞI**
   FERHAN ŞENSOY
8. **GÜLE GÜLE GODOT**
   FERHAN ŞENSOY
9. **DENEMEMELER**
   FERHAN ŞENSOY
10. **OTELLER KİTABI**
    FERHAN ŞENSOY
11. **FALINIZDA RÖNESANS VAR**
    FERHAN ŞENSOY
12. **KALEMİMİN SAPINI GÜLLE DONATTIM**
    FERHAN ŞENSOY
13. **RUM MEMET**
    FERHAN ŞENSOY
14. **HACI KOMÜNİST**
    FERHAN ŞENSOY

İNGİLİZCE BİLMEDEN HEPİNİZİ I LOVE YOU
FERHAN ŞENSOY
(Bilgi Yayınevi)

FerhAntoloji
FERHAN ŞENSOY
(Yapı Kredi Yayınları)

EŞEĞİN FİKRİ
FERHAN ŞENSOY
(Bilgi Yayınevi)